高校体育篮球教学改革研究

张斌 著

北京出版集团

北京出版社

图书在版编目（CIP）数据

高校体育篮球教学改革研究 / 张斌著 . -- 北京：
北京出版社 , 2021.8
ISBN 978-7-200-16590-6

Ⅰ . ①高… Ⅱ . ①张… Ⅲ . ①篮球运动 – 体育教学 –
教学改革 – 研究 – 高等学校 Ⅳ . ① G841.2

中国版本图书馆 CIP 数据核字 (2021) 第 163927 号

高校体育篮球教学改革研究

GAOXIAO TIYU LANQIU JIAOXUE GAIGE YANJIU

张 斌 著

*

北 京 出 版 集 团
北 京 出 版 社 出版
（北京北三环中路 6 号）
邮政编码：100120

网 址 ：www . bph . com . cn
北 京 出 版 集 团 总 发 行
定 州 启 航 印 刷 有 限 公 司 印刷

*

170 毫米×240 毫米　19.25 印张　300 千字
2021 年 8 月第 1 版　　2021 年 8 月第 1 次印刷
ISBN 978 - 7 - 200 - 16590 - 6

定价：96.00 元
如有印装质量问题，由本社负责调换
质量监督电话：010-58572293　58572393

| 前　言 |

　　篮球运动是一项由游戏发展而来的世界性体育运动。随着时代的不断发展，篮球运动越来越受人们的喜爱。高校篮球运动是社会篮球运动发展的基础，也是竞技篮球运动发展的有益补充；高校篮球运动需要不断创新，社会篮球运动才能不断发展，竞技篮球运动才会进一步完善。因此，在社会快速发展的今天，必须加快推进高校篮球教学改革。高校篮球教学改革对篮球运动理论研究的深度和广度提出了更高的要求。当前理论研究对于篮球运动实践发展的意义和作用，比以往任何一个历史阶段都更加突出。如何适应现代篮球运动发展进程中对于理论研究的更高层次要求，如何提高篮球理论研究对于篮球运动整体发展的支持和支撑力度，是篮球运动整体发展进程中需要解决好的极其重要的问题。

　　本书从高校篮球教学的角度，对高校篮球教学改革所涉及的主要层面进行了分析。全书共分九章，第一章介绍高校体育与体育文化；第二章介绍高校篮球运动；第三章介绍篮球教学的理论与方法；第四章介绍高校篮球教学的开展与实施；第五章介绍高校篮球技术教学；第六章介绍高校篮球战术教学；第七章介绍高校篮球教学中的风险防控及处理；第八章介绍高校篮球教学改革背景和理论依据；第九章介绍高校篮球教学改革的实施路径。全书集系统性、科学性、新颖性于一体，知识性趣味性强、理论研究科学严谨、语言描述准确、章节划分得体、结构体系完整，能够为高校篮球课程的教学改革提供合理建议和科学指导。

　　本书在撰写过程中，参考、借鉴了多部著作、多种资料，在此表示衷心的感谢。由于笔者水平有限，书中难免存在不足之处，敬请专家和广大读者批评指正。

| 目 录 |

第一章　高校体育与体育文化

第一节　高校体育概述

体育是人类在社会发展中根据生产和生活的需要，遵循人体身心的发展规律，以身体练习为基本手段，为增强体质、提高运动技术水平、进行思想品德教育、丰富社会文化生活而进行的一种有目的、有意识、有组织的社会活动，是伴随人类社会的发展而逐步建立和发展起来的一个专门的学科领域。它是社会总文化的一部分，其发展受一定的社会政治和经济的制约，并为社会的政治和经济服务。

高校体育担负着培养身心健康、全面发展的人才，发展我国高校体育事业，丰富学生课余文化生活，建设校园社会主义精神文明的重任。它不仅是国民体育的组成部分，也是社会体育、竞技体育和终身体育的基础，还是发展我国体育事业的战略重点。因此，高校体育是我国高等教育的重要组成部分，也是我国社会主义建设中的一项重要事业。

一、高校体育的功能

（一）提高身体健康水平

1.培养健美的体魄

在大学阶段，适当的运动项目和适宜的运动负荷，有助于学生培养健美的体魄。例如，经常进行单杠、双杠、举重等力量性项目的锻炼，能够使肌肉的横断面积增加，使肌肉的充实程度加深，从而给人以健壮、结实和充满青春活力的美感；经常进行较长时间的慢跑、游泳、远足以及健美操等耐力性运动项目的锻炼，有助于消耗体内的脂肪，从而达到控制体重的目的；经常进行武术和球类项目的锻炼，则能全面地改善身体形态，使体形偏瘦者更壮实、体形偏胖者更精神。总之，大学阶段的体育锻炼能有效地增强肌肉的力量和耐力，改善身体健康状况，从而使大学生肌肉更加健美、形体更加匀称。

2. 体能的全面发展

体能通常可以分为两大类：与健康有关的体能和与运动技能有关的体能。与健康有关的体能包括心肺耐力、肌肉力量、肌肉耐力、柔韧性及身体成分等；与运动技能有关的体能包括提高运动技能所需要的速度、爆发力、灵敏性、平衡性、协调性和反应能力等。与健康有关的体能对身体健康的影响和作用更为直接，而与运动技能有关的体能则有利于提高运动技能水平。对于当代大学生而言，发展与健康有关的体能比发展与运动技能有关的体能更为重要，特别是心肺耐力的提高和身体成分的改善，不但对大学阶段学生的学习和生活有重要的影响，而且对学生整个人生的工作和生活都有着不可低估的作用。

虽然体能可以分为与健康有关的体能和与运动技能有关的体能两种类型，每种类型又各自包括若干内容，但实际上它们是一个紧密联系的整体。例如，心肺耐力、肌肉力量、身体成分等与健康有关的体能，不仅影响人的身体健康，还与人的运动技能息息相关。充沛的精力和良好的体能是身体健康的重要表现，良好的体能可以保证大学生胜任日常的生活、学习和工作而又不易疲劳，并且还有余力享受休闲活动和应付所遇到的压力。体育锻炼是提高和保持体能水平必不可少的重要途径，良好体能的保持与长期的体育锻炼密不可分，如果一个人不能持之以恒地坚持体育锻炼，他的体能水平就不能很好地保持，甚至还会下降。需要注意的是，良好的体能水平并不是完全靠体育锻炼就可以达到的，还与科学的饮食方法、良好的卫生习惯、足够的休息时间等各方面密切相关。

3. 提高身体的综合能力

高校体育有助于大学生掌握和运用营养知识，了解环境对身体健康的影响，养成健康的生活习惯，提高预防疾病的意识和能力，从而全面提高大学生改善身体健康的能力。

（1）高校体育有助于大学生进一步掌握和运用营养知识。营养对人的身体健康作用很大，合理的饮食和充足的营养摄入是人维持身体健康的必要条件。营养过少、种类单一或者配比失衡，都会造成生长发育的异常，影响人体健康。大学期间的体育学习，能帮助大学生深入了解食物的营养价值与合理的膳食构成，了解体育运动、学习和工作等活动对饮食卫生的要求，并自觉注意合理的营养摄入和饮食卫生。

（2）高校体育有助于大学生了解环境对身体健康的影响。人的活动总是与周围的自然环境和社会环境有各种各样的联系。环境对人的身体健康有着极大的影响，良好的环境有利于人体的健康，而受到污染的环境常常会使人感染疾病。体育锻炼也与环境紧密相连，经常进行体育锻炼的人都明白环境因素影响着体育锻炼的效果。例如，在不同季节、不同气候、不同地区、不同场所、不同空气质量情况下，体育锻炼的效果是不同的。大学期间的体育学习，能帮助大学生进一步了解环境因素对人体健康和体育锻炼的影响，从而提高其在不同环境中增强身体健康的能力。

（3）高校体育有助于大学生形成健康的生活方式。人类社会的不断发展和进步，使体育进入现代人的生活，成为人们日常生活的一项重要内容，而且现代化的生活方式比以往任何时候都更需要体育。现代人类社会生活中的大量事实充分表明，体育已经成为很多社会成员生活中的一项重要内容，成为当代人类社会中的一种普遍的文化现象，而且经济越发达的国家，人们参与体育运动的观念就越普遍。大学期间的体育学习，有助于大学生全面认识体育的功能，更新体育观念，促进体育与生活方式的结合，养成健康的生活方式。

（4）高校体育有助于大学生提高预防疾病的意识和能力。传染性疾病是严重危害人类身心健康的疾病，特别是随着社会的发展，人与人之间的交往日益频繁和密切，使得传染性疾病能够以更快的速度传播。生产劳动中体力劳动比例的不断下降及生活条件的日益提高，导致人们每日摄入的能量增加和活动量的减少，由此产生了如肥胖症、高血压、运动缺乏性肌肉萎缩、新陈代谢低下、骨质疏松、适应能力降低等非传染性疾病。越来越多的非传染性疾病已经成为危害人类健康的最大杀手。大学时期的体育学习，有助于大学生全面了解传染性疾病的致病传播途径和预防措施，掌握非传染性疾病的致病原因和预防措施，从而提高预防疾病的意识和能力。

（二）增强对社会的适应能力

1. 培养良好的人际关系

当代大学生大多是独生子女，往往有比较强烈的自我中心倾向，对家长或他人有着强烈的依赖心理。因此大学新生面对陌生的学校环境会显得束手无策，变得不善于与人交往。体育活动中难免存在矛盾和冲突，这些矛盾和冲突有助于大学生学会如何面对社会问题，并逐渐形成理解他人、关心他人、乐于帮助他人和接受他人帮助的态度，有助于大学生培养和保持良好的人际关系。

2. 培养团队合作精神和良好的竞争意识

合作精神和竞争意识是现代人应具备的一个重要素质。竞争是体育活动的一个重要特征，它要求每个人尽自己最大的努力，有助于培养参加者的竞争意识。团队精神需要团队成员有强烈的合作精神和角色意识。合作精神和角色意识不仅是一种心理品质和思想品质，也是一种实践能力。从某种意义上讲，合作精神渗透在角色之中，能够在体育活动中扮演好所承担角色的人，往往被认为是有合作意识和能力的人。大学阶段的体育活动能为大学生提供丰富的正式或非正式的角色类型，正式的角色如球类活动中的前锋、中锋、后卫及队长、队员、裁判、教师(教练)等，非正式的角色如某些团队中常有的"任务专家""社交专家"等，从而为大学生学习和扮演不同的角色，增强合作意识提供了大量的机会。因此，大学阶段的体育活动既有助于培养大学生的竞争意识，又有助于培养他们的合作精神。

3. 培养积极的社会责任感

高校体育有助于大学生认识个人参与体育活动的权利和义务。人们总是把对体育娱乐活动的喜爱视为人类的天性，特别是少年儿童的天性，却很少把体育与人的权利联系起来。因此，当人们的体育权利受到各种因素侵害的时候，也很少有人自觉地通过法律来争取和维护自己的合法权益。其实，无论是联合国教科文组织 1978 年通过的《体育运动国际宪章》，还是我国的一些相关法律，都对青少年乃至成年人的体育权利做出了明确的规定。大学阶段的体育学习有助于大学生了解自己在体育方面的权利和义务，以便使其在未来的生活中更好地行使和履行这方面的权利和义务，为追求和维护自己的幸福生活服务。

（三）提高心理健康水平

随着现代社会的发展，人们的价值观念、道德观念、生活方式以及人与人之间的关系都在发生着深刻的变化，每个人的心理都在不同程度上受到各种冲击和震撼，心理健康问题越来越受到人们的重视。体育对于培养当代大学生良好的心理品质，提高大学生的心理健康水平，有着不可替代的积极作用。

1. 培养积极的自我价值观

自我价值观是新时代大学生的一项重要心理品质，自我价值评价过高或过低都会对大学生的心理健康产生重要影响，甚至制约着大学生的发展。自我价值评价过高的人，对自己的认识基本上是不切实际的、不客观的，缺乏自知之明。一个人的自我价值评价越高，越容易导致自负、自恋、自我膨胀。反之，自我价值评价过低的人，由于对自己缺乏清楚的认识，很少对自己的行为进行肯定，容易产生自卑、嫉妒等心理问题。积极的自我价值观会促使人们更加积极地去克服学习、工作和生活中的种种困难，而不会像自我价值评价过高的人那样对困难估计不足而导致半途而废，也不会像自我价值评价过低的人那样知难而退。人生态度是自我价值观的核心，一个人的健康的心理是建立在正确的人生态度基础之上的。在现实生活中，面对同样的环境和挫折，不同的人会有不同的行为表现。有的人遇到困难和挫折，仍然能够保持乐观、奋发向上；而有的人还没有遭受到严重的打击就已经不能忍受，甚至从此一蹶不振。大学阶段的体育学习，有助于大学生正确分析体育活动中成功与失败的原因，在不断进步的过程中培养自尊和自信，形成正确的自我价值观和积极进取的人生态度。

2. 提高调控情绪的能力

情绪调控对人的身心健康具有重要的意义，不良的情绪不仅可能导致心理疾病，还可能导致生理疾病。体弱多病的人常常产生痛苦、烦闷、焦虑和狂躁等情绪，因而精神不振、思想迟钝，行动也常为感情所支配，这是生理上的病态导致了情绪上的病态。他们体会不到健康人的快乐，往往会产生一种自卑感。这种自卑感有可能进一步导致一系列不良情绪，如郁郁寡欢、精神空虚、思想混沌，且常常会产生孤独感，觉得生活没有意义、生命也没有希望。善于调控自己情绪的人，往往能自如地表达、控制和改善自己的情绪状态，这种调控情绪的能力既有利于自己的身心健康，又有利于自身的发展。

经常参加体育锻炼，可以增强体质、锻炼意志品质、培养良好的个性，对有效抵制不良情绪有积极的作用。体育活动中情境的变化、能量的发泄等都对情绪起着重要的调节作用。大学阶段的体育学习，有助于大学生了解不良情绪对身心健康的危害，学会运用所学的方法调控自己在体育活动和比赛中的情绪，如紧张、恐惧、精神不振等，并能在日常的学习、生活和工作中自觉运用适宜的调控情绪的方法。

3. 培养坚强的意志品质

我国教育家陶行知曾明确指出，学生的学习光靠智力不行，光有学习的热情也不够，还得有坚持到底的意志，才能克服大的困难，使学习取得成功。实际上，不仅学习上需要坚强的意志品质，在每个人一生的生活和工作中，也会遇到各种各样的困难和挫折，只有具备了坚强的意志品质，才能顺利克服前进道路上的各种困难。体育活动是以克服一定的困难和障碍为特征的。在体育活动中，为了取得良好的效果，人们需要自觉地克服各种困难，其中客观困难包括气候条件的变化、动作的难度或外部障碍等，主观困难包括胆怯和畏惧心理、疲劳和运动损伤等。大学阶段的体育活动，有助于大学生了解体育活动对培养坚强的意志品质的重要作用。在体育活动中表现出的坚强意志品质，可被大学生带到日常学习和生活及毕业后的工作中，并使大学生能在具有挑战性的体育活动和其他活动中为达到既定目标努力奋斗和拼搏。

4. 提高预防心理障碍的能力

现代社会是充满竞争和压力的社会，一个人如果不能正确地面对各种竞争和压力，就可能导致心理障碍。身处现代社会的大学生，同样面临着各种各样的竞争和压力，如学习的压力、就业的压力、生活的压力以及情感的压力等。大学生如果不能正确地面对这些压力，就可能产生各种各样的心理障碍，甚至走上犯罪的道路。大量的科学研究表明，体育活动能有效地减轻焦虑和抑郁症状。美国的一项调查显示，在被调查的 1 750 名心理医生中，80% 的人认为体育活动是治疗抑郁症的有效手段之一，60% 的人认为应将体育活动作为一种治疗手段来消除焦虑症。大学阶段的体育活动，有助于大学生摆脱压抑和悲观情绪，消除焦虑、抑郁等心理疾患，并能在日常生活和学习中自觉地运用体育活动预防或消除心理障碍，从而提高心理健康水平。

（四）奠定终身体育基础

终身体育是指一个人在整个生命历程中都要持续不断地参与体育活动，使体育成为日常生活的一部分，通过体育活动提高生活质量。终身体育由学前体育、学校体育和学后体育组成。大学体育是一个人接受学校体育教育的最终阶段，对大学生体育意识、兴趣和能力的培养有重要的作用。

1. 培养终身体育意识

体育意识是体育的价值和作用在人们头脑中的主观反映，是人们关于体育的性质、地位、作用等的基本观点和看法。体育意识对体育行为有较强的导向作用，具有一定体育意识的人，往往表现出与其体育意识相吻合的体育行为。大学生体育意识的形成既受到社会观念和体育本身功能等客观因素的制约，又受到大学生本人的体育经历的影响。

在我国，由于长期受到传统上"重文轻武"思想的影响，体育一直没有受到应有的重视，这在很大程度上制约着人们体育意识的形成。随着我国社会的日益进步和外来文化的不断冲击，以及人们对体育的功能和价值认识的日趋深化，人们的体育意识也越来越强烈。

体育意识的形成与个人的体育经历，特别是青少年时期的体育经历有着直接的关系。如果一个人在体育活动中经常能体验到成功的快乐，这无疑会激发他参加体育活动的内在动力。大学生具备了较强的价值判断能力，大学体育有助于大学生正确认识体育对个人身心健康和幸福生活的积极作用，有利于他们自觉参与各种体育活动，养成终身体育的意识。

2. 养成终身体育习惯

20世纪60年代以来，随着终身教育和终身体育运动的兴起，世界各国的学校体育教育都十分重视通过体育实践活动，使学生充分体验体育锻炼的乐趣，培养学生对体育的爱好和兴趣，通过让学生掌握从事终身体育活动所需要的体育知识和技能，促进学生提高自我锻炼的能力，形成终身体育的态度和习惯。体育运动与兴趣有着密切关系。如果人们养成了终身体育的习惯，经常体验体育运动带来的乐趣，将终身受益。

体育兴趣和习惯是促进学生自主坚持体育锻炼的前提，而体育兴趣与习惯的养成又是在体育活动的实践过程中逐渐形成的。大学阶段的体育学习，能帮助大学生学会根据自身实际情况制订并实施简单的个人锻炼计划，应用简单的方法测试并评价自己的体能，有助于提高大学生体育学习和锻炼的效果，进而能够激发大学生的体育兴趣，使其养成良好的体育习惯。

3.培养终身体育能力

体育能力是指人在体育活动中所表现出来的身体和心理的综合品质。一个人只有体育知识与技能，而不具备运用已有的知识和技能的能力，就不能很好地去锻炼身体、增强体质，也不可能在将来很好地适应复杂的社会环境。只有具备了体育能力，才能终身受益。

体育能力包括体育实践能力、体育锻炼能力、体育娱乐能力和体育欣赏能力。体育实践能力包括从事运动的能力，具备与年龄相适应的体能和基本活动能力，有一定的运动技能和经验，具有学习和从事适宜运动的能力。体育锻炼能力是指能准确地判断自己的身体状况和锻炼的需要，制订合理的锻炼计划，并安全地从事体育锻炼的能力。体育娱乐能力是指在各种场合和条件下，运用多种运动和身体活动，与同伴进行愉快的体育娱乐的能力。体育欣赏能力是指能理性和愉快地对体育竞赛和表演进行欣赏，能对有关的社会背景和问题进行洞察和分析的能力。在接受基础教育阶段的学校体育教育后，新入校的大学生已经具备了一定的体育能力。不过，从现实的情况来看，由于种种因素的制约，新入校的大学生的体育能力并不能满足其终身体育锻炼的需要。大学阶段的体育学习有助于大学生进一步提高运动技能水平，掌握科学锻炼身体的原理和方法，从而提高体育能力，奠定终身体育的基础。

二、高校体育的地位

（一）培养身心健康、全面发展的人才

学校的根本任务是培养身心健康、全面发展的人才，以适应社会发展的需要。根据马克思主义有关教育学说，以及我国社会主义性质和社会主义现代化建设的要求，高等学校体育应面向现代化、面向世界、面向未来，认真贯彻德、智、体全面发展的方针，使学生身心得到健康发展，成为社会主义现代化事业的建设者和接班人。

中共中央关于教育体制改革的决定指出，高等学校担负着培养高级专门人才和发展科学技术文化的重大任务。因此，充分认识体育在高校教育中的地位，坚决纠正忽视体育的种种倾向，不仅要从理论上，更应从实践中准确

地理解并认真处理好德、智、体三者的辩证关系，将高校体育与培养合格人才的目标紧紧相连，采取有力措施，全面完成高校体育的各项任务。

（二）发展我国高校体育事业

高校体育是国民体育的基础，发展高校体育是学校教育的需要，也是我国体育事业发展的需要。中华人民共和国成立后，在党和政府的高度重视下，我国高校体育发生了深刻变化，并取得了长足的发展。然而，我国大学生的体质和健康水平与世界上一些发达国家的大学生相比尚存在一些差距。在我国青少年体质调研中发现，近年来我国大学生肺活量呈下降趋势。此外，我国大学生中的常见病，如视力不良、神经衰弱症、心血管疾病等也占有相当的比例，有的已严重影响大学生身心健康。形成良好的体育锻炼习惯和意识，掌握体育的知识、技术、技能和科学锻炼身体的方法，增强体质、增进健康，提高身体素质和运动能力，不仅是自我完善和推动高校群众性体育活动发展的需要，也是学生毕业后走向社会，坚持终身体育，成为社会体育事业的骨干的需要，有利于推动我国体育事业的迅速发展。

（三）丰富学生课余文化生活，建设校园社会主义精神文明

高校体育是健康、文明、和谐的大学生课余文化生活的主要内容之一。首先，体育活动内容的丰富和形式的多样吸引了广大学生的参与和观赏，使大学校园充满生机和活力。它不但可以丰富大学生的课余文化生活，而且可以促进校园的社会主义精神文明建设。其次，通过体育课学习，参与课余体育训练、课余体育竞赛以及观赏体育比赛，可以发展大学生的体能，培养大学生高尚的思想品德和道德情操以及良好的个性与心理品质，培养学生爱国主义、集体主义思想和勇敢、顽强、坚韧、果断、拼搏、创新、进取、艰苦奋斗的优良品质和精神，培养有理想、有道德、有文化、有纪律的社会主义新人。

综上所述，体育在高等教育中占有重要地位，它关系到身心健康、全面发展的人才的培养，关系到我国体育事业的发展与腾飞，关系到我国社会主义物质文明和精神文明的建设。

第二节　体育运动与身心健康

以往人们普遍认为：健康就是没有病，有病就是不健康。随着科学的发展和时代的变迁，现代健康观告诉我们，健康已不再仅仅是指四肢健全、无病或不虚弱，除身体本身健康外，还需要精神上有一个良好的状态。人的精神、心理状态和行为对自己和他人甚至社会都有影响。更深层次的健康观还应包括人的心理、行为的正常和社会道德规范以及环境因素的完美。世界卫生组织关于健康的定义为："健康乃是一种身体上、精神上的饱满状态，以及良好的适应能力，而不仅仅是没有疾病和不衰弱的状态。"

一、体育运动与身体素质

身体素质包括速度、力量、耐力和灵敏度等方面，可以通过体育运动来发展和提高身体各方面的素质。

（一）速度素质及其发展

速度素质是指人体快速运动的能力。速度素质的发展分为反应速度、动作速度和位移速度的发展三个方面。进行速度练习时，应在精力充沛、中枢神经较兴奋的状态下进行，使肌肉、神经调节与物质代谢有机地结合起来。练习时身体要保持放松、协调，练习的强度要接近极限强度，方能取得较好的锻炼效果。

1. 反应速度

反应速度是指人体对外界刺激反应的快慢。发展反应速度可以运用各种突发信号进行练习。例如，短跑时从听到发令到起跑的时间可以反映出人的反应速度。球场上千变万化，每一次变化就是一次信号，因此，踢球时急起、急停等，都是发展反应速度的较好方法。

2. 动作速度

动作速度是指人体完成某一动作的快慢。发展动作速度主要是通过增强工作幅度和难度的方法来进行练习，如加大动作半径来提高投掷或扣球的出手速度和挥臂速度。

3. 位移速度

位移速度是指在周期性运动中，人体在单位时间内位移的距离。发展位移速度,主要采用增加助力的方法来进行练习,如下坡跑、顺风跑等。

(二)力量素质及其练习

力量素质是指肌肉抵抗阻力的能力。根据肌肉收缩的形式,力量素质可分为静力性力量和动力性力量,而力量素质的练习,也是从这两方面进行的。力量练习隔日一次为宜,负荷随力量的增长而加大;练习时要注意呼吸与动作的协调配合,练习后要及时做好放松活动,以免肌肉僵硬。

1.静力性力量

静力性力量是指肌肉做等长收缩时所产生的力量。在进行静力性力量练习时,人体或器械不产生位移。具体可采用以下两种练习方法。

(1)身体处于特定的位置(站立或仰卧),推或蹬固定重物。

(2)根据发展某部位肌肉力量的需要,保持一定的姿势进行负重练习。如负重半蹲或悬垂举腿等。

2.动力性力量

动力性力量(又叫紧张性力量)是肌肉紧张收缩时所产生的力量,使人体或器械产生加速度运动。动力性力量需要从以下三方面进行练习。

(1)绝对力量练习:绝对力量是指用最大力量克服阻力的能力。通常训练强度为本人最大负荷的85%～100%,每组练习3～5次,重复3～5组,间歇1～3分钟,每周锻炼3次,效果最佳。

(2)速度力量练习:速度力量是指人体快速克服小阻力的能力,训练强度为本人最大负荷的60%～80%,每组练习5～10次,重复4～6组,间歇2～5分钟。

(3)力量耐力练习:力量耐力是指人体长时间克服较小阻力的能力,一般训练强度为本人最大负荷的50%～60%,每组练习20次左右,练习组数随训练水平逐渐增加,间隔1分钟。每次练习都要练到出现疲劳为止,但不追求速度。

(三)耐力素质及其练习

耐力是指人体长时间内进行肌肉活动的能力,也可看作人体对抗疲劳的能力。它是人体功能和心理素质的综合表现,是评价人体功能水平和体质强弱的重要标志。耐力素质可分为有氧耐力和无氧耐力,其练习也可从这两方面进行。

1.有氧耐力练习

有氧耐力练习一般采用长时间连续承受负荷的运动。例如：长跑，心率维持在 140 ～ 160 次 / 分钟，持续 5 ～ 15 分钟，生理上有疲劳而不难受，跑后心情舒畅，精力充沛。

2.无氧耐力练习

无氧耐力练习可以保持快跑的能力，它对提高短跑的冲刺能力有显著的效果，练习的心率一般控制在 160 次 / 分钟以上。由于这是接近极限强度的无氧练习，应加强医务监督。

（四）灵敏素质及其发展

灵敏素质是指人体在复杂条件下对刺激做出快速和准确的反应，灵活控制身体、随机应变的能力。发展灵敏素质可采用变化训练法。例如，快速改变方向的各种跑、各种躲闪和突然起蹲的练习，各种快速急停和迅速转体的练习等。

二、体育运动对身体机能的影响

（一）对新陈代谢的影响

体育锻炼能提高体内组织细胞对糖的摄取和利用能力，增加肝糖原和肌糖原储存。体育锻炼还能改善机体对糖的代谢的调节能力。例如，在长期体育锻炼的影响下，胰高血糖素分泌表现对运动的适应能力，即在同样的运动强度下，胰高血糖素分泌量减少，其意义是推迟肝糖原的排空，从而推迟衰竭的到来，增加人体持续运动的时间。脂肪是在人体中含量较多的能量物质，在体内氧化分解时放出的能量，约为同等量的糖或蛋白质的两倍。长期坚持体育锻炼能提高机体对脂肪的调用能力，为人体从事各项活动提供更多的能量。

（二）对运动系统的影响

坚持体育锻炼，对骨骼、肌肉、关节和韧带都会产生良好的影响。经常运动可使肌肉保持正常的张力，并通过肌肉活动给骨组织以刺激，促进骨骼中钙的储存，预防骨质疏松；同时使关节保持较好的灵活性，韧带保持较佳的弹性。锻炼可以增强运动系统的准确性和协调性，保持手脚的灵便，使人可以轻松自如、有条不紊地完成各种复杂的动作。

（三）对心血管系统的影响

在世界范围内，心血管疾病已经成为危害人类健康的一大杀手。研究表明，适当的体育锻炼是心脏健康的必由之路。有规律地进行体育锻炼，可以减慢静息时和锻炼时的心率，减少心脏的工作时间，增加心脏功能，保持冠状动脉血流畅通，更好地供给心肌所需要的营养，使心脏病的发病率降低。

（1）经常参加体育运动可使心肌细胞内的蛋白质合成增加，心肌纤维增粗，使得心肌收缩力量增强，这样可使心脏在每次收缩时将更多的血液射入血管，促使心脏的每搏输出量增加，长时间的体育运动可使心室容量增大。

（2）体育运动可以增加血管壁的弹性，这对人的长期健康来说是十分有益的。人随着年龄的增加，血管壁的弹性会逐渐下降，可诱发高血压等退行性疾病，体育锻炼可增加血管壁的弹性，可以预防或缓解退行性高血压症状。

（3）体育运动可以促使大量毛细血管开放，加快血液与组织液的交换，加快新陈代谢，增强机体能量物质的供应和代谢物质的排出能力。

（4）体育运动可以显著降低血脂含量（胆固醇、甘油三酯等），改变血脂质量，有效地防治冠心病、高血压和动脉粥样硬化等疾病。

（5）体育运动还可以使安静时脉搏徐缓和血压降低。

（四）对呼吸系统的影响

运动时要消耗能量，体力活动越剧烈，氧的消耗就越多，于是呼吸活动就会通过各种调节方式得到明显加强。运动对呼吸机能的作用是复杂的，除能最大限度地改善人体的吸氧能力，降低呼吸中枢对乳酸与二氧化碳的兴奋性，并增强人体对缺氧环境的耐受力外，还能促使呼吸机能"节省化"。实验证明，由于运动员呼吸机能的高度发展，呼吸和动作配合的协调、完善，进行定时活动时，运动员呼吸系统的各项指标的变化都比一般人要小。体育运动对提高呼吸机能的作用，主要表现为可有效地增加毛细血管的数量和密度，改善生理无效腔，使呼吸肌发达，收缩力增强，最大通气量和肺活量增大，呼吸差加大。

此外，由于长期坚持锻炼，可负氧债量大，对缺氧耐受力强，氧的吸收利用率也较高，调节呼吸的节奏和形式的能力也较强。

（五）对消化系统的影响

体育运动会增强体内营养物质的消耗，这就需要人体补充更多能量，长此以往，可以使整个机体的代谢增强。另外，体育锻炼对消化器官的机能有良好的作用，它能使胃肠的蠕动加强，消化液的分泌增多，改善肝脏、胰腺的功能，因而使消化和吸收的能力提高，为人的健康和长寿提供了良好的物质保证。在进行体育锻炼时，不要食后立即进行比较激烈的运动，更不要在比较激烈的运动后立即进食。因为在激烈运动时，大脑皮层运动中枢会很兴奋，以致减弱和抑制了其他部位的活动，使消化中枢处于被抑制状态，从而减弱了胃肠的蠕动，并减少了消化液的分泌，这样对消化系统会产生不良影响。

（六）对人体中枢神经系统的影响

运动是在神经系统控制下进行的，人在进行运动时，在中枢神经系统的统一支配下，必须动员人的其他系统和有关器官的参与，如大脑皮层调节心脏及血管系统，加快全身的血液循环，及时供给能量和氧气，及时排出汗液和二氧化碳。与此同时，长期进行体育锻炼可以改善和提高中枢神经系统的工作能力，使中枢神经及大脑皮层的兴奋性增强，抑制加深，使得兴奋和抑制更加集中，从而改善神经系统的均衡性和灵活性，提高大脑的分析能力，增强机体适应变化的能力和工作的能力。例如，经常进行体育锻炼的人灵活性高、反应速度快、反应时间短、耳聪目明、精力充沛，这正是神经系统调节功能提高的表现。另外，科学研究还证明，有氧代谢运动对促进心理健康有一定的作用，锻炼时体内分泌的内啡肽具有强烈的镇痛作用，因此，经常参加体育锻炼可以提高神经系统的兴奋性，抑制低落情绪，减轻痛苦感，使人在运动之后精神状态良好，周身轻松，精力充沛。

（七）对提高人体免疫力的影响

从预防医学的角度出发，可把体育运动看作一种增强人体非特异性免疫的手段。免疫系统对运动的应答反应受多种因素的影响，一般认为，适宜负荷的运动会增强免疫功能。有研究发现，中度肥胖的妇女进行 6 周的步行运动锻炼后，呼吸道感染的发病率明显下降。长期、反复、适宜的运动负荷刺激，可使机体的免疫状态始终维持在一个较高的水平。研究发现，一次适宜的有氧运动后，人体内的白细胞数量显著增加，免疫球蛋白水平也有显著性增加，这可能与体育锻炼增加机体的抗病能力有关。一般来讲，一次运动对免疫系统机能的影响作用是暂时的，只有经常参加体育活动才能对免疫系统产生持久的作用，从而增强机体免疫功能，预防疾病的发生。

三、体育运动与心理健康

（一）青少年的心理特点

青少年的年龄特征决定了其心理不成熟、不稳定和不平衡。其中，青少年的自我意识的骤然增强是核心问题。围绕这一核心问题，青少年的认知、情感、意志、个性等主要心理过程和心理特征，处在一个动态的调节过程之中，并且由过去的被动性调节变为主动性自我调节。青少年的心理变化处在一生中最复杂、波动最大的时期，其特点如下。

1. 自我意识突出

青少年开始憧憬独立，希望摆脱对家庭、学校的依赖，强烈地要求重塑自我，青少年的成人感、理智感和自信心开始增加。大学生的思维活动已经脱离了直接形象和直接经验的限制，有较强的抽象概括能力，并能形成辩证逻辑思维。但思维能力参差不齐，有的表现为自尊心较强，有的表现为易受情绪波动影响。

2. 情感激烈复杂

青少年是人类情感最激烈的群体。有些青少年存在着好奇和好表现的情感特征，希望通过体育运动表现自己的勇敢精神和力量，同时，使自己的体态更伟岸，气度逐渐增加。有些青少年的情感则从天真、淳朴转变为温柔、含蓄、好静，一般不喜欢参加激烈和负荷较大的运动，已经逐渐学会了控制和调节自己的情绪。

3.意志力增强

青少年在各方面的影响下，意志力明显增强，能主动、自觉地克服困难，在行动中清晰地意识到自己行动的目的和积极的社会意义。

4.性格基本形成

性格反映的是一个人对现实的稳定态度和行为习惯。青少年时期，人的个性倾向系统日趋形成，自我意识不断发展，个性基本形成且较稳定，在体现性格的意志、理智、情绪等特征方面，表现为逐渐稳定，并能自觉地培养良好的性格。

（二）体育运动对心理健康的影响

心理健康是指个体在各种环境中，能保持一种良好的心理状态。一个心理健康的人，应该能够随着自然环境和社会环境的变化而不断地调整自己的心态，以达到与外界的平衡。心理健康包括五个方面：智力发育正常；情绪稳定、乐观进取；意志坚定、行为协调；人格健全、自我悦纳；良好的社会适应性。这五个方面相互联系，相辅相成。心理健康和身体健康两者关系密不可分，心理健康是身体健康的重要条件，身体健康是心理健康的基础。体育运动不仅对身体健康有重大影响，对促进心理健康也有着积极的作用。具体表现如下。

1.提高心理应激能力

心理应激是指人体受到强烈的物理、化学、生物等作用或情绪发生变化时，所发生的一系列特殊的应答性反应。应激能力高，可避免一般的刺激对人体的损害，在遇到外界的强烈刺激时，也能保持心理的平衡。长期坚持体育运动，可以提高心理应激能力，使心理承受能力和机体健康都处在较高的水平。

2.培养优秀的意志品质

意志品质包括自觉性、果断性、坚韧性、自制力以及勇敢顽强的精神等。意志品质是在克服困难的过程中表现和培养出来的。长期坚持体育运动，要克服各种主客观困难，这个过程既是锻炼身体的过程，也是培养良好的意志品质的过程。特别是参加竞争很激烈的体育竞赛活动，能够激励人竞争、奋发向上的精神，培养人克服困难、顽强拼搏、争取胜利的自信心及坚强的意志品质。

3. 消除疲劳

疲劳是指在工作后，人体的组织器官甚至整个机体工作能力下降的现象。疲劳与人的生理和心理状态有关。紧张的脑力劳动和长时间的静坐伏案学习，常会使人大脑供氧不足，从而感到疲劳，导致思维迟钝，记忆力减退，学习、工作效率下降。参加体育运动，可以提高神经系统的调节能力，使大脑两半球的功能交替进行，达到消除疲劳的目的。

4. 调节心理

如今，体育运动已经被作为心理治疗的一种手段。心理医生认为，体育运动是治疗抑郁症和焦虑症的有效方法和手段。对由于学习和其他方面的挫折而引起的抑郁症和焦虑症，可以通过体育运动来消除或减缓某些心理压力。另外，经常参加体育运动，在精神上会得到愉快的感受，能够使人陶冶情操，发展情感，完善自我。

5. 培养良好的社会适应性

社会适应性是指个体对所处的社会环境的认识及自己与社会环境间所保持的均衡关系。体育活动能够增加人与人之间接触和交往的机会，加上体育活动中群体活动较多，大家通过参加集体项目课外体育活动，在团结合作、协调一致、相互帮助、彼此鼓励、竞争向上的过程中，可以培养良好的社会适应性。

第三节　校园体育文化

一、校园体育文化的内涵

校园体育文化是校园文化和体育文化的结合体，是校园文化和体育文化结合后的新产物，因此，两者之间的关系非常密切。一方面，校园体育文化中的"校园"一词说明了校园体育文化的生存环境；另一方面，校园体育文化从属于一种体育文化，而不是其他文化现象。

校园体育文化有着深刻的内涵和丰富的外延。首先，它与校园德育、智育、美育文化等一起构成了校园文化群；其次，它又与竞技体育、群众体育等共同组成了广大的体育文化群。从广义上讲，校园体育文化是学校广大师生、员工在学校现存的环境中，在学校体育教育、学习和活动等过程中创造出来的物质与精神的所有内容。从狭义上讲，校园体育文化是指在学校教学环境下，以学生为主体，以教师为主导，在各种体育活动中相互作用创造出来的学校文化形态之一，包括体育精神、体育的价值观念、体育道德和体育能力，是学校这一特殊社区的体育群体意识。校园体育文化是一个内涵广泛、系统开放的文化形式。这个系统大致可以分成三个层面的内容：第一层是精神层面，居于主导地位，其中健康的价值观是学校体育文化的本质和核心，决定着教育的目标；第二层是制度、方法层面，这个层面既是学校体育的组织形式，也是学校体育意识的体现，包括体育教学、课余体育活动、体育科研研究、体育竞赛、体育协会、体育交流等全方位制度、方法的确立；第三层是物质层面，是学校体育文化的基础，也是客观物质保障，包括校园的体育建筑、环境、场地、器材、用品和师资队伍等。

二、校园体育文化的功能

（一）身心健康功能

身心健康功能是校园体育文化的首要功能，这种功能的显现是通过身心的交互作用实现的。一方面，由它所构成的体育锻炼过程，能给予人体各器官系统一定强度的刺激，使机体在形态结构、生理机能等方面发生一系列适应性反应，从而对机体产生积极的影响并能有效地促进人们的身体健康；另一方面，学生自主选择体育活动方式，并将其作为娱乐消遣的方式之一，让身体的生物学改造（即器官的运动和锻炼）和心理的调适通过健康的方式得以实现。

（二）教育导向功能

高校校园体育文化不仅能对当代大学生起到身心俱健的作用，还有利于大学生实现意志的磨炼和人格的塑造，对于自我意识强烈的当代青年，还可以达到育人的效果。校园体育文化作为社会文化的亚文化，建立起学生与社会的桥梁，使受教育者能在这种模拟的文化氛围中探索，以提高自身的社会意识，深化社会情感，促进个体社会化，培养社会活动能力，期望在步入社会后能适应社会的需要，得到社会的认可，推动社会的进步。

（三）娱乐调节功能

娱乐与健康是新世纪学校体育文化的追求。高校体育文化通过娱乐的形式调节教师和学生的生活，调节紧张、单调的生活节奏，增添生活情趣，同时也在提高人们的艺术欣赏能力和文化素质。因此，娱乐性是大学校园体育文化教育功能的延伸。

（四）激励凝聚功能

高校体育文化的核心是校园精神，生活在校园体育文化氛围中的大学生对学校优良的体育传统和光荣历史会产生荣誉感和责任感，同时这种精神又是一种黏合剂，激励大学生产生一种内在向心力和凝聚力及对学校的认同感和归属感。

（五）美育陶冶功能

体育以身体活动为特殊手段，通过动作展示具体形象，是身体美与运动美、自然美与艺术美的有机结合，能给人以美的享受。在多姿多彩的校园体育文化活动中，各种运动项目、身体练习、体育竞赛与表演，乃至体育摄影、体育雕塑、体育建筑等，都可以使大学生得到美的感染和陶冶，获得体育美的情感体验，从而培养学生健康的审美意识，提高学生鉴赏美、创造美和表现美的能力。

三、校园体育文化的价值

我国体育文化的发展以中华人民共和国成立之初毛泽东同志提出的"发展体育运动，增强人民体质"作为一贯的出发点，这是对我国体育发展具有终极性意义的一元价值判断，它指导着我国体育的发展。自改革开放以来，尤其是随着构建社会主义和谐社会理念的提出，体育文化从不同的视角展示出它的多维价值。从"增强人民体质"到"奋力拼搏，为国争光"，直至现在提出的"体育社会化、体育生活化、体育终身化"，反映了人们对体育文化价值认识的不断深化。体育文化的价值和功能不在于直接提高物质生产水平、促进社会经济增长，而在于提高人的人文素质，培育民族精神，提高人的思想道德和审美素质，使人越来越社会化、人性化，从而促进人的全面协调发展和社会整体的进步。因此，在构建和谐社会进程中，校园体育文化的价值体现在激励价值、竞争价值、人文价值、健康价值、审美价值和品牌价值等方面。

（一）激励价值

精神生活往往需要理性、信仰和感性的满足。体育的激励作用常常表现为参加体育运动时外界对内心的激励，从而促使人由内而外的积极情绪的进发。不论是 1981 年中国男排战胜韩国男排时，北京大学学生喊出的"团结起来，振兴中华"的口号，还是中国女排取得"五连冠"的丰功伟绩；不论是雅典奥运会上刘翔的历史性突破，还是中国残奥代表团坚韧不拔的突出表现，无不体现了中华民族强烈的集体荣誉感、爱国主义、自强不息的民族精神，极大地激励了广大青少年学生的爱国热情和实现中华民族伟大复兴的责任感。

（二）竞争价值

21 世纪的全球化浪潮，使整个社会充满竞争，对人提出了更高的要求，不仅要求人们树立广泛参与意识，更要求人们强化竞争挑战意识。体育文化通过体育竞赛和体育锻炼等形式，提高广大学生的竞争意识，培养学生勇于克服困难、挑战自我、超越自我的精神品质，对个人的成才和提高国家竞争力都有重要意义。

（三）人文价值

体育文化是一种关爱人的文化，它维护人的尊严，促进人的全面发展。是否崇尚体育精神、热爱体育锻炼是衡量社会文明程度的标志之一。西方发达国家的公民普遍积极自觉地参加体育锻炼，健身运动在西方人日常生活中占有重要地位，这使他们普遍具有强壮的体质，体育锻炼也带给了他们良好的处世心态。残疾人运动会等特殊竞技比赛更是显示出体育对弱势群体独特的人文关怀。在校园体育运动中，同学之间互帮互助、团结协作，无不体现出人性的温暖和集体力量，使学生在参与校园体育文化活动中实现了人格的完善。校园体育文化的人文价值主要包括三个方面的内容：一是"以人为本"，就是在体育运动中必须拥有作为集体概念的人类和拥有独立尊严的个人，提倡对人的尊重和积极健康的生活哲学，建立一个维护人的尊严的和平社会；二是倡导人的全面发展，就是指青少年学生能够通过体育运动达到身心的全面而协调的发展；三是青少年学生通过体育运动能够铸就个人的文化品格，展现强健的体魄、良好的心态和文明的言行。

（四）健康价值

校园体育文化中的行为文化，就是以身体运动为基本表现形式，由它所构成的体育锻炼过程给予人体各器官、系统一定量的强度和刺激，使机体在形态结构、生理机能等方面产生一系列的适应性反应，从而对机体产生积极的影响，有效地增强机体体质，提高机体健康水平。进行体育锻炼还有助于调节心理，减轻学习压力，释放不良情绪，舒缓紧张的神经，使人心情愉快。此外，体育锻炼还可以培养集体主义精神，锻炼坚强的意志，增进友谊，提高人们对社会和自然环境的适应能力，促进身心的和谐、健康发展。

（五）审美价值

体育与美自古就紧密相连，古代的奥运会就是展现健美身体的最好场所，并为我们留下了许多展现运动员健美英姿的艺术珍品。体育运动是由人所显现的美的沃土、美的矿源，在体育运动中蕴藏着大量的美的因素，蕴含了许多人类社会共同追求的东西，这就是体育运动中表现出来的"真、善、美"。正如现代奥运会创始人、法国著名教育家顾拜旦所说："体育就是美，体育就是正义，体育就是勇气，体育就是进步，体育就是和平。"体育之美不仅指娴熟和美丽的动作，还指其背后的振奋心灵的力量。《大卫》雕塑显示了体育背后人类身体力量健康之美，奥运五环展现了体育背后人类追求团结和平之美，奥运火炬照亮了体育背后人类自强不息之美。

（六）品牌价值

体育也是一个重要的品牌，它的影响可以超越国界，它的品牌效应不可估量。体育名师、冠军学生、优秀运动队是学校的无形资产，也是学校的巨大精神财富。延续 100 多年的英国剑桥大学和牛津大学两校的划船对抗赛与美国大学的职业篮球赛，都是体育品牌和体育精神通过学校得以发扬光大的例子，它们使校友对母校产生了极大的自豪感，也使学校的品牌精神得到弘扬。同时，学校的品牌和精神也吸引了更多的名师和人才加盟，学校的无形资产由此变成了有形资产，也成为学校的巨大精神财富。

四、校园体育文化的特点

（一）连续性和继承性

高校校园体育文化和其他文化一样，具有历史延续性，是可以形成传统和风气的。学校体育传统和风气是指一个学校在体育活动方面形成并进行的带有普遍性、重复出现和相对稳定的一种集体风尚，是学校教育的一种氛围与环境，是师生员工共同创建的校园文化。一般认为，传统多指纵向性的继承，风气多指横向性的传播。高校校园体育文化开展得如何，主要看学校体育传统和体育风气。因此，高校校园体育文化不是在短时间内可以形成的，需要长时间的积累和人们坚持不懈的努力。

（二）时代性

任何文化都是时代的产物，高校校园体育文化也不例外。在高校校园体育文化的形成和发展过程中，其内容与形式都受到一定时代的政治体制、经济体制、教育体制及社会结构、文化风尚等的制约，受到时代特征的影响，也就是高校校园体育文化的时代性。

（三）大众性

大学校园体育文化一个突出的功能就是它的娱乐性，其之所以有这样的功能，是因为它具有易于参与、为人们所喜闻乐见的特征。一般说来，大学体育着重于人的身心需要和情感愿望的满足，不以高超复杂的技艺、深邃的哲理和深厚的文化修养等条件要求参与者，而是以普遍的、自娱自乐的、消遣性的、游戏性的活动方式迎合参与对象，使他们可以在这些活动中得到直接的、令人愉悦的主体情感体验。大学体育有巨大的吸引力，能够吸引广大师生积极参与其中，因此，无论在空间的广阔性还是在时间的持久性上，大学体育文化所创造的价值是其他校园文化所难以企及的。

（四）多样性

大学体育与大学文化教育相结合，可产生多样性的校园体育文化活动内容。除各种竞技体育、健身体育、娱乐休闲体育和观赏性体育活动外，还包括以上各种体育活动与校园文化相互渗透、交织以展示学生才能的各种文化活动，如体育摄影、体育邮展、体育知识竞赛、体育征文、体育小制作、体育小发明、野外生存等各种体育文化活动。校园体育文化的宗旨是培养学生的体育精神、体育意识和体育技能，提高学生的体育文化素养，增进学生身心健康，并在此宗旨指导下开展多种多样的校园体育文化活动。

校园体育文化是以学生为主体，以课外体育文化活动为主要内容，以校园为主要空间，以校园精神为主要特征的一种群体文化。这种特定的文化氛围是和学校的培养目标、校风校纪、生活方式等内容相联系的。校园体育文化作为一种社会文化，是学校在长期的教学、科研和行政管理过程中逐步形成的，更是在广大学生直接参与的情况下发展起来的。它对改善学生的智能结构，加强学校与社会的交往，继承传统，大胆吸收和借鉴人类社会的一切文明成果，提高学生成长的积极性、主动性和创造性，促进教育改革的深入发展，具有特殊的作用。校园体育文化能够挖掘学生潜能，是学生心理行为的复合显现，是学生从"自然人"向"社会人"转轨的动力。校园体育文化可谓精神文化的百花园，丰富多彩的校园体育文化的雨露，能及时催开青年学生心灵的花蕾。校园体育文化从属于社会体育文化，具有社会体育文化的一般特征，但主体的差异使其与社区体育文化、职团（如职业体育俱乐部、军队等）体育文化等其他群体体育文化在许多方面都有不同，具有鲜明的自身特点。

（五）实践性

大学校园体育文化是体育文化与大学校园文化相结合产生的，它应当反映体育的本质特性——实践性。此外，学生们正处在充满活力的年龄，他们亲身体验各种活动的欲望强烈，能够有目的、有组织地为自己创造条件，开展各种体育活动。学生们在实践中能够体验体育的乐趣、价值，培养良好的体育道德和体育精神，使体育理论与实践有机地结合了起来，从而达到了全面发展的目的。

（六）校园性

大学校园体育文化作为一种亚文化，区别于社会体育文化的最主要表现是其具有校园性这一特殊性，对于社会文化和其他校园文化而言具有相对独立性，不同的校园会产生不同的体育文化。校园体育文化又是弥散性的，它可以通过体育活动的方式，广泛散播到校园的每一个角落，在学生群体中形成一种特有的校园体育文化氛围。

（七）开放性

随着信息社会的到来，大学校园内信息的获取渠道增加，广大学生对大学体育的依赖性减小，校外及国外的各种社会体育形态、管理方式开始进入大学校园，大学生的体育倾向开始转向外界，体育教育的社会功能日益突出。因此，大学校园体育文化建设也必须与这种开放性相适应，以建设具有中国大学特色的校园体育文化。

（八）民族性

我国是一个多民族国家，因而传统体育具有丰富多彩的形式和内容，如汉族的武术、导引养生术，蒙古族的摔跤、射箭，朝鲜族的荡秋千、跳板，回族的扔石锁、拔河，苗族的赛龙舟，等，几乎所有的民族都有自己的传统体育项目。随着学校体育工作的逐步深入，各民族传统体育项目在学校这一领域都得到了广泛的传播和发展。体育文化的传播并不是强调体育教学模式的一致性，而是强调在保持和发扬民族传统体育精神的同时，把具有特色和代表意义的体育项目作为传播民族体育文化的核心内容，多层面、多角度地构筑传播民族传统体育文化的平台。

（九）全面教育性

校园体育文化是生存于学校这一特定环境中的一种文化现象，因此，它必须肩负教育这一使命。学校体育在培养全面合格人才方面具有其他教育所没有的独特功效，主要包括以下几点：提高学生身体素质和机能、促进其身体健康；使学生获得体育理论、卫生保健知识，掌握运动技术；培养学生的终身体育意识、能力和习惯；促进学生思想品德和个性的全面发展，对其形成正确的世界观起着良好、积极的作用。校园体育文化所创造的氛围能激发学生愉快地、自主地进行身体锻炼的积极性，促进学生的个性发展，培养学生的独立性、自主性和创造性，能充分挖掘学生的潜力，使学生能够享受体育运动，以获得掌握知识的满足感、提高技能的喜悦感，以及战胜困难的超越感、和他人共同参加体育运动的集体感、运动后的轻松愉快感、自我选择目标实现的成就感，同时提高其感受美、欣赏美、创造美的能力，塑造美的人格和心灵，使学生接受美的熏陶。所以，校园体育并非只着重某一方面的教育，而是综合性、全面性的教育。因此，校园体育文化的教育性特征区别于其他教育文化，具有一种全方位的教育特征，这使其区别于其他体育文化，具有更多的教育性。

（十）独立时空性

从时间上来看，人的幼年、儿童、少年和青年时期都深受校园体育文化的影响。一个现代社会的人几乎要接受长达 20 年的校园体育文化熏陶，并在后半生受到它的后续作用的影响。校园体育文化不但为年轻一代提供了青春生命的聚合地与耗散场，而且极大地优化了人类生命的演进过程与人类未来的生活方式。从空间上来看，校园体育文化的对象几乎涵盖了地球上近1/3 的人口，遍布世界凡有人类居住的每一个角落。校园体育文化的无处不在从另一个角度再一次证明了"文化是人类对自然的超越"这一本质命题。因此，校园体育文化可以随时间的流逝有对象的更新，可以随地域的不同有类型的差异，可以随民族的习惯有色彩的变化，但现代人类社会不可能没有校园体育文化的烘托与装点，这是一个不争的事实。从这一点而言，校园体育文化是一种与未来社会同在的永恒文化或世界文化。

（十一）复杂性

校园体育文化的复杂性首先表现在其内容方面，它涉及体育教材、体育课程、体育法规法令、课外体育、运动队伍建设、体育观念系统、体育风俗习惯、体育生活方式等方面，以及因这些方面所带来的学生体质增强、精神焕发、运动技能提高等多种有形或无形的效果反映等。其次，校园体育文化的复杂性也体现在其功能上。从发展的角度看，校园体育文化具有发展身体机能、提高身体素质和适应能力等一系列特殊功能；从教养的角度看，它具有教授体育知识、技术和技能，培养体育态度、动机和兴趣，培养持之以恒锻炼身体的良好习惯，培养学生自我意识与自我评价能力等许多积极效应；从教育的角度看，它具有提高思想品质、培养体育观念、培养道德作风、提高审美情趣、完善心理特性等一系列的良好作用；从社会的角度看，它具有提高社会意识与社会情感，促进个体社会化，促进人际交往，培养社会活动能力，培养社会建设人才与体育人才，促进其他文化发展的众多积极功能。最后，校园体育文化的复杂性还表现在其内外部关系的冲突及协调上。在校园体育文化的内部架构中，体育课内文化与课外文化，体育教学文化与运动训练文化，学校竞技体育文化与学校业余体育活动文化，以及正规体育文化与非正规体育文化等不同内部体育文化之间，常常会出现不同程度的摩擦和冲突，需要精心加以协调，使之沿着校园体育文化的总体发展方向健康发展。在校园体育文化与外部文化的联系中，冲突常常相当激烈，其中最为突出的是学校智育文化与体育文化的冲突，这也正是目前学校教育向素质教育转轨的难点所在。

第二章　高校体育之篮球运动

第一节　篮球运动概论

一、篮球运动的起源

篮球运动起源于美国。基督教青年会在美国的体育史上留下了辉煌的一页，这是因为由美国基督教青年会创办的学校是篮球运动的摇篮，是现代篮球运动的发源地。篮球运动的发明，对世界许多国家体育运动的发展影响巨大。

1885 年，波士顿青年会在马萨诸塞州的斯普林菲尔德学院设立体育部，担任成人培训班体育课的教师是詹姆斯·奈史密斯博士。基督教青年会比较重视青年的兴趣和爱好，并能结合青年的特点进行以宗教为主的德、智、体教育。基于这一思想，奈史密斯博士根据学生在大学时代大多都有运动经历的特点和冬季室外开展活动困难的情况，考虑设计一项适合冬季室内比赛的运动项目。而这一运动项目就是现代篮球运动的雏形。

奈史密斯博士为了使新的运动项目达到预期的效果，根据当时的情况，要求设计的运动必须做到三点：首先，要消除人们对当时的体育运动如橄榄球运动中粗野行为的恐惧心理。新的竞技运动必须是"文明"的，严禁粗野行为的发生。其次，要能够弥补足球、棒球等运动受季节、气候而影响运动进行的缺陷。新设计的运动应是不受季节气候影响而可在室内和晚上进行的体育活动。最后，应该改变过去采用的瑞典、法国、德国式枯燥的训练方法。新的运动应使不同年龄、性别的人都能参加，尤其要能吸引青年们参加。在以上三条原则的基础上，奈史密斯博士从工人和儿童用球向桃篮内做投准的游戏，以及他小时候在家乡阿尔蒙特经常玩的用石头向立在高处岩石上的石块抛掷的"打落野鸭子"的游戏中受到启发，并且综合了橄榄球、曲棍球、足球等的特点，设计了以投掷准确性程度来计分并决定胜负的新的运动。经过思考设计，奈史密斯博士还确定投掷的目标应呈水平状态放置在高处。因此，他找来两个上宽下细的桃篮钉在体育馆两端看台的柱子上，作为投掷的目标。桃篮离地面刚好 10 英尺，也就是 3.05 米，即现在篮圈距地面的高度。这便是现代篮球运动的起源。

在游戏中，为了防止粗野的身体接触，奈史密斯博士规定了最原始的四条规则：使用足球式的柔软圆形球；必须用手传递，不得用脚踢、拳打和头顶，也不得抱着球跑动；避免粗野动作，不得打、拉、推对方；投掷的目标应设置在空中，呈水平状态。这应该算是篮球运动的最初规则了。

在这种投篮运动被设计出来之后，经过几次体育课试验，1891 年 12 月 25 日，奈史密斯博士将培训班的 18 名学生分成两队，用美式足球作为游戏工具进行了新的表演比赛。比赛双方队员展开攻守对抗的比赛。1892 年 3 月 11 日，奈史密斯等 7 名教师与培训班的几名学生在青年会训练学校里举行了第一场正式比赛，这是篮球史上最早的正式比赛。比赛分上下两半时，每半时 15 分钟，中间休息 10 分钟。教师队唯一的一个球是由美式足球创始人史达科投中的。

体育馆附近白金汉小学的女教师常在吃午饭时路经体育馆，观看篮球比赛。她们从观看发展到对篮球运动产生兴趣，从有兴趣又发展到想参加篮球运动。后来奈史密斯博士在体育馆里以白金汉小学的女教师作为比赛参加者，成功地组织了一次正规的女子篮球比赛。女子篮球运动从此问世。

可以说，现代篮球运动起源于游戏。而奈史密斯博士在设计投篮游戏时，大概也并没有想到起源于游戏的投篮游戏能够发展成为今天在世界范围内最具影响力的运动之一。

二、篮球运动的发展

自从篮球运动产生以后，最开始是在美国学校逐步开展起来的。而到了1892 年，篮球运动首先从美国传入墨西哥，并很快在墨西哥各地得到发展。

这样，墨西哥成为除美国外，第一个开展篮球运动的国家。此后，从 1892 年到 1897 年的 5 年时间里，篮球运动先后传入法国、英国、中国、巴西、捷克斯洛伐克、澳大利亚、黎巴嫩等国家，从此，篮球运动逐步在中美洲、亚洲、欧洲和大洋洲发展起来。按其活动的方法和规则完善的过程划分，篮球运动可以划分为以下 4 个时期。

（一）初创探索时期

1891 年末，篮球运动诞生。为了使篮球比赛合理进行，1892—1893 年，奈史密斯博士规定比赛场地分为三个区域，对场地大小也做了规定。并且制订了 13 条比赛规则，主要规则是不准持球跑，不准有粗野动作，不准用拳击球，否则即判犯规。除此之外还规定，连续 3 次犯规判负 1 分；比赛时间为上下半时，各 15 分钟；上场比赛人数逐步缩减为每队 10 人、9 人、7 人，1893 年定为每队上场 5 人；进一步简化了比赛程序，特别是取消了篮圈的底部，使投入的球可以直接从篮中落下，不需要爬高取球；用铁质的篮圈取代了不同制作材料的篮圈，用成型的木质篮板替代了铁丝挡网。直到 1915 年，美国国内才统一了必须执行的比赛规则。此时攻守技术较简单，普遍是双手做几个传、投动作，竞赛中主要是以单兵作战为攻守形式，战术配合还处于朦胧时期。

篮球运动富有趣味性，因此迅速在美国各类学校中得到推广，并于 1926 年形成了职业篮球联赛。在这一时期，篮球运动也伴随着美国文化、宗教的扩张，通过基督教青年会组织以及教师、留学生间的交往，先后向美洲、欧洲、亚洲、大洋洲及非洲个别国家和地区逐步传播。

（二）完善普及时期

经过 20 多年的逐步完善，20 世纪 30 年代，篮球运动中开始出现单手和行进间技术，并开始运用简单的组合技术动作，技术动作不断创新，动作速度不断加快，战术上的单兵作战已较少出现，进攻中多运用快攻、掩护、策应、突破分球等战术，防守开始强调集体性。人盯人、夹击、区域联防及混合防守等已被广泛运用。

1925 年前后，进攻和防守的 5 名运动员就有了较为明确的分工，如中锋对中锋，后卫对前锋，各自盯住自己的对手。但前锋的职责是只管进攻投篮，不管退守；后卫的职责是只管防守抢截球，不管投篮。前锋和后卫很少全场跑动，只有中锋要攻守兼顾。以后又逐渐改为两后卫1人助攻(活动后卫)，1人留守后场(固定后卫)，两前锋也变为1人留在前场专管偷袭、快攻，1人退守后场助防。技术动作也有所发展，跑动投篮出现了单手、高手投篮，立定投篮出现了双手胸前投篮，传球出现了单、双手击地传球，运球出现了两手交替运球躲闪防守和超越防守向前推进的技术。规则中增加了罚球区和罚球线，队员犯规4次即被取消比赛资格，犯规罚球可由队长指定任何一个队员主罚。比赛时间分为上下半时各20分钟，中间休息10分钟。每次投中或罚中后，都在中圈跳球，重新开始比赛。为了适应并推动世界各国篮球运动的普及与提高，1932年6月8日在瑞士的日内瓦，葡萄牙、罗马尼亚、瑞士、意大利、希腊、拉脱维亚、捷克斯洛伐克、阿根廷这8个国家的代表通过商讨，成立了"国际业余篮球联合会"(后称"国际篮球联合会")。

会上以美国大学生篮球竞赛规则为基础，初步制定了13条比赛规则，明确规定了上场参赛的人数和时间，进一步划分了比赛场地的不同区域，进一步规范了篮球场地和设备。同时，攻守技术动作增多，开始出现基础战术配合，由此掀起了篮球运动的第一次发展高潮。比赛场地有了禁区、罚球区，并完成了罚球区由一字形到梯形的变革。初步制定了国际统一的13条竞赛规则。1936年，在第十一届奥运会上，篮球运动被列为男子正式比赛项目，国际篮联对比赛规则做出了统一规定，出版了第二本国际统一的篮球规则。20世纪40年代之后，随着篮球技术、战术的不断发展和高大队员的出现，篮球规则又进行了补充和修订，从此，篮球运动进入了完善、推广的新时期。

(三)逐步成熟时期

1952年，第十五届奥运会上出现不少身高在2米以上的队员，他们在争夺高空优势和控制比赛的主动权上起了决定性的作用。国际篮联为了防止出现高大队员单凭身高不靠技术来控制篮下的局面，对篮球竞赛规则又进行了修改，把限制区从1.80米改为3米，并增加了三秒区和干扰球的规定。另外还规定，一个队控制球后，必须在30秒内投篮出手。1960年，第十七届奥运会后取消了中场线，终止了有关10秒和球回后场的规定。1964年，第十八届奥运会后，又恢复了中场线。特别是20世纪50年代后期，规则的改变对篮球比赛的攻守速度，对运动员的身体、技术、战术以及意志、作风等各方面都不断提出新的、更高的要求，促进了篮球技术水平的迅速提高。技术上出现了高度、力量、速度、技巧相结合的全面化技术。进攻战术以高大中锋强攻篮下和快攻为主要形式；防守战术主要以区域联防和全场人盯人紧逼较为盛行。

进入 20 世纪 70 年代以后，世界强队队员的身高发展更为惊人。各个国家组织了频繁的竞赛活动，开始举办男女世界篮球锦标赛，篮球运动逐渐普及。在第八届世界男子篮球锦标赛中身高超过 2 米的高大队员达 48 人。这些高大的队员既有高度又有速度，能攻善守、技术全面，使篮球比赛高空与地面的争夺更加激烈。身体、技术、战术、意志品质等各种因素融为一体的全面对抗也为现代篮球运动的发展引领了方向。1976 年，女子篮球在第二十一届奥运会上也成为正式的比赛项目。而在这一时期，欧洲、亚洲、大洋洲一些国家的篮球运动水平也得到了迅速的发展，跻身世界篮球强队之列。

（四）飞速发展时期

20 世纪 90 年代以后，篮球运动进入了一个创新飞跃的时期，国际奥委会和国际篮球联合会于 20 世纪 90 年代批准职业篮球运动员可以参加奥运会比赛。美国"梦之队"在西班牙举行的第二十五届奥运会上展示了世界最高水平的篮球运动技艺，引起了国际篮球界的关注。世界篮球运动由此开始向科技化、智谋化、竞技化、技艺化、凶悍化、多变化、职业化、产业化融于一体的当代化方向发展，从而掀起了篮球运动的第三次发展高潮。这一时期篮球运动的主要特点是：篮球规则对比赛速度、高空争拼、场地区域及攻守技术、战术合理的运用，乃至全场比赛的时间、方式都有了新的规定（改上下两半场为 4 节，每节 10 分钟，实行三人裁判制，交替拥有球权等）；快速战术和攻守转换战术有了新的发展；个人防守能力显著提高，其中以防球为主的防守理念正向以防人为主的防守理念转化，防守行动更具攻击性、破坏性和协同性；远投技术在比赛中发挥着越来越重要的作用；女子篮球技术、战术男子化等。整个篮球运动呈现出职业篮球方兴未艾，大众篮球蓬勃发展，篮球运动呈现融合科技化、人文化、智谋化、个性化、技艺化、观赏化、商业化和产业化为一体的新局面。

1994 年，国际篮球联合会因运动员制空能力增强，空间拼抢激烈，对篮球竞赛规则又做了修改，以使比赛的空间争夺更激烈、更合理、更安全、更具观赏性。如由于运动员身高的普遍增长，制空争夺更激烈，便缩小篮板周边范围，并增加胶皮保护圈。1999 年 12 月，又决定从 2000 年奥运会后开始实行一些新的规定，如比赛分为 4 节，每节比赛时间 10 分钟；各队每节如达到 4 次犯规，对以后发生的非控制球队犯规将处以 2 次罚球；将球队每次进攻的时间从 30 秒缩短为 24 秒；球由后场进入前场的时间限制从 10 秒缩短为 8 秒；奥运会和世界锦标赛可以实行 3 人裁判制度等。2008 年北京奥运会后，国际篮联又对篮球规则进行了部分修改和补充。

随着篮球运动的持续发展，篮球规则还将不断有新的修改，篮球运动的水平围绕着时间、空间、速度、高度，以及强化技艺、谋略和激烈对抗等技、战术将向更高层次发展。篮球运动的艺术观赏性也将逐步提高。

三、篮球运动的功能与特点

（一）篮球运动的功能

1. 有利于身体健康

篮球运动不仅能够增强体质、促进健康，还能丰富人们的业余文化生活，从而提高劳动、工作和学习的效率。篮球运动技术和战术的实践操作与实战运用过程，是通过对抗、变化着的时间、场地、距离、设施条件等，运用跑、跳、投等手段来完成的，而且要求跑似"脱兔"、跳似"猴翻"、展似"鹏飞"、停似"大象"、投似"飞燕"。适量参加篮球运动，能促进人的生理机能、中枢神经系统的支配能力，促进人体健康，提高人体的灵敏度、速度等，从而可以锻炼意志品质，保持和提高人的生命活力，提高生活质量。在篮球比赛激烈时运动员的心跳可以达到每分钟 160 次以上，这对内脏系统和循环系统可以起到极好的锻炼作用。跑、跳、投动作能促进骨骼、肌肉的发育，促进四肢的均衡、协调发展。基于篮球运动对技术与动作的要求，青少年参与篮球运动有利于骨骼的生长。

据统计，从小爱打篮球的运动爱好者，个子要比不打篮球的人长得高一些。由于篮筐在空中，而球可能在任何位置，所以篮球场上要展开地面与空中的全方位立体对抗。而且，所有的行动都要受到对手的制约，这就要求参与者依据自身实力，对不同对手的实力进行分析比较，斗智斗勇、扬长避短、克敌制胜。这样能够有效促进参与者的心理（智力、意志力、个性等）、技能、观察、应变等综合能力的提高，锻炼和培养参与者发现问题、分析问题和解决问题的能力。

2. 有利于促进社会经济的发展

当前篮球运动正朝着职业化、商业化和产业化方向快速地发展。高水平的篮球赛事已经采用职业化和商业化模式进行运作，有些国家篮球运动的商业化水平已经很高。当代顶级水平的职业篮球比赛已经发展成为一项有特殊天赋的、极少数精英分子才有可能从事的、高收入的职业活动。通常情况下优秀运动员是青少年心目中的偶像。商业性的篮球比赛为各种商业活动创造了良好的氛围，为传媒、广告带来了活力，与之相关联的服装业、轻工业、电子业、博彩业等产业也得到了发展。美国通过 NBA 向全球宣传本国形象，提高了美国在世界上的知名度，壮大了与 NBA 相关的产业，形成了与 NBA 相关联的产业链，成为美国体育经济发展的支柱产业。现在，我国篮球职业化道路发展的模式也是在效仿 NBA 的运作。

3. 有利于团队合作精神的培养和个性的发挥

篮球运动对培养集体主义精神有积极作用。篮球运动能促进人的全面发展，提高人的社会适应能力。篮球队员之间只有团结合作、互相协调、默契配合，才能保证比赛的胜利。现代社会的高效率和快节奏限制了人们相互交流与了解的途径，但篮球场给人们提供了机会。篮球运动能有效缓解工作压力，良好的竞技环境又能培养健康的心理适应力和承受力，调整及维护参与者的心理健康水平。同时，篮球比赛作为集体项目，在增进交流和友谊的同时，更能有效地培养团结协作的集体主义精神，帮助参与者正确理解和处理好个人与集体、竞争与合作的关系等，培养运动员的拼搏精神和文明自律、尊重裁判、尊重对手、尊重观众等高尚的体育道德。对于从事篮球运动专业的人员来说，篮球运动是一项创造性的活动，所有技、战术都既有原理和规则，又包含着个人的不同表现风格，没有固定的模式。篮球运动能培养运动员团结友爱的集体荣誉感、严格的组织纪律性和顽强拼搏的意志品质。每个人、每个队都可以用自己的方式来诠释自己对篮球的理解。也正是由于它的复杂性和多变性，参与者需要用自己的智慧创造性地去应对场上出现的各种问题，发挥自身的个性，从而有效地提高创新能力。

篮球运动作为复杂的、激烈的体育活动之一，其本身的功能是多元的。在100多年的发展历程中，经过广大篮球工作者和篮球爱好者坚持不懈的探索，其自身的功能得到不断扩大，人们已深深地领会到其强身健体的愉悦性、大众参与的广泛性、高超技艺的观赏性、扣人心弦的竞技性、彰显活力的趣味性、商业开发的产业性。同时，我们深信随着时代的发展和研究的不断深入，篮球运动必将为人类社会的发展发挥更大的作用。

（二）篮球运动的特点

1. 集体性

篮球运动是一项集体性很强的运动项目，运动员们只有团结一致、齐心协力、互相合作才能取得胜利。篮球比赛是以两队成员相互协同攻守对抗的形式进行的竞赛过程。只有汇集整体的智慧和技能，发挥团队精神，协同配合，才能获得最佳成绩。为了取得比赛的胜利，在规则允许的条件下，进攻队员可以使用各种各样的进攻技术和进攻战术，防守队员为了破坏对方的进攻，也可以采用相应的防守技、战术。因此，可以说双方运动员既是同场竞技，也是攻守交错，他们展开的是一场以球为中心的激烈争夺战。

2. 对抗性

篮球运动有激烈的对抗性，运动员要在场内进行进攻与防守、突破与堵截、投篮与封盖、篮下争夺和空中拼抢，具有较强的身体对抗性。篮球运动不仅需要智谋，还需要具备充沛的体能和顽强的意志。这种对抗对青少年的身体素质、技术、战术、篮球意识和比赛能力是一种良好的训练方式，更是对他们的人格精神和意志品质的良好锻炼。篮球是关于球的游戏，是以争夺球为中心的竞技游戏。游戏是人的天性。篮球运动与其他运动项目相比，形式多样，具有更强的参与性、趣味性、应变性、娱乐性和竞技性等，能满足不同人群的多种需求。篮球运动的形式可因人而异，运动量可随意调节，可以是3人的比赛，也可以是5人的比赛；可以是半场的比赛，也可以是全场的比赛，因此，适宜各类人群的广泛参与。人们可以根据自己的爱好、条件去自由组合、自由搭配，组成球队进行比赛。在高水平的比赛中，比赛双方斗智比谋，比技赛艺，使篮球比赛扣人心弦，相比其他体育竞技运动，更显示出自身的吸引力。攻防拼抢带来的刺激，比赛变化带来的激情，巧妙配合带来的享受，获得胜利带来的愉悦，吸引着广大群众积极参加篮球活动和观赏篮球比赛。

3. 综合性

篮球运动的技术动作非常多，而且在比赛中应用的技术都是以组合形式呈现的，加之比赛情况的复杂不定，导致技术组合具有不确定性、随机性与多样性。除此之外，篮球运动作为一门交叉的边缘学科，所涉及的学科包括教育学、竞技学、管理学、社会学等，因此，对教练员的科学化的训练、教学以及高水平的指挥管理都提出了更高的要求。上述这些都说明篮球运动是一项综合性的体育运动。

4. 时空性

篮球比赛在一定的时间内围绕空间里的球和篮筐展开攻守对抗，因此，运动员在比赛过程中必须有强烈的时间观念和空间意识，运用各种形式、方法和手段去争夺时间，拼抢空间优势，从而取得主动权，赢得胜利。正因为篮球比赛是向悬挂于 3.05 米高的篮筐投入篮球的比赛，队员之间转移球和获得球基本上是在空中进行的，所以控制空间的进攻与防守需要特殊的制空条件和制空能力。由于比赛规则中有对时间的特殊要求，主动控制时间捕捉战机就成为攻守的关键，需要进攻队攻击速度快、准确性高、进攻失误率低；防守队要利用规则的时间条件，积极采取各种防守手段和方法，尽快转守为攻。所以，瞬间快速、准确地围绕空间目标不断转化防守，就成了篮球比赛中变防守被动为主动和积极掌握主动权的重要保证。

5. 职业性

自 20 世纪中期欧美国家率先成立职业篮球俱乐部以后，随着竞技水平的提高以及赛制和规则的完善，现代篮球运动在世界各国蓬勃发展。运动员的智能、体能和技、战术水平的不断提高，对推动职业化进程起了新的催化作用。20 世纪八九十年代，职业篮球俱乐部如雨后春笋般在美洲、欧洲、澳洲、亚洲等地区建立起来，特别是在国际奥委会同意美国 NBA 职业球员参加国际大赛后，全球职业化篮球已发展成为一项新的产业。这俨然已经发展成为新世纪篮球运动的一个新的特点。

6. 商业性

随着篮球运动职业化不断加深，各国都建立了自己的职业联赛，而职业联赛的发展推动篮球运动走向商品化的发展轨道。这不仅使运动员与运动队的技能水平成了商品，还开发了体育器材、体育彩票、运动服装等周边商品，并开始进行营利性操作与经营。这些都说明篮球具有商业性。目前，NBA 是全球范围内发展最快、影响力最大的职业联赛。

第二节　我国高校篮球运动的发展

一、高校篮球运动的发展情况

篮球运动集运动性与娱乐性于一身，在我国具有广泛的群众基础，受到了广大人民群众的喜爱与关注，也吸引了广大民众参与其中。我国政府机关与部队，以及企业、学校和农村都有很多篮球运动的爱好者，并组建有各自的篮球队伍，人们通过篮球运动来进行娱乐健身，这些都为篮球运动在我国的发展提供了很好的群众基础。

近些年来，我国的体育事业包括篮球运动都得到了迅速的发展与进步。我国政府部门十分重视大众篮球运动的发展，不仅加大力度对篮球公共设施进行建设，还吸引社会资金对篮球运动进行投入，为篮球运动创造更好的社会发展环境。总体来说，我国有着良好的篮球运动发展的社会背景。

篮球运动有健身性、文化性、人文性等特征，并且有很强的教育功能。因此，篮球运动已成为我国各大高校体育教学的重要内容。高校开展篮球运动的根本目的在于提高广大学生的身体健康水平，使学生的课余生活更加丰富多彩。近些年来，随着篮球运动在高校的不断推广，高校的篮球运动已经取得了很大成果，为我国篮球运动的不断发展以及篮球运动员的招生工作拓展了更广大的空间，使我国高校篮球运动的发展更有活力。随着高校篮球运动发展的不断深入，更多的高校学生不断参与到篮球运动当中，并且形成了良好的运动习惯。

目前，篮球运动既是各大高校体育课的重要教学内容，也是学校各种球类运动俱乐部的重要项目，还是高校学生运动比赛的重要竞技项目。因此，篮球运动在高校中有了更有利的发展条件，有助于为我国高校篮球运动事业的发展输送更多的后备人才。

二、高校篮球运动的发展趋势

（一）以传播篮球文化带动篮球教学

1. 将篮球文化内化为自我价值

促进高校学生将篮球文化内化为自我价值，将培养学生主动学习的习惯作为我国高校篮球教学的重要任务。

目前，我国还有很多大学生对篮球缺乏基本的了解，对篮球运动没有兴趣，只了解一些简单的篮球技术动作，这种情况对高校篮球教学的发展造成很大的影响。所以，现代篮球教学应该加强对学生的引导，让学生更为了解篮球文化并使之内化。首先，体育教师应该对篮球理论课进行更加科学合理的安排，并在教学过程中向学生系统讲解篮球运动的发展历史与趋势，讲述篮球运动的基本技、战术原理，了解和掌握一些与篮球运动有关的医疗保健常识与规则知识。其次，教师在进行篮球教学的过程当中还要充分认识并发挥篮球运动教学的教育功能，使篮球知识内化为学生的自我价值，让学生在学习和参与篮球运动中锻炼自己的意志并陶冶自己的情操，从而形成健全的人格。

2. 提高学生的人文素养

篮球文化是篮球运动的一部分，高校学生通过对篮球运动的学习能够充分感受到篮球文化的魅力。这种文化的影响虽然是潜在的，但是对于学生行为习惯的形成具有很大的促进作用。具体来讲，教师在篮球运动的教学过程中应该对篮球文化进行详细介绍，使学生更好地认识并学习篮球运动中的合作、竞争以及拼搏等精神，从而促进学生形成努力拼搏、公平竞争以及团结合作的良好品质。另外，学生还可以在日常的篮球教学中通过自身的练习与参与各种相关活动，对篮球运动有更加深刻的认识、理解与感悟，从而促使自身人文素养的提高。例如，优秀的运动员多具有奋力拼搏的精神、坚忍不拔的毅力以及认真严谨的作风等优秀品质，高校学生也可以在学习篮球运动的过程中培养自身的优秀品格。

3. 推广"终身体育"的运动意识

在体育教学过程中，学生的学习应该是积极主动的，这一学习过程应表现出自主、互动、开放的特点。具体来讲，高校学生可以在学习篮球的过程中与爱好相同的同学建立深厚的友谊，使自己的交际圈不断扩大，并在一定程度上提高自己的人际交往能力。另外，这种体育活动中的人际交往，也有助于学生学习他人的良好品质，对于高校学生进行自我挑战有积极的推动作用。因此，篮球运动不仅有助于提高学生的心理素质，增强学生的运动能力，还有助于学生在步入社会后继续受益，从而推广将篮球运动作为"终身体育"来学习的观念，并引导学生形成正确的人生价值观，使学生能够在篮球运动中获益。

4.倡导运动健康的生活方式

体育的教育功能表现在它有助于培养公平竞争的精神，提倡一种更健康的生活方式。近些年来，随着 NBA、CBA 以及大学生超级联赛等重大篮球赛事的影响与推动，越来越多的群体尤其是高校学生开始喜爱篮球运动，他们对于篮球运动与健康生活之间联系的认识也更加清楚。在高校的篮球运动教学中，教师更加注重通过和谐的教学氛围来促进学生体育行为的规范化，这有助于大学生形成积极健康的生活方式与良好的生活习惯，从而促进高校学生的健康成长。

（二）树立正确的篮球教学发展目标

根据我国体育教学实践中存在的一些问题，篮球教学改革对篮球教学的目标提出了更高的要求，从而使篮球教学的目标更加科学化与细致化。目前，多数院校都非常重视学生整体能力的提高，强调学生的全面发展与进步，但对于学生个性化以及创造力的培养不够重视。所以，教师在进行篮球教学活动时应该树立"以我为主，自我发展"的教学理念，并用这种科学的理念进行教学指导工作，从而使学生更好地发挥他们的个性与特长。在我国传统文化的影响下，人们在日常生活以及工作学习中常常表现出礼让、宽厚的道德理念。我国高校的学校教育也会受到这种传统文化的影响，讲求学生德、智、体、美各方面的全面协调发展，而在一定程度上忽视了对学生特点与个性的培养。在高速发展的现代社会中，高校篮球运动的发展也要跟上时代的步伐，要突破传统的教学方式与方法，加强教育理论的创新发展，同时吸收和借鉴国外各种优秀的教学理念来丰富篮球运动教学内容，从而实现学生身心健康的协调发展。

（三）加强篮球运动的教育功能

目前，篮球运动所具备的益智、健身、教育等功能已经广泛为人们所接受，并得到重视。篮球运动教育在现代社会的发展中有很重要的作用与功能，主要体现在以下几个方面。

（1）篮球运动的训练，能够培养高校学生团结拼搏、努力协作的集体精神。

（2）篮球运动球员之间的对抗有助于培养高校学生顽强的意志品格。

（3）篮球运动的训练，能够培养高校学生的优秀人格。

（4）篮球运动的训练，能够释放高校学生学习与生活的压力。

（5）篮球运动的训练，能够锻炼高校学生的意志，培养他们的责任感、使命感与荣誉感。

基于篮球这些多元化的教育功能，在未来的一段时期，篮球教学会更加重视高校学生全方位立体化的发展。

（四）开展形式多样的篮球教学活动

正是由于篮球运动具有协作性、对抗性、娱乐性等特点，所以受到广大群众尤其是青少年群体的喜爱。这使得篮球运动在校园内得到了进一步的普及与推广，并且成为高校学生休闲娱乐、强身健体的重要手段。当前，我国各个高校基本都开展了篮球教学活动。篮球在高校中不断普及与发展，并衍生出多种比赛方法，包括街头篮球、三对三、四对四篮球比赛等多种形式。这些运动不仅普遍开展，而且效果很好，并逐渐成为高校学生生活与学习的一部分。

（五）坚持理论与教学实践相结合

随着科学的不断进步，先进的科学技术不断在篮球教学活动中被实践并应用，传统的篮球理论、理念与训练手段等都得到了改进与创新，这也是篮球教学向前发展的趋势。在篮球教学实践中，高校学生的篮球活动组织形式将更加多样化，战术手段与训练实践有机结合，从而实现篮球运动的科学发展。

第三节　篮球运动在高校体育文化构建中的作用

一、篮球运动对高校体育文化物质层面的影响

（一）篮球运动对体育场地和器材的影响

篮球运动对体育场地、器材的依赖程度很高，如果没有篮球场地和篮球器材，就不可能进行篮球运动。篮球场地、器材的建设是开设篮球课程、进行篮球教学、开展篮球活动以及举办篮球比赛的前提条件。篮球场地设施是篮球教学顺利进行的硬件保障，也是校园篮球文化传播的主要场所，关系到学校校园篮球文化发展的程度。

（二）篮球运动对体育消费的影响

学生在篮球运动中所需要的服装、篮球、篮球鞋、篮球杂志及辅助体育用品由学生自己购买，篮球运动消费的状况会反映出学生对篮球运动的爱好程度。

学生在购买篮球运动用品时，必然要了解一些篮球体育消费产品的知识，如高低中帮篮球鞋的选择：高帮篮球鞋能够提供最好的护踝作用，强力进攻型或大范围跑动型的同学应选择高帮篮球鞋，因为高帮篮球鞋可以提供更好的稳定性；如果以速度见长并感觉高帮篮球鞋有束缚性，那么正到脚踝的中帮篮球鞋是发挥其特长的中意选择；低帮篮球鞋比较轻、灵活，是速度快的具备灵活性的学生的最佳选择。此外，学习这些知识还能了解到当今篮球明星代言的体育品牌，当今最流行、科技含量最高的篮球装备。篮球体育知识就这样在学生们之间相互传播，让更多的人了解篮球运动。

（三）篮球运动对体育师资队伍要求的影响

学生学习篮球知识与技能的主要途径之一就是篮球课堂。在课堂上，学生大多通过教师教学对篮球运动产生兴趣，从而热爱篮球运动。教师是篮球运动的传授者，优秀的师资队伍是培养学校篮球运动员与篮球爱好者的重要保障，篮球教师综合素质的高低直接影响着学生对篮球的感兴趣程度，也影

响着篮球运动在学校的发展。篮球教师队伍建设与高校篮球运动的整体水平、篮球运动的普及程度、校园篮球文化发展状况关系紧密。篮球教师是校园内整体篮球运动水平提升的主要动力，是校园篮球文化良好氛围的主要创造者，是校园篮球文化传播的重要媒介。[①]

（四）篮球运动对体育图书音像信息传播的影响

篮球图书、教材、音像、网络信息资料是学生获取篮球技术知识的一个重要途径，也是篮球教学与学习不可或缺的辅助材料。篮球图书、教材、音像、网络信息资料不仅能为篮球教学提供正确的理论指导，还能促进学生对篮球知识的掌握，从而对校园体育文化起到积极的影响。

二、篮球运动对高校体育文化精神层面的影响

体育精神是高校文体建设的重中之重。高校校园体育文化的精神层面的内涵是十分丰富和深刻的，良好的校园体育精神氛围能够感染、熏陶大学生的体育行为、观念、精神和道德。虽然每个高校的体育活动氛围、体育传统及体育项目的开展都有很大差异，但是各大高校都把弘扬良好的校园体育精神作为校园文化建设的首要任务。

（一）篮球运动对大学生体育道德的影响

在培养大学生体育道德方面，篮球运动具有其独特作用。篮球运动过程中表现出的团结奋斗、相互配合、敢于面对失败、公平竞争、遵守规则等等品质，是大学生拼搏进取、敢于奉献、开拓创新、敢于承担责任、遵纪守法等优良品质的写照。

1.培养集体主义意识

篮球运动可以被看作是一种集体游戏，这个集体有可能代表的是朋友圈、宿舍、班级、院系或学校，在进行篮球运动时参与者不只是代表自己一个人，还关系到自己所在的这个集体，此时运动员就会产生强烈的集体荣誉感，进而团结协作去争取胜利。另外就是学生所处的集体在进行篮球比赛时，场上队员的拼搏精神和场下啦啦队的呐喊助威会深深感染每位学生，使

① 孙民治，杨伯镛.关于我国篮球文化的一些思考[J].上海体育学院学报，2006(2)：30.

学生把自己融入这个集体之中，从而促进团结、增强集体凝聚力。

2. 树立公平竞争意识

公平竞争是篮球运动的基本要求之一，篮球运动要求的公平竞争精神包括两方面的内容：一方面是指要有不畏强者、敢于竞争、敢于取胜的精神；另一方面要在公开、公平、公正的原则下，发扬优良竞争品质。培养大学生公平竞争的品质与意识，可经常性地利用篮球竞赛规则的价值取向与球星在球场公平竞争的榜样力量启迪大学生，让学生在内心深处树立公平竞争的意识，逐渐形成不仅在篮球运动中公平竞争，做其他事情也具备公平竞争意识的习惯。

3. 增强责任感

大学生通过篮球运动实践了行使权利、履行义务和承担责任的社会行为，并明白了只有敢于承担责任、敢于竞争、敢于失败，才有可能获得成功。显然，篮球运动在培养大学生责任感方面发挥着重要作用。

（二）篮球运动对大学生体育精神的影响

所谓高校体育精神，是指为了实现教育目标，高校在一定条件下，经过长期的校园文化建设逐步积淀、整合、提炼出来的理念。[①] 校园体育精神包括五个方面：创新精神、拼搏精神、竞争精神、遵纪守法精神和协作精神。体育精神可以培养学生的创新欲望，使学生以创新的精神汲取知识、运用知识；可以培养学生的坚强意志，提高他们克服困难的信心和勇气；可以增强学生的竞争意识，激发他们的进取心；可以培养学生的协作精神和遵纪守法的品德；可以发挥校园体育文化独特的育人功能，让学生感悟体育精神的意义，体验生活，为将来做好心理准备。

1. 创新精神

篮球运动中的创新精神首先体现在篮球战术学习过程中，战术的灵活运用为学生开动脑筋、不断创新、发挥想象力提供了平台。其次，篮球技术要求的灵活性、复杂性和多变性，对于提高学生各感觉器官的功能，提高神经中枢的灵活性及其支配各器官的能力，提高大脑解决问题、分析问题的能力都有良好作用。

---

① 闵健.论校园体育精神的特质与价值向度 [J].西安体育学院学报，2002，19(1)：22-24.

2. 拼搏精神

当前优越的环境与物质条件使现代大学生的身体健康程度有了较大提升，但是当遇到身体对抗时，部分大学生仍会选择退缩逃避，缺乏勇气与拼搏精神。在篮球运动中，恰恰需要身体对抗，需要锻炼个人敢于与对手抗衡的勇气，逐步磨炼其意志品质与拼搏精神，最终养成优良的个人品质。

3. 竞争精神

竞争是现代社会中普遍存在的现象，生活中无时无刻不充满竞争。作为大学生，在学校里要在学习上竞争，毕业时要为就业竞争，到了工作岗位上还要竞争。竞争精神已经成为现代人必备的素质之一，有竞争才能有发展，才能有个人能力的提高。篮球运动无疑为学生提供了一个公平竞争的机会，在篮球场上不论贫富、不讲资历，无论男女老少，同场平等竞技。只要大学生积极向上、不畏强敌、敢于进取，在遵守规则的前提下相互协作，就可能获得胜利。

4. 遵纪守法精神

篮球运动是一项有着严格规则的体育运动，只有在规则允许的情况下才可能尽情展现个人技术与团队战术，没有任何人可以例外。篮球运动规则的要求会潜移默化地促进大学生树立遵纪守法的观念，使他们要求自己遵守国家法律和学校规章制度。

5. 协作精神

大学生在篮球运动中崇尚的协作精神可以扩展到日常学习生活及以后的工作中，这种精神对个人和社会都有积极影响。

（三）篮球运动对大学生体育知识的影响

体育知识是人们对体育活动认识的成果或结晶。[①] 让学生了解和掌握更多的篮球知识，有助于拓宽学生的知识面，提高学生对篮球运动的兴趣和认识，使学生形成良好的体育意识与终身体育思想，更好地发挥校园体育文化在高校中的作用。

1. 课堂篮球知识

大学生在篮球课堂中获得的主要是篮球理论知识与篮球技能知识。篮球教师在课堂上传授的知识是大学生获取篮球知识的重要途径，篮球知识是篮球文化传承的基础。

---

① 杨文轩，陈琦. 体育原理 [M]. 北京：高等教育出版社，2004：36.

2. 课外篮球知识

大学生通过网络、报刊等渠道获取篮球知识，丰富了校园体育文化内容，活跃了校园体育文化氛围，有利于校园体育文化的发展。

第四节　校园篮球文化体系的建设

一、篮球文化与校园文化

篮球是校园文化中最具影响力的文化之一，它以其丰富的文化内涵逐渐融入到校园文化各个层面，对增强大学生体质、培养大学生合作意识和团队精神、促进大学生综合素质发展等方面都有非常重要的作用。

（一）校园文化与篮球文化的包容性

对于优秀高校而言，不仅要拥有一支高素质、高质量的师资队伍和一个良好的管理团队，还要有一个丰富而完备的校园文化体系。一支优秀的篮球队伍需要同时拥有团队精神与团队文化，两者相互包含、密不可分。由此可见，校园文化和篮球文化之间有较强的包容性，两者互相促进、共同发展。

据调查，大多数运动员选择上学的因素主要是学校拥有丰富的校园文化氛围和一支优秀的运动队，由此可见校园文化的丰富与篮球文化的浓厚缺一不可，两者之间是相互促进、相互统一的关系。

（二）校园文化与篮球文化的物质性

篮球物质文化是指在篮球运动中涉及的器材、设施、服装及宣传产品等所构成的一个系统。在校园篮球运动中，篮球教材是学生获取篮球知识的主要材料，篮球教材为学生提供了大量的活动内容和方法，能帮助学生掌握篮球运动技巧，促进校园篮球运动的发展。篮球运动的奖品和宣传物品则是校园篮球历史发展的见证，是学生获得体育荣誉的象征，它时时刻刻激励着学生要勇于面对挑战、战胜困难。可以说，校园篮球运动文化的发展承载着因篮球活动而存在的物质实体和活动方式，这些物质实体和活动方式是校园物质文化的突出标志。它们是校园文化中物质环境的重要组成部分，其与校园其他的环境设计、园林景观等相结合，共同构成了校园文化的物质环境。篮球的物质文化丰富了校园物质文化，并为校园精神文化发展提供了重要的物质基础。

（三）校园文化与篮球文化的意识性

篮球精神文化是篮球运动在学校长期发展中孕育出的价值观、审美观及篮球思维方式等。精神文化可以说是篮球运动的核心内容，主要表现在师生的篮球思想、观念、精神等意识形态方面。大学生篮球赛事的举办是促进校园精神文明建设的重要手段和途径，极大地丰富了校园文化的内容和形式，为校园文化的发展注入了新的活力。在篮球比赛中，用于宣传比赛的口号和传播篮球文化的精神宗旨，明确了校园篮球运动文化的育人宗旨和提高大学生综合素质的目标，翻开了校园文化育人理念的新篇章。我国许多学校都比较重视体育对学生的作用，这些学校将体育与全面教育、校园文化发展等方面联系在一起，在这样的背景下，学生的篮球文化水平和意识普遍得到提升，这极大地促进了校园篮球运动文化的建设与发展。

（四）校园文化与篮球文化的制度性

篮球制度文化是指篮球竞赛规则、竞赛制度、管理制度等相关的内容。篮球规章制度中蕴含着丰富的教育内涵，它不仅彰显着篮球运动竞赛的公平公正性，还影响着参与者的行为道德素质。合理完善的校园管理体制和规范健全的规章制度是高校篮球文化建立和健康发展的有力保障。校园里和篮球运动相关的组织机构负责管理和制订篮球活动计划、规程、条文，规范学校篮球教学、篮球竞赛、篮球课外活动的形式及内容，使各项校园篮球文化活动处在有计划、有组织的环境里。篮球管理体制是篮球运动的管理制度与运行机制，不同高校的管理体制和运行机制各有特色，但都必须服从上级组织管理机构。只有充分了解这些篮球制度、管理条例才能促进篮球运动在校园中的进一步发展。

二、校园文化建设的原则

校园篮球文化的发展离不开教师、学生、领导等各方面的努力，在建设校园篮球文化的过程中要遵循一定的原则来创建属于本校的特色校园篮球文化。校园篮球文化的建设能为学生提供一个良好的发展平台，促进学生身体、心理和社会适应能力等方面的发展。

（一）人文化原则

"以人为本"是学校教育的基本理念，即在学校教育中要将学生放在主体地位，充分发挥学生的主观能动性，以学生为中心展开各种教学活动。作为学校体育教育中重要的课程，篮球运动不仅有良好的强身健体的功能，还有十分重要的教育功能。在学校教育中，篮球运动的对象是学生和教师，两者也是校园篮球文化构建的主要角色。通过参加篮球运动，学生不仅锻炼了身体，提高了自己的篮球运动水平，还在参加篮球运动的过程中磨练了意志，受到了良好的人性教育，塑造了完善的人格，这就是人文化篮球理念的作用。因此，在校园篮球文化建设中，要以学生为中心，通过举办各种形式的篮球文化活动，拓宽学生的视野，陶冶学生的情操，建立一个崭新的篮球教育理念，促进和提高学生的篮球文化价值观，从而激发学生参加篮球运动的兴趣，培养学生终身体育的意识，这对于培养高素质人才有重要的作用与意义。

（二）绿色化原则

绿色是万物复苏的象征，还代表着和平与友善。在体育运动领域，绿色又代表体育与健康的结合。绿色篮球文化是在篮球活动过程中达到人与自然、人与人、人自身三大和谐在内的整体动态和谐的物质文明和精神文明的总称。校园篮球文化在建设与发展的过程中，非常强调人与人之间的和睦相处，大家相互交流、共同进步。体育运动本身就强调"重在参与""友谊第一，比赛第二"的基本理念，篮球运动在这方面的价值也有所体现。学校相关部门可以将篮球比赛和平、团结的精神文化内涵作为高校校园篮球文化建设的宗旨。通过参加各种各样的篮球文化活动，可以增进同学之间的交流，增进学生与老师之间的感情，学生在愉悦身心、掌握篮球技能的同时，也完善了自身的性格，增强了社会适应力。

（三）科学化原则

在现代社会背景下，科技的发展日新月异，篮球文化中也包含着科学与人文两种观念。在篮球运动发展的过程中，科学技术为其提供了重要的技术支持，而人文发展理念则为篮球运动指明了正确的发展方向。在校园篮球文化体系的建设与发展过程中，必须遵循科学化的基本原则，重视科学技术在篮球运动发展中的作用，充分认识到篮球运动文化的发展离不开现代化科学技术的支持。为此，学校可以建立一个负责校园篮球文化建设和宣传的组织，制订一个科学的发展计划，促进校园篮球文化的协调发展。

（四）和谐化原则

校园体育文化体系的建设与发展，对大学生的成长和发展具有不可忽视的潜移默化的影响。作为校园文化中的重要组成部分，篮球文化的发展对校园文化体系的建设非常重要，因此，建设和营造一个积极向上、和谐发展的校园篮球文化环境是非常有必要的。本着和谐化发展的原则建设篮球校园文化体系是我们当下的一个非常重要的任务。在物质文化方面，学校应制订一个总体的发展规划，将篮球场馆、设施设备等作为非常重要的方面来建设，将篮球运动场馆的使用功能与审美需求相统一。这需要体育工作者及篮球运动人员发挥文化建设的主体作用，建设一个和谐发展的校园篮球运动文化环境。

在制度文化方面，要营造一个宽松民主的篮球运动文化环境，培养学生独立思考的意识与能力，充分发挥学生的能动性，创造一个篮球文化的发展机制，促进学生积极主动地投入到篮球学习之中。

在精神文化方面，学校必须结合自己的实际建设具有本校特色的篮球运动文化，在开展校园篮球文化活动的同时，以国内外优秀的篮球运动员的运动经历为学习榜样，传授学生篮球运动的方法，通过篮球明星故事及格言，改造学生的思想和精神，促进学生的全方面和谐发展。

三、校园篮球文化体系建设的策略

（一）加强校园篮球物质文化建设

1.整合校园篮球物质资源

对校园篮球物质资源进行整合，就是要合理地分配现有的资源和短缺的资源。学校现有资源指学校已经具备的篮球器材和场馆，不管是可用的还是废弃的都属于现有资源。可用的器材与场馆要加以充分地利用，已经废弃了的篮球场地和器材要及时进行处理，为之后的管理提供便利。有些资源虽然暂时不可用，但是经过维修与其他处理之后还可以用，这部分资源不可随意丢弃，要对其进行再利用，从而节省资金，以用于建设其他的体育设施。除此之外，要充分利用废弃但重修后能够持续使用的篮球场地，最终达到减少开支、科学配置资源的目的。

在科技持续进步和社会持续发展的背景下，学生对篮球课提出的要求与实际需求越来越多元，学校篮球资源不足的问题随之产生。学校应当高度重视这个问题，要投入适量资金来尽可能满足篮球教学需求和学生体育锻炼需求。除此之外，学校要对篮球场地和相关器材进行科学管理，尽可能延长篮球场地和器材的使用寿命，有效缩减维修支出和重建支出。

2. 合理规划篮球设施空间

篮球文化现象存在于校园的每个角落，具体包括篮球场地和体育雕塑等方面。篮球意识文化应当把这些现象当成重要载体，在这些载体中充分反映人们的意志品质、道德情操以及价值观，这些物质载体将会对人们的情操产生潜移默化的影响。因此，建设校园物质文化应当充分利用学校空间，科学布局篮球场地，科学组织各类篮球文化活动，并结合篮球活动的实际需求来修建和添置场地设施。在安排与布置篮球场馆时，应当达到科学精细、整齐洁净的要求，使校园篮球物质文化的功能有效发挥出来，使校园中所有群体对篮球运动的审美需求得到满足。

3. 不断加强篮球设施的教育性

校园中的篮球器材、场地设施的使用存在一定的危险性，如果没有老师指导，就需要将一定的教育性赋予这些设施，从而使学生可以安全地利用场地设施来进行自主锻炼。例如，可以为学校的每个体育设施设立相应的"说明牌"，将相应设施的使用方法、重点发展的素质和机能、使用注意事项、评价标准等内容在"说明牌"上标明，以提高学生参与健身活动的安全性，并促进学生篮球文化素养的提高。除此之外，学校可以把部分国内外知名的和篮球运动相关的体育雕塑设立在学校篮球场馆旁，并准确标注雕塑的个人简介以及具体荣誉，这样不仅能把学生的兴趣充分调动出来，还能激励学生自觉成为篮球运动的参与者，也能推动学生创造积极向上的校园篮球氛围。

（二）加强校园篮球文化的体育队伍建设

要想在构建校园篮球文化体系时取得理想成果，就必须有效调动各个方面的力量，这一构建过程必然离不开专门人员或团队来有效实施和控制各方面的工作。校园的体育队伍就是承担这项工作的重要角色，这支体育队伍往往是由很多体育人员构成的，校园体育队伍就是构建篮球文化体系的直接参与者之一。要想有序构建校园篮球文化体系，就一定要高度重视体育队伍的建设，这里从学生和教师的立场进行阐述。

1.学生骨干队伍建设

几乎在每个班中，都会有一些喜欢参与篮球活动的积极分子，这些学生在自己的班级中一般都是体育骨干。很多人认为，学生体育骨干并不能算是校园篮球文化的建设者，但经过仔细分析后发现，学生体育骨干作为篮球教师在教学中的得力助手，有重要的作用，因此，他们应该是校园篮球文化体系构建中的一分子。学校在举办运动会或篮球竞赛期间，各班、各年级应针对学校运动会与篮球竞赛成立宣传报道小组，在运动会竞赛筹备期间就将学生组织起来，让他们自己制作号码，做好比赛场地画线工作，并自己编排入场式和口号。此外，还可以组织学生作为运动会或竞赛活动的志愿者，完成赛会辅助、服务和裁判助理等工作。学生科学参与篮球活动管理事务对其全面认识各方面的细节和过程有积极作用。

学生同样是感受和领悟校园篮球文化氛围的一个关键主体，学生的体会应当是判定校园篮球文化氛围浓烈程度的标准。因此，篮球教师应当在全面了解学生的前提下组织篮球活动，或者学生自觉组织满足自身实际需求的篮球活动，这是相对科学的篮球活动组织方式。

2.教师队伍建设

在构建校园篮球文化体系的过程中，作为体育建设队伍的主力军，一线篮球教师发挥着决定性的作用。校园篮球文化的体育队伍主要以篮球教师和学校体育教育主管部门为首，其重点负责对篮球知识的传播与篮球人才的培养。体育教育主管部门和一线篮球教师对学生的日常表现最了解，而且在篮球教学或篮球活动中与学生的接触比较频繁，他们承担着培养篮球人才和传播篮球知识的职责。篮球教学与篮球活动的指导工作属于脑力劳动与体力劳动有机结合的工作，所以篮球教师的工作十分繁杂，需要扮演不同的角色。具体来说，篮球教师不仅要尽可能完成学校安排的具体篮球教学任务，还要积极组织和开展校内与校际间的篮球活动。

篮球教师的职责远不止以上几点，为学校购置篮球器材和为修建篮球场馆提供建议也是篮球教师的主要职责。在高校中，篮球教师还要进行学科研究。在这种背景下，篮球教师的职责与任务越来越多，因此，他们必须储备丰富的篮球理论知识、具备良好的篮球实践技能与科研能力。篮球教师不仅要在业务方面努力提升自己，还要在敬业精神和道德品质方面约束自己，甚至要比其他学科的教师拥有更加完善的道德品质，要更加敬业。在开展篮球教学课程和课外活动时难免存在危险，如果篮球教师没有高度负责的心态以及爱岗敬业的精神，则会大大增加不安全事件发生的可能性，最终导致很多不良结果和影响。针对篮球教师工作职责多样化和任务繁重的情况，学校应当给予篮球教师应有的关心，在工作量安排、工作福利保障以及职称评选方面给予特殊照顾，从而增加篮球教师对工作的满足感，促使篮球教师主动投身于校园篮球文化的建设中。

（三）加强校园篮球意识文化的培养

人的行为大多是在意识驱动下完成的，意识可以促使人们形成完成特定行为的动机，所以，有效培养学生的篮球意识是构建校园篮球文化体系和推动校园篮球运动健康发展的基本要求。由于学生与教师是校园篮球文化的主体，所以加强校园篮球意识文化的培养应当从这两个主体着手。

1.提高教师的篮球意识

分析校园篮球文化体系的构建过程可知，篮球教师能够发挥主导作用，是有效传播校园篮球文化的重要使者。因此，篮球教师应当最先树立较强的篮球意识，其有无树立篮球意识对他们能否在构建校园篮球文化体系中发挥主导作用有直接影响。关注和重视篮球教师的意识问题是因为现阶段绝大部分学校的篮球教师都存在年轻化、经验少、安于现状、文化研究动力不足的问题。一些篮球教师为了减轻自己的负担，在教学过程中以学生自学为主，应付心理明显，或者对校运会的规模进行大幅压缩，提出取消篮球项目设置的要求；有些篮球教师在组织校园篮球活动的过程中过分重视对篮球尖子的培养，对其他篮球基础较差的学生不予重视；还有的篮球教师在篮球理论课堂上，让学生自习或默许学生学习其他文化课程，在实践课堂中只让学生自由活动，不对学生进行科学指导。这说明部分篮球教师对校园篮球文化没有形成正确的认识，缺乏构建校园篮球文化体系的责任感。因此，要促进篮球教师对校园篮球文化认识的提高与强化，首先要使篮球教师端正自己的教学态度，增强对校园篮球文化体系构建的责任感。学校需要制订一些相关的条例来对篮球教学工作的开展进行监督与规范。

2. 提高学生的篮球意识

树立篮球意识并非一朝一夕的事情，必须经历很长时间的系统培养，所以构建校园篮球文化体系时必须高度重视篮球意识的传播工具和传播手段。信息科学技术的大力发展为信息传播提供了很大的便利和多元化的传播手段的选择，这在互联网方面反映得尤为突出。尽管新型科技的产生使传统的传媒手段遭到冷落，但并不代表学校广播和体育宣传栏等传统传播方式的价值便荡然无存。很多情况下，传统宣传工具往往能产生潜移默化的传播影响，如在宣传栏中展示学校篮球健将参与各类比赛的精彩瞬间往往能有效激发学生参与篮球比赛的积极性。

培养学生的篮球意识也可以采取传播篮球知识的手段，如在学校官方网站中制作篮球专题页面，邀请学识渊博且经验丰富的篮球学者、教练员、运动员做学校篮球知识讲座，黑板报的宣传作用同样不容忽视。除此之外，培养学生欣赏篮球运动的意识和能力也能够强化学生的篮球意识。

如今，人们每天都可以方便地在电视或网络媒体上对世界各地的大小篮球赛事进行观看，由此学生也逐渐有了自己感兴趣和喜欢的球队，不过就当代学生对篮球运动的兴趣来看，看篮球比赛的学生在逐渐增加，而真正参与篮球运动的学生却不多，这种情况显然不利于学生对篮球运动的深入了解。看到的毕竟是皮毛，如果不亲身参与，学生将始终不能深入地领略篮球运动的精髓，对篮球运动的认识只会停留在表面，树立和增强学生的篮球意识将无从谈起。

（四）加强篮球教学与校园篮球文化的融合

1. 更新教学管理理念，建立新的教学体系

篮球教学与校园篮球文化融合的根本途径就是要转变与更新篮球教学的理念，建立新的篮球教育体系。学生参与篮球学习不能仅是为了获取良好的成绩，教师应让学生了解学习篮球知识与技能要达到的最终目的。在篮球教学中，教师应尊重学生的主体地位，重视学生积极性的发挥，充分解放学生

高校体育篮球教学改革研究

的学习天性。学生应积极参与篮球活动，并带动其他学生参与其中。学校应当密切关注篮球课程教学的改革进程，着重培养学生的终身体育意识。分析我国篮球教学实践可知，高校的高年级普遍没有开设包含篮球运动在内的各类体育课程，或者处于形同虚设的状态，这对培养学生的篮球意识有害无益。对于高校的高年级学生，学校应当适度增加其学习篮球运动的教学时间，激励学生积极参与篮球运动锻炼。除此之外，在学习篮球运动的教学中融入篮球文化，对促进学生的身心健康均衡发展有很大的积极作用，有助于发展我国体育教育和弘扬篮球文化。

2.通过开展篮球俱乐部来进行校园篮球文化的宣传

不同学生参与课外篮球活动的目的往往存在很大差异，最常见的目的是强身健体、提升篮球技能水平、顺利通过考试。通常，学生参与篮球课外活动旨在顺利完成篮球学习任务，达成篮球教学目标。就学生而言，参与课外篮球活动是其身心发展的客观要求。因此，学校应当定期制订切实可行的规章制度，采取有针对性的措施，推动学生自觉成为课外篮球活动的参与者。

课外篮球活动具有灵活性，具体是指课外活动组织形式是灵活多变的。篮球课外活动的性质决定了其形式的灵活性。学生之间的个体差异（如年龄、性别、爱好、身体素质、运动基础等）使学校千篇一律的篮球活动形式无法满足学生多元的需求。因此，学校需要开展多种形式的课外篮球活动来使不同的学生都有机会参与到篮球活动中。

近几年来，篮球俱乐部是一种十分盛行的高校篮球课外活动形式，其活动内容和活动形式都十分丰富，主要目的是对高校学生形成强大的吸引力，吸引学生自觉参与篮球运动。篮球俱乐部的组织形式对学校篮球场馆、篮球器材和其他资源都进行了科学整合，为学生参与课内外篮球活动提供了良好的环境和便利条件。

为更好地贯彻和落实素质教育，大范围传播和有效传承校园篮球文化，学校应当不断加深篮球教学的改革深度，积极探索有助于提升学生各项素质的最佳方案，从而使学校篮球教学效率得到大幅度提升。篮球俱乐部就是一种切实可行的方案。篮球俱乐部严格遵循篮球运动原则，大范围组织对篮球运动感兴趣、对篮球运动有实际需求的学生，同时向学生实施形式多样、内容多样的教学。通常情况下，篮球俱乐部的教学活动不会受教学计划和教学大纲的限制。篮球俱乐部是学校深入落实素质教育的典型模式，提高了我国

52

实现全面培养篮球人才目标的可能性，而实现这一目标能够为传承篮球文化奠定稳固的基础。

在篮球俱乐部活动中，学生面临着多种多样的选择。如此一来，学生就可以从多个方面认识与熟悉篮球运动，学生也拥有很多机会来展示自己的篮球技能，这不仅能够促进学生篮球优势的发挥，还可以推动校园篮球文化的发展。

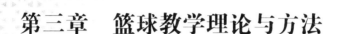

第三章　篮球教学理论与方法

第一节　高校篮球教学概述

一、我国高校篮球教学的发展历程

（一）体系的初步建立阶段

1949—1965 年，是我国高校篮球教学发展的第一个阶段。随着中华人民共和国的成立，我国的体育事业也开始逐渐发展起来，我国政府也开始重视体育事业的发展。20 世纪 50 年代初，为了响应党和政府"发展体育运动，增强人民体质"和"身体好，学习好，工作好"的号召，我国教育部门通过一系列的决策和措施，使篮球运动逐渐成了各级学校的重要体育教学内容，并将其列入教学大纲。这一时期，学校篮球教学得到了一定程度的普及和发展，主要体现在两个方面：一方面是在体育课上安排了篮球教学的内容；另一方面则是自发组织开展校内外篮球竞赛活动。

（二）遭受挫折与缓慢发展阶段

1966—1978 年是我国高校篮球教学发展的第二个阶段。1966—1969 年这一时期，全国体育行政机构和教育机构出现了陆续停课的现象，当然，高校篮球教学也没能逃脱这一厄运，受到了严重的挫折。直到 1970 年以后，学校篮球运动才开始逐渐从受挫时期恢复过来，但也只限于一部分业余体校、体育院校和高校体育系。另外，学校篮球教学的基础本来就弱，再加上场地、器材、师资等客观条件的限制，最终导致了高校篮球教学发展速度极其缓慢。

（三）迅速复苏与全面发展阶段

1979—1995 年是高校篮球教学发展的第三个阶段。这一时期，因为相关政策和措施的贯彻与实施，学校篮球教学开始迅速复苏。1979 年公布施行的《全国学生体育运动竞赛制度》，明确地将篮球列为重点项目；1985 年年底下发的《关于开展课余体育训练，提高学校体育运动技术水平的规划》，将篮球教学确定为该文件的一个重要内容。同时，篮球教学发展的逐渐复苏，也在很大程度上对课余篮球训练、竞赛的发展起到了积极的推动作用。1983 年出台的《体育传统项目学校试行办法》里，有相当部分内容对篮球传统学校的发展做了进一步的规范。同时，篮球传统学校的良好建设与发展，也在一定程度上对篮球运动发展起到了积极的促进作用，不仅对基层篮球运动的发展起到了良好的推动作用，还为高校篮球运动提供了非常好的发展机会。

（四）不断改革与创新阶段

1996 年至今是高校篮球教学发展的第四个阶段。这一时期学校篮球教学改革创新主要体现在高校篮球竞赛的发展上，其中主要的竞赛有三人篮球赛、中国大学生篮球联赛、全国大学生运动会篮球比赛、中国大学生男子篮球超级联赛等。随着篮球运动的不断发展，人才培养模式也得到了进一步的优化，其中，最具代表性的就是"CUBA"（中国大学生篮球联赛），这是一种以"体校、小学—中学—大学"为主线的新的发展形式，这一发展形式创新了我国篮球竞技人才培养模式，不仅对体育和教育的有机结合起到了积极的推动作用，还标志着一种新的校园体育文化建立了起来。

二、篮球教学理论

篮球教学是一个教育实践过程，篮球教学理论就是从篮球教学实践中总结、概括并上升为理论的科学体系。篮球运动的发展离不开理论的支撑，篮球运动理论体系的强大与否，篮球运动理论研究层次和水平的高低，直接关系到一个国家篮球运动整体的发展水平，这是已经被篮球运动发展所验证了的一条客观规律。篮球教学理论是将一般的教学原则和相关科学理论与方法融为一体，促使学生有效掌握篮球运动基本知识与技能的一种专项理论。

（一）认知心理理论

篮球教学不仅要组织学生进行身体运动，还要传授大量与之相对应的操作性知识。因此，在学习篮球技术的过程中，首先要通过人的感觉器官的直接感受来学习篮球技术动作，形成运动感知觉，然后通过反复练习，再形成运动表象。在教学实践中要特别注意使篮球知识与篮球运动表象之间建立起稳固的联系，同时要通过认知活动来激发学生学习篮球运动知识的动机和兴趣。

（二）动作技能学习理论

篮球运动技能的形成与发展，一般要经历粗略掌握、改进提高、巩固运用和创新发展阶段。学习和掌握篮球运动技能的过程，其生理机制是以大脑皮层为运动基础的运动条件反射暂时神经联系，其本质是建立复杂的、连锁的和本体感受的运动条件反射。

（三）运动过程中生理机能变化理论

篮球教学是教师组织学生进行运动实践的过程，身体练习是掌握篮球技能的主要途径。在身体练习过程中，人体生理机能活动变化的规律是由相对安静状态逐步进入工作状态，人体工作能力由逐步提高进入到最高水平，之后又逐步降低。经过长期的身体活动练习，既提高了篮球运动技能和身体素质，又使身体的运动机能得到适应性改善。所以，遵循生理机能变化规律来组织篮球教学，不但可以提高教学的质量，而且可以增进健康，减少运动创伤事故的发生。

（四）篮球运动技能开放性与对抗性理论

体育运动技能分若干种类，各类技能的性质存在一定的区别。篮球是直接对抗性运动项目，其技术的运用完全取决于实战中攻守关系的变化，没有固定的程序，属于开放性运动技能（又称非周期性技能）。因此，在教学过程中，必须遵循篮球运动技能学习与认知规律，采用适当的学习方法，把培养快速应变能力、对抗能力、配合能力以及意志品质放在重要地位。

三、我国高校篮球教学的发展趋势

（一）篮球教学改革的全面化

对于未来的高校篮球教学，不仅要将教学改革更加坚决地推进，还要在实践中不断创新，从而使篮球教学内容和教学形式都变得更加灵活、多样，使学生们学习和参与篮球运动的兴趣和积极性都得到进一步提高，学生的篮球技能也得到强化。

（二）篮球教学组织方式的多样化

高校篮球运动与中小学篮球运动是有一定区别的。高校篮球运动场地、器材相对较为齐全，而且高校学生还能够根据自己的实际情况较为灵活地安排课程，因此，高校学生参与篮球活动的时间随意性很大。为了使学生能够更加合理地运用闲暇时间，不断丰富学生的课外活动内容，可以以自愿、自由、自主、自立的原则为主要依据，建立起更加多样的组织形式，比如，实行以学生院系为基本单位的篮球联赛、不定时举办篮球文化节、在高校组织篮球体育俱乐部等。除此之外，高校领导也要在高度重视篮球教学的同时，采取一些可行性较强的措施。比如，积极配合学生参加篮球竞赛活动，最大限度地给学生创造客观条件。另外，还要在能力范围内，通过对篮球运动场地及相应配套设施的更新和建设，使教师和学生参与篮球运动的积极性和主动性得到提高，从而以篮球为主要媒介，使学生建立良好的终身体育意识。

（三）篮球人才培养体制的完善化

随着篮球运动教学的不断发展，篮球运动人才的培养体制也需要进一步优化。目前，我国篮球人才培养的现状主要体现在两个方面：一方面是篮球知识技能以及比赛能力。篮球队员的技、战术运用能力可以通过训练和比赛逐渐得到提高。另一方面则是日常的学习。首先，教务处应把篮球队员的具体情况（包括平时的学习情况、考试安排和考试成绩等）及时反馈到体育部，体育部经过分析和整理，将这些情况及时反馈给校长，然后校长再根据这些情况通知教务处组织教师对篮球队员进行有针对性的考前或赛后辅导；其次，篮球队员要时刻重视自己的学习，全面提高自己的学习成绩，更加积极主动地投入到学习中。根据上述分析可知，我国高校篮球运动人才培养体制要想更加完善，"体教结合"是最佳选择。

（四）通过优化师生关系营造良好的教学氛围

在教学过程中，教师是主导，学生是主体，只有两者较好地融合在一起，才能够增进两者之间的感情。教师的主导性与学生的主体性是相互联系的，只有教师发挥好主导作用，才能使学生更好地实现主体性，而学生更好地实现主体性也能在一定程度上促进教师更好地发挥主导性。课堂气氛对教学效果有着一定的影响，通常较为活跃与和谐的课堂氛围，教学效果会相对较好。同时，在篮球教学过程中，教师可以适当地将主动权交给学生，让学生充分参与篮球教学活动，从而更好地促使学生将自己的想法提出来，增强学生对篮球学习的积极性和主动性。

（五）篮球运动投入途径的多元化

作为上层建筑，篮球运动要想更好地发展，一定的经济基础是必不可少的重要支撑。当前社会形势要求高校篮球必须逐渐走向市场，扩展篮球运动的资金来源途径。校企合作是高校篮球运动募集资金的重要途径之一，具体来说，就是高校组建学校篮球队，以挂企业牌子的方式来获得企业资助。另外，将高校篮球队作为一个产品来进行包装和推广也是一种非常好的募集资金的方式，这种方式是一种社会化、产业化的运作模式，通过形成高校篮球运动品牌效应的方式，来促进高校篮球运动获得更多发展资金。

第二节　高校篮球教学原则与方法

一、篮球教学基本原则

篮球教学是教师组织学生进行篮球运动实践的特殊的教育认知过程。篮球教学原则反映了篮球教学的一般规律和特点，是人们从长期的篮球教学实践中总结出来的。通过篮球教学过程对学生实施全面的素质教育，使学生深入了解篮球运动的相关知识，掌握篮球运动的方法和技能，进而把篮球运动作为终身体育锻炼、增进健康的方法手段，是篮球教学原则的最高追求。篮球教学原则应贯穿篮球教学活动的始终。

（一）自觉积极性原则

所谓自觉积极性原则是指在教学过程中，教师通过各种措施激发学生自觉学习篮球运动知识的欲望和积极性，从而发挥学生主动性和创造性的原则。教学中贯彻自觉积极性原则，是由教与学的双边活动中学生是学习的主体这一因素决定的。这一原则要求教师充分调动学生的学习主动性，引导他们积极思考、勇于探索、刻苦练习，自觉地掌握篮球理论和篮球技术、战术，提高他们观察问题、分析问题和解决问题的能力。

在篮球教学实践中，教师要运用设疑、联想、比较等方法，启发学生的积极思维，以提高学生的运动能力和思维能力。教师要根据教学任务和具体条件，严密组织教学活动，科学地安排各种技能的学习顺序，使学生充分理解技、战术的要领、用途、运用时机和动作的变化等，提高学生学习的积极性；通过对技术动作的生物力学和运动学分析，使学生掌握正确技术动作的概念和方法；根据篮球攻守对抗规律，使学生掌握技术和战术方法。同时，在教学中要保护和进一步培养学生对篮球运动的兴趣，教师要积极钻研教材、教法，注意教学内容的多样性、系统性和实用性，并适当增加一些竞赛性的内容，以提高学生的学习兴趣，使学生将对篮球运动的兴趣转化为热爱，从而使其学习的积极性更高、更持久。在篮球教学中，要更为注重民主、平等师生关系的建立，从而创造出一个生动和谐的教学环境。教师要成为班级教学活动中发挥主导作用的角色，平等对待学生，坚持正面教育，以表扬为主，发扬教学民主，宽严适度，对基础较差的学生尤其要加以爱护和帮助，使每一个学生的学习潜力都得到发挥。

（二）直观性原则

直观性原则是指在篮球教学中利用学生的感官和已有经验，通过视觉、听觉和肌肉本体感觉等各种形式的感知，丰富学生的感性认识，使学生获得生动的表象，从而更快掌握所学的知识、技能，并培养学生的观察、思考能力的原则。在篮球教学中，直观性原则有重要的意义。篮球教学过程是学生认识和掌握运动技能的过程，教师正确的讲解示范，有助于学生学习正确的动作表象，对形成正确的动力定型非常重要。篮球教学中经常使用的直观教学方式有动作示范、沙盘演示、电影、录像、技术和战术图片等。

在篮球教学中贯彻直观性原则，首先要有明确的目的和要求。教师要根据教学任务和教材特点以及学生情况，有目的地使用直观教学方法。如对学生进行技术教学时，宜多使用动作示范、技术图片展示等方法。可以重放学生的动作录像，将其与正确技术进行比较，以纠正学生的错误动作。对学生进行战术教学时，宜用沙盘演示，或用生动形象的语言进行讲解。运用挂图、图片、图表、观看比赛、电影、幻灯、录像等手段，使学生感知动作的表象以及动作过程中的时间与空间的关系，从而增强教学的效果。生动形象的语言有直观的作用。这就要求教师在讲解、提示、指导时要有启发性，并能联系学生已掌握的有关知识、技能，用生动形象的语言，通过分析、比较等方法，使学生较快地理解动作的要领和完成的方法。

（三）实效性原则

在篮球教学中贯彻实效性原则，就是要从学生的实际情况出发，紧紧抓住教学中的主要矛盾，解决教学中的重点和难点问题，以教学场地、设备、器材、气候等实际条件为基础，力求篮球教学要符合学生的年龄和身体素质发展水平等。同时提高教学的艺术性，教法要简单易行，讲求实际效果，在有限的教学时间内，达到既能使学生掌握知识和技能，又能使学生增强体质和提高能力的效果。贯彻实效性原则，就是要注重实际效果，不追求表面效应，力求全面准确地把握教材内容，深入地分析技、战术内涵，把握事物的本质，抓住事物的关键，解决好难点和重点问题，带动一般性问题的解决。如在移动技术教学中，掌握了身体重心的控制和转移、维持身体在移动中的平衡这个关键技术，其他移动方面的问题就不难解决；在投篮技术教学中，抓住投篮手法这个关键技巧，可以带动投篮技术的提高。

在教学中贯彻实效性原则要求不断研究改进教学方法。要深入调查研究，真正了解学生的思想状况、身体条件、技术和战术特点、个性特征、家庭背景等各方面的情况，以便能采取有效措施，做到既有统一要求，又能区别对待；要深入研究教材和教法，充分利用现代化的教学手段。在技、战术教学中，要精讲多练。"精讲"是在深入分析教材和学生实际的基础上实现的，"多练"就是要设计符合篮球运动特点和学生实际水平的练习方法，给学生更多的实践机会。

（四）循序渐进原则

循序渐进原则是指篮球教学的内容、方法和运动负荷的安排必须符合人的认识规律、动作技能形成规律和人体生理机能活动变化规律，真正做到由简单向复杂，由低级向高级，由单一向综合发展，使学生循序渐进地掌握篮球基本知识、基本技术战术和基本技能，形成严密的逻辑思维体系。

贯彻循序渐进原则要求教师在安排教学内容、组织教学活动时，应遵循由浅入深、由易到难，由已知到未知不断递进的原则。同时，还应注意易与难、简与繁、浅与深的结合，对易和难、简和繁、浅和深的把握应结合学生的特点和现实条件全面考虑。比如，移动是篮球运动的技术基础。在安排基本技术教学时，要先学习进攻移动，后学习防守移动。在此基础上再学习运球、传接球、投篮、持球突破、抢篮板球、防守等基本技术。只有全面地掌握了基本技术，才能学习基础配合战术和全队配合战术。同时教师要注意教学方法的系统性，根据动作技能形成的规律，从认知定向阶段（泛化阶段）、巩固提高阶段（分化阶段）到熟练阶段（自动化阶段），都要依据动作技能形成的阶段性特点来组织教学。如在技术的初学阶段，要通过讲解、示范和试做，使学生建立动作概念、视觉表象和初步的运动感觉，通过不断练习使正确技术动作巩固下来，然后再加大练习难度，使动作达到熟练并能在实战中运用。所以，教学中必须注意教学的阶段性特点，并针对不同阶段采取不同的教学方法。

篮球教学中贯彻循序渐进原则，还要注意合理安排运动负荷。疲劳在运动过程中是必然会出现的。疲劳在技术教学和训练中有其积极的意义，没有疲劳就没有超量恢复。因此，运动负荷要由小到大、有节奏地合理安排。随着运动技术、技能的不断熟练，可以逐步增加运动的强度和负荷。但是，过度疲劳同样不能达到促进健康、提高身体素质和技术水平的目的。因此，根据学生的身体状况、教学内容、场地、气候等综合因素来合理安排运动负荷，是完成篮球教学任务所必须注意的。

尽管上述各教学原则都有相对的独立性，但是它们并不是孤立存在的，而是相互联系的有机整体。只有全面综合地运用各个教学原则，发挥教学原则的整体功能，才能顺利解决教学过程中一系列的问题，更好地指导教学实践。

二、篮球教学方法

教学方法是指在教学过程中，教师和学生为实现教学目的、完成教学任务而采取的教与学相互作用的活动方式，是教学过程中的一个重要组成部分。教学方法的选择直接关系到教学工作的效果。在篮球运动教学中，常用的教学方法有以下几种。

（一）学习指导法

篮球教学中的学习指导法是指在教师指导下学生学习的方法。主要包括语言法、直观法、预防与矫正错误法等。

1.语言法

语言法是运用各种形式的语言指导学生学习的方法。在篮球教学中，语言法的正确使用对顺利完成教学目标，提高教学效能有重要的意义。首先，能使学生明确学习目标、激发学生学习动机、实现师生互动；其次，可启发学生学习的积极思维，加深学生对教材的理解；最后，还有利于培养其分析问题和解决问题的能力。

（1）讲解。篮球教学中讲解的要求是讲解要目的明确并具有教育性。教师讲什么、讲多少、怎样讲，都要根据教学的具体目标、内容、要求、教学进程以及学生的实际情况，有的放矢地进行讲解。①讲解要生动形象、简明易懂。讲解时要正确使用体育专业术语，广泛采用比喻、口诀、概要等形式生动形象地进行讲解；要注意突出教学的重点、难点、关键，要口齿清楚、用词贴切、层次分明并符合学生的接受习惯。②讲解要富有启发性。讲解时教师要善于设问质疑，通过提问、引导、联想等方式使学生积极思考，实现看、听、想、练的有机结合，以取得良好的讲解效果。③讲解要注意时机和效果。不同的教学阶段、不同的学生、不同的教材，讲解的方式和时机有所不同。在课程刚开始，教师宣布课程教学目标、内容时，语言要精练、果断；在分析动作要领时，对技术的重点、难点可通过手势、语气以及语调的变化，加以强化。④注意精讲多练。在教学过程中应根据实际需要判断是否需要讲解，该讲则讲，能少讲不多讲，把更多的时间留给学生去自主学习、练习和体验。这就要求教师除了抓住重点和关键以外，还要放手让学生自己去探索和尝试。

（2）口令和指示。口令和指示是教师用最简明的语言，以命令的方式指导学生学习的一种语言形式。如在队伍的调动、队形的变换时经常使用口令和指示。教师在运用口令和指示时，要声音洪亮、节奏分明、发音准确有力。

（3）口头评定。口头评定是指教师根据教学目标和要求，以简明的语言评价学生学练效果、成绩和行为的一种语言形式。如学生在练习过程中或练习之后，教师用"很好""有进步"等简明语言进行评价。这种口头评定有利于激发学生的学习兴趣，使学生及时了解自己的不足，提高学习效率。教师在运用此法评价学生时，要准确及时，以鼓励为主，并注意指出学生的主要缺点和不足。

2.直观法

（1）动作示范。动作示范是指教师将动作示范给学生观摩，指导学生进行学习的一种方法。动作示范主要有正面示范、侧面示范、背面示范、镜面示范以及完整示范、局部示范，还有常规示范、慢速示范、静止示范等。篮球教学中动作示范的要求：首先，示范要正确、熟练并具有感染力。动作示范的正确性应从两个方面来理解：一是示范动作要符合动作的技术规格和技术要求等；二是动作示范的难易程度、达到的标准、展示的重点以及示范的表示方法等，要以学生的实际需要为依据，不应低于或高于学生的需要。此外，示范做得轻松、优美，具有感染力，才能够激发学生的学习动机。其次，示范的方向和位置要利于学生观察。为了使动作示范便于学生观察，教师要正确地选择示范的位置和方向。示范时还应依据实际需要讲究各种示范的"面"，如实践中为了展示动作的左右距离，可采用正面示范；为了展示动作的前后部位，可采用侧面示范；对方向、路线变化比较复杂的动作，可采用背面示范；对于动作技术结构简单、学生易于模仿的练习，可采用镜面示范。总之，示范时教师与学生的相对位置以及要观察的动作和部位，应以使每个学生都能清楚观察为原则。

（2）教具和模型的演示。教师要根据教学的实际需要选择、使用教具、模型，并注意演示的程序、时机，以增强教具模型演示的直观效果。

（3）视频影像。视频影像是利用电影、幻灯、投影、电视和录像等现代化的电化教学手段进行直观教学。借助电化教学的视听工具可以完整地、准确地再现和重复动作，对一些复杂的动作还可调控速度或暂停进行分析，这对于激发学生的兴趣，启发其思维并加深其对问题的理解有显著功效。

3.预防与矫正错误法

学生在学习和掌握动作技术时，出现错误是正常现象，动作失误也是训练过程中避免不了的。教师要采取合理有效的措施，及时给予预防和矫正，否则就容易形成错误的动力定型。因此，教学过程中必须采取有效的措施，对学生出现的各种错误进行预防和矫正。

教师要通过分解法解决复杂技术问题；通过诱导性练习以及转移性练习等手段消除学生的紧张情绪；加强基本技术的教学，全面发展学生的身体素质等。学生错误动作矫正的快慢往往与教师的指导有密切关系，教师要充分发挥在教学过程中的主导地位，对症下药，有的放矢，将预防与矫正错误法贯穿篮球教学整个过程。

（二）动作练习法

1.变换法

变换法的特点是练习条件的变换。变换法可以有效地提高学生中枢神经系统和身体各器官系统间的协调能力、对环境和负荷的适应能力以及练习的积极性与运动技术水平。运用变换法的注意事项如下：

（1）要根据特定需要选择和安排变换的条件。变换什么条件要根据实际需要有针对性地安排，如在改进和提高运动技术时一般改变技术要素；在提高应用能力时，一般改变环境和条件因素。

（2）对变换的条件和内容要做出明确的要求和限定。

（3）用于发展学生体能时，要使运动负荷符合练习的要求以及学生的负荷承受能力。

（4）运用变换法进行练习时应注意对正确动作的干扰因素，防止错误动作的产生。

2. 持续法

持续法的特点是练习时间相对较长，一次练习的量较大，强度相对较稳定。因此，运用持续法可使学生心血管系统和呼吸系统的机能得到稳步提高。运用持续法时应注意的事项如下：

（1）因人而异，控制好负荷强度。在体育教学中，要依据不同教材、季节、气候和学生的体质妥善安排运动负荷。如果练习强度较大，就要缩短练习时间；如果延长练习时间，练习强度就不能太大。

（2）加强医务监督。教师在教学中要善于观察学生练习时所产生的生理、心理反应，及时进行调整。

（3）加强思想教育。由于持续法较枯燥，因此，教学中除广泛采用多种练习组织形式外，应不失时机地向学生进行吃苦耐劳、坚忍不拔的意志品质教育。

（4）培养学生自练、自控的能力。教学中应向学生传授持续法的基本知识及控制与调节运动负荷的方法，使学生自觉而科学地参与练习。

3. 间歇法

间歇法由每次练习的时间和距离、练习重复的次数和组数、每次练习的负荷强度、每次（组）练习的间歇时间和间歇时的休息方式等五大要素构成。这五大要素可组成不同的间歇练习方案。间歇法的主要特点是每次练习之间有间歇，但必须控制间歇时间和休息方式，即机体还没有恢复，就要进行练习且要采用积极性休息方式。因此，间歇法能有效地提高练习者呼吸系统和心血管系统的机能。由于间歇法对机体的影响较大，所以，应注意总负荷和局部负荷的安排与控制。

4. 循环法

循环法既是一种练习方法，又是一种教学组织形式。它的主要特点是能有效地增大练习密度和运动负荷。循环法大多用于发展学生的身体素质和机能，也可用来巩固和提高学生对于某项运动的学习成果和成效。

（三）一般教育法

1. 表扬法

表扬能增强学生的自信心和自尊心，鼓励学生不断上进，并营造一种蓬勃向上的良好氛围。篮球教学中可通过口头称赞、点头、微笑、鼓掌等方式表扬学生。运用时应注意以下几点：

（1）表扬要及时。教师要善于捕捉学生身上的"闪光点"，不失时机地给予其肯定和鼓励，尤其对后进的学生，更应给予及时表扬，以增强其上进心和自尊心。

（2）表扬要适当。教师对学生的表扬要实事求是，不要过分夸大。

（3）表扬时要适当指出缺点和不足。

2. 批评法

批评法是对学生的不良行为做出否定的评价，用以改正其缺点和错误的一种教育方法。批评能使学生认识到自己存在的不足，明确标准，从而尽快地改正错误。篮球教学中可通过当众批评、个别批评、表情、眼神、手势等方式进行教学。运用时应注意以下几点：

（1）批评学生要从爱护的角度出发。通过批评要使学生明白错在哪里、为什么错、有何危害、如何改正，以使其能尽快改正错误。

（2）批评要使学生心悦诚服。教师在批评学生前一定要深入调查情况，弄清事实，有理有节。

（3）批评要注重方式。学生的自尊心较强，最好以表情、眼神及个别批评的方式进行，尽量不要采用当众批评的方式，更不应该采用体罚及经济制裁的手段。

3. 说服法

说服法是通过摆事实、讲道理等说教来影响学生言行的一种方法。篮球教学中的说服法通常采用讲解、座谈、讨论、谈话等方式。运用时应注意下述几点：

（1）说教时应观点明确，联系实际，符合学生特点。

（2）运用座谈或讨论方式教学时，教师应注意启发诱导，鼓励学生广泛发言，并对出现的问题及时进行总结。

（3）要注意以事实为依据，以道理为引导，热情耐心地进行教育。

4.榜样法

榜样法是用模范行为、先进事例等来对学生进行鼓励、教育的一种方法。由于学生可塑性高、模仿性强，所以，榜样对其有很大的感召力。运用时应注意以下几点：

（1）篮球教师要以身示教。教师要通过自己的言行举止、教态、修养对学生进行潜移默化的影响，以发挥教师的楷模作用。

（2）教学中要善于树立典范。教师要不失时机地表扬优秀学生，树立典型，使学生学有榜样。

（3）运用榜样法时，应实事求是，切忌把榜样特殊化。

5.评比法

评比法是利用竞赛、检查、评估等方式在篮球教学中对学生的表现、行为进行比较评价，以鼓励先进、激励后进的一种教育方法。学生好胜心较强，运用评比法可在学生中形成一种你追我赶的竞争氛围，能起到良好的激励作用。教学中可以进行竞赛评比的内容很多，既可在班与班之间进行，也可在小组或个人之间进行；既可进行组织纪律性评比，也可进行教学常规评比或行为表现评比等。此外，还可根据具体情况进行优秀体育班级、优秀体育小组、优秀体育骨干和体育积极分子的评比活动。运用时应注意以下几点：

（1）评比要有明确的目的。评比是一种教育手段而不是目的。要通过评比起到一定的宣传教育作用。所以，运用评比法时，对于评什么、怎样评、达到什么预期结果等均要有具体的操作计划。

（2）评比要有明确、具体的条件和标准，要利于学生公平竞争。

（3）评比时，要发扬民主，让大家充分发表意见。

（4）评比的结果要及时公布和总结，以扩大评比的影响。

"教学有法，但无定法，贵在得法。"高校篮球专项教学的各种教学方法，在教学实践中常常是结合运用，以共同完成教学目标的。任何一种教学方法都不可能是万能的，教师应不断地总结教学实践经验，从实际出发，灵活地运用各种教学方法。

第三节　高校篮球教学的任务和内容

一、高校篮球教学的任务

（一）篮球教学任务制定的依据

1.学生的身心发展特点和规律

在高校篮球教学中，学生的身心发展特点与规律对篮球教学有着非常重要的影响。一般来说，青少年的身体发育都要经历几个敏感时期，在这些敏感期对学生进行篮球运动素质的培养是至关重要的，可以起到事半功倍的效果。相关研究表明，我国国民身体素质发展的高峰期主要是在学生时期，而大学时期尤为重要。因此，在大学阶段加强对学生的篮球教育，不仅可以增强学生的体质，满足学生体育需求，还可以开发学生的智力。在大学阶段，可以制定一个科学有效的篮球教学计划，以此来指导学生合理参与篮球运动。

2.学生参与篮球运动的兴趣与能力

在高校篮球教学中，要想提高教学的质量，首先就要吸引学生积极主动地参与到篮球运动之中，激发学生主动学习篮球运动的兴趣。而要激发学生学习篮球运动的兴趣，就要根据学生的身心发展特点和实际情况，合理选择教学内容与方法，由易到难、由浅入深地帮助学生掌握篮球运动知识和技能。

3.促进学生综合素质的全面发展目标

在高校中开展篮球教学活动的一个非常重要的目标就是培养学生的综合素质。因此，高校篮球教学要将学生的综合素质的发展作为教学目标的基本依据之一。

第一，在德育方面，现代篮球教学要注重培养学生顽强的意志品质，教导学生要遵循一定的道德规范和准则，努力实现自己的目标。

第二，在智育方面，现代篮球教学要培养和提高学生独立发现问题、解决问题的能力，努力开发学生的智力，提高学生的智力水平。

第三，在美育方面，篮球教学要培养学生感受美、欣赏美的能力。在制定篮球教学任务时要综合考虑学生身心发展的各个方面，促进其综合素质的全面发展。

（二）篮球教学任务制定的基本程序

1.了解教学对象

在制定篮球教学任务前，要充分了解篮球教学对象的具体实际情况。主要了解与分析学生的体能状况、运动技能水平、篮球知识储备等，在此基础上制定科学、合理的篮球教学任务。

2.分析教学内容

在制定篮球教学任务前，还要充分了解与分析篮球教学内容的特点与功能，因为篮球教学任务的设定与教学内容之间的联系非常密切，不同的篮球教学内容有不同的特点与功能，没有无目标与任务的篮球教学内容，也没有无教学内容的篮球教学任务。

3.编制教学任务

篮球教学任务有重要的指引、导向、评价篮球教学活动质量等作用，因此，篮球教学任务的制定至关重要。在具体的篮球教学活动中，要处处体现篮球教学的任务，依据篮球教学任务组织与开展教学活动。

（三）篮球教学的基本任务

1.增强学生的身体素质

良好的身体素质是一个人从事其他工作的重要基础，因此，在高校体育教学中，提高学生身体素质是一个极为重要的任务。篮球运动是一项综合性运动，能有效发展人的跑、跳、投等能力。篮球教学不仅可以全面提高学生的身体素质，还能促进学生心理水平的发展与提高。另外，大学生要提高自己的篮球技能，首先要提高自己的身体素质。

2.提高学生的篮球知识与技能

高校篮球教学一个重要的目的就是使学生学习和掌握基本的篮球知识与运动技能。其中，篮球知识是学生掌握与提高篮球运动技能的基础和依据，而在篮球运动技能中，篮球技术是篮球战术的基础。可以说，篮球运动知识与运动技能之间是相互作用、相互统一的关系，两者密不可分，共同构成一个完整的整体。

3.激发学生的创新意识和能力

高校篮球运动是一项富有创造性的体育活动，在篮球的技、战术方面，学生的运动能力具有明显的复杂性、多变性及灵活性。因此，培养学生的创新意识和创造能力是高校篮球教学过程中非常重要的教学任务之一。

4.培养学生的集体精神和意志品质

篮球运动是一项综合性的集体对抗性项目，篮球教学能培养学生良好的集体主义精神和顽强的意志品质。首先，篮球教学能培养学生顽强的意志品质，使学生形成正确的世界观、人生观以及价值观。其次，篮球教学过程本身就是一个人才培养的过程，能培养学生的各种综合素质。因此，集体主义精神和意志品质的培养也是高校篮球教学的重要任务之一。

二、高校篮球教学的主要内容

我国主要以教学对象的层次及其目标作为依据，来对高校教学内容进行选择。以下三个方面为高校篮球教学的主要内容。

（一）理论知识

对于大学生学习篮球技能与进行篮球活动实践而言，高校的篮球理论知识的教学有重要的指导作用。

我国高校篮球运动教学，到目前为止已经形成了比较完善的理论知识体系，其具体内容为：篮球竞赛的组织、规则与裁判法，以及教学训练的理论和技、战术分析等，通常情况下，经过学习之后，学生都能熟练地掌握这些理论知识。

（二）技术动作

技术动作是运动技能中最基础的内容，技术动作的内容有技术动作方法要领、规格及运用等。教师在教学过程中需要重视示范动作的规范性，这样才能让学生形成正确的技术动作定型，并为之后的篮球技能学习奠定基础。

（三）战术配合

战术配合方法是高校篮球教学中很重要的一项内容，因为特定的战术布阵是此项运动集体对抗所形成的主要形式。另外，在篮球运动竞赛中，战术阵势与战术配合是重要特征之一。在高校篮球实践教学中，全队配合及两三人的基础配合，为篮球配合教学的主要内容，而且在教学过程中，教师需要达到两点要求，具体如下：

（1）应通过合理、有效的方法，让学生认识与了解人与球移动的攻击点、路线、运用时机及变化等内容。

（2）应当重视学生的战术配合与协作意识的培养，这样才能让他们在实战中做到配合默契、灵活。

第四节　高校篮球教学的模式

一、篮球教学模式的构成和主要功能

（一）篮球教学模式的构成

1. 指导思想

任何教学模式都是在一定的教学思想或理论指导下提出来的，它是建立各种体育模式的理论基础，反映了体育模式的内在特征。教学模式是个独立的因素，又渗透在其他因素之中。如国外的信息加工教学模式以信息加工的理论为依据，非指导教学模式以人本主义教学思想为指导。

2. 教学目标

教学目标是指教学模式所能达到的教学效果，是教师对某项教学活动在学生身上将产生的效果所做出的预先估计。任何教学模式都是为了完成特定的教学目标而设计的，教学目标使教学主题更加具体化，在教学模式的构成因素中居于核心地位，对其他因素有制约作用，也是教学评价的标准和尺度。如群体合作教学模式的教学目标是改善课堂教学的心理气氛、大面积地提高教学质量。

3. 操作程序

操作程序是指教学在时间上展开的逻辑步骤及每个步骤的主要做法等，任何教学模式都有一套独特的操作程序和步骤。教学过程中既有教材内容的展开顺序、教学方法交替运用的顺序，又有内在的复杂的心理活动顺序，一般是从不同方面提出教学活动的基本流程。操作程序只能是基本和相对稳定的，而不是僵化和一成不变的。

4.手段策略

实现条件是指促使体育教学模式发挥效力的各种条件（教师、学生、教学内容、手段、时间、空间等）的最佳组合和最好的方案。策略是指为教师运用教学模式简要提出的原则、方法和技巧等。

5.评价

这里的评价是指评价的方法、标准等。由于各个教学模式在目标、操作程序、实现条件上存在不同，评价的方法和标准也就不同，即每种教学模式一般都有符合自己特点的评价方法和标准。如群体合作教学模式评价因素不同于标准化的评价，它采用个人和小组合计总分的评价方式。但现阶段除少数的模式已初步形成一套相应的评价标准外，很多模式至今尚未形成自己独特的评价标准和方式，这也是今后教学模式研究中的一个重点和难点。

上述诸要素相互联系、相互制约，构成了一定的教学模式。其中，前面四个因素是教学模式的重要因素。至于教学模式中各要素的具体内容，则因模式的不同而有所差异。

（二）教学模式的主要功能

1.理论功能

教学模式以特定的形式表达一种教学思想或理论，具有高度的概括性。教学模式来自实践，是在实践中形成的，是对某些有效的教学活动方式优选、概括、加工的结果，它能为某一教学思想或理论所涉及的各种因素和它们之间的关系提供一种相对稳定的结构，随着概括层次的提高、运用范围的扩大，教学模式还有可能由小型的、层次较低的理论逐步发展成完整的、层次较高的理论。从这个意义上说，教学模式可以为教学理论的不断充实和发展提供各种具体素材，由个别的特殊经验上升、转化为层次更高的教学理论。

2.实践功能

教学模式是某种教学理论的简化表现形式，它可以通过简要的解释或象征性符号来反映所依据的教学理论的基本特征，使人们在头脑中形成一个抽象的理论框架，便于人们理解和掌握。教学模式还为某种教学理论运用于实践提供了比较切实的、可操作的实施程序，有利于人们把握和运用各种教学理论。它可供教师设计和组织各种具体教学活动方式参考。教学模式的实践功能有四个特征。

（1）预见性。教学模式能够帮助教师预见体育教学活动所能达到的教学效果。

（2）指导性。教学模式能够为教师提供达到预期教学目标所需要的各种教学条件和实施教学的程序，指导教师合理开展教学活动。

（3）系统性。教学模式可以使整个教学过程成为一个有序的系统，并使教学过程中的各因素充分发挥其作用。

（4）完善性。科学规范的教学模式能够在实践中对传统的教学过程、教学方法和教学结果进行改进，从而使教学过程更有效地为培养现代社会需要的全面发展的人才服务。同时，教学模式自身也可以不断得到丰富与完善。

二、篮球教学的主要模式

（一）传统教学模式

1."传授动作技能"教学模式

（1）指导思想。"传授动作技能"教学模式是通过教师的传授辅导和学生的接受练习，以系统掌握篮球技术、技能为中心的一种教学活动体系。它强调以学习篮球的基本技术和技能为主导，遵循学生的认识和动作技能的形成规律，把教学过程分为感知、理解、巩固、运用等阶段，是我国篮球教学实践中长期以来普遍采用的教学模式。这种教学思想主要受苏联传统教学理论的影响。

（2）教学目标。"传授动作技能"教学模式是以促进学生掌握篮球技能的有效方式为手段，以教学大纲规定的技能评定项目为主要学习内容，以运动技能形成规律为主要依据，以学生学习技术知识、提高技能水平为主要目标的教学形式。这种教学模式能够有效地促进学生对技术和技能的学习与掌握，通过技术和技能的传授来完成教学的各项任务。

（3）操作程序。经教师引导后，学生明确了目标，通过一些直观教学手段，产生感性认识、形成视觉表象，并进行模仿练习和表象练习，再经过实际练习和教师指导，建立动作表象和正确的肌肉感觉，掌握动作技能，而后对学习效果进行总结评价，找出存在的问题，发挥教学反馈的作用。其操作程序是：引发动机—明确目标—讲解示范—练习指导—总结评价。

（4）实现条件。强调教学中教师的主导和支配地位，整个教学活动在教师组织指导和控制下进行。由教师规定教学目的、任务、要求等，学生依赖于教师，在教师的指导帮助下进行学习活动。"传授动作技能"教学模式运用效果主要取决于教师的教学技能水平、教学的方法手段，以及学生学习的自觉性、专项基础、身体条件五个因素。该模式主要由"系统学习"转变而来，在当前体育教学实践中被广泛运用。其优点在于能充分发挥教师的主导作用，也能较好地调动学生的学习积极性；教师能按体育学科的逻辑系统循序渐进地进行教学，使学生掌握较为系统的技术技能，也能保持较高的教学效率。其缺点是较难发挥学生的主动性和创造性；不宜做到针对性教学，容易出现"注入式"教学。

2. "指导—发现"教学模式

（1）指导思想。"指导—发现"教学模式是一种以解决问题为中心，注重学生独立活动，着眼于学生创造性思维能力和意志力的培养的教学模式。该模式的理论基础是布鲁纳的"发现法"教学原理，其认为教学过程是学生参与活动的过程，学生的学习是对现有经验持续不断的改造。因此，教学不应该是讲和听，而应是通过亲身活动去感受、发现和升华。

（2）教学目标。引导学生手脑并用，运用创造性思维去获得亲自实证的知识；培养学生发现、分析和解决问题的能力；使学生养成探究的态度和习惯，逐步掌握探索的技巧。

（3）操作程序。教师通过指导的方式对所授篮球教材内容进行改造，使之成为学生通过努力可以自行解决的问题，同时向学生提供大量可观察和分析的直观感知材料。学生在课前根据自己已经掌握的关于篮球的知识、经历和理解进行预习，带着遇到的问题，到课堂上去寻找解答。在学生解决问题时，教师应给予必要的指导，最后采用分析和归纳的方法进行总结。

（4）实现条件。①师生处于协作关系，教师引导学生主动学习，把学习知识的进程和探索知识的过程统一起来。②教师要为学生创设一个认识上的困难情境，使学生产生一种想要解决这一困难的想法，进而认真思考所要研究的问题。③采用这一教学模式要求学生有一定水平的知识、经验、技能储备，并利用其来解决新问题，将问题情境转变为解决问题的情境，直到问题得以解决。④教师要根据教学需要为学生提供必需的视听材料（幻灯、录像参考书、文献等），教师备课要编制明确、以系统的问题来反映教学内容，以问题带教学。

3."掌握学习"教学模式

（1）指导思想。"掌握学习"教学模式的主要思想是在集体教学的前提下，明确具体的教学目标，提供足够的学习时间，改进教学内容结构和教学方法，加强教学过程中的反馈与矫正，在学生面临学习困难的时候给予帮助，从而使绝大部分学生都能够真正地掌握学校所教学科的内容。其理论基础是卡罗尔的"学校学习模式"观点。卡罗尔认为教育目标都有外显性等特点，都是可以测定的。布鲁姆的教学评价理论把教学评价置于教学过程之中，对照教学目标及时做出价值判断，测定教学目标是否达到，可以有效地指导教学活动，对调节教学过程、提高教学水平、保证学生学习任务的完成起着十分重要的作用。

（2）教学目标。其教学目标在于大面积提高教学质量。其主张"绝大多数学生都能学到学校所教的一切东西"，承认所有学生具有均等学习的机会。"掌握学习"是在通常的班级集体教学的条件下进行的，力求把集体施教和因人施教统一起来。

（3）操作程序。①为掌握定向。即向学生介绍掌握学习的一般程序，使学生适应这种学习方法，明确学什么、怎样学、达到什么程度等学习目标。②为掌握而教。根据确定的单元教学目标及其教学进程，教师按预定的教学计划，采取班级教学的形式对全体学生进行集体教学。在单元教学结束后，对全体学生进行单元的形成性测验并分析测试结果。达到教学目标的学生，可进行巩固性、扩展性学习，或教其他同学。未达到目标的学生，则分析其错误产生的原因，进行矫正学习。矫正手段包括个别辅导、小组合作性学习，教师有重点地指导等。矫正学习完成后再进行一次形成性测验，待大部分学生都已掌握了这个单元的内容以后，再转入下一单元的学习。如此循环往复，直到全部教材学完。③为掌握分等级。即在学完全部教材之后，对全班学生进行终结性测验。成绩评定依据预先规定的标准，分为"已掌握A"和"未掌握B"两等。或将未掌握水平分为B、C、D、E、F等，借以表明学生的具体水平。对终结性评价还应做出进一步提高的诊断性评定，使学生明确学习、努力的方向。

（4）实现条件。①师生双方对"掌握学习"都要抱有信心。教师对学生应有真诚的期待，要相信绝大多数学生都能学好；教师自身也要坚定信心，要坚信自己能使绝大多数的学生学好。学生则要有两个先决条件：一是"认知前提能力"，即学习相应的基础知识、技术、技能的能力以及预习课程、学习习惯等；二是"情感前提特征"，即学习兴趣、胜任感、自信心等。②确定篮球教学的内容、目标和测量手段。确定教学内容，要明确学习范围；确定掌握目标，要明确教学目标的达成度；形成性或终结性测验的内容要覆盖所有目标。③为"掌握学习"制订计划，内容包括：设计教学单元及其教学时间；制定单元具体的掌握目标；编制单元形成性测验内容；准备好矫正的手段，如个别辅导、小组学习、重新教学等形式。

4."程序"教学模式

（1）指导思想。程序教学就是将教学内容分成许多步骤，系统地排列起来，学生对这些步骤所提出的问题做出反应，确认以后再进入下一步学习。程序教学的理论基础是新行为主义的学习理论。新行为主义者在学习理论上以联结主义的原理来阐明学习现象。他们认为，学习是通过刺激—反应—强化而形成行为的。斯金纳根据操作性条件反射的实验提出：任何复杂的行为都可以用一种逐步接近、积累的方法由简单行为联系而成。据此，他建立了"程序"教学模式。他认为，程序教学的关键在于要精密设计操作的过程，建立特定的强化模式，使学习者通过学习得到外部或内在的满足。

（2）教学目标。这一教学模式在于教给学习者某种具体的技能、观念，或其他内部或外部的行为方式，如掌握某些智力技能或行为技能等。

（3）操作程序。将篮球技术、战术教学内容依据认知规律和技能形成的规律，分解成为若干个相互联系的小步骤，使之成为便于学习的逻辑序列，同时建立相应的评价信息反馈系统。教学开始以后，学生依据小步骤进行学习，学习后及时进行评价，依据评价结果对学习效果进行即时反馈。如达到了预定的标准，则进行下一步学习；如没有达到标准，则返回去重新学习，并配以相应的矫正措施。

（4）实现条件。采用这一模式，需要根据学习过程把教学内容分解为许多小步骤，并按一定的次序排列好。每个小步骤均要求技能达到标准。程序教学的四条原则如下：①小步骤原则。每两个学习项目内容的差距越小越好。②积极反应原则。学生学习效果的外显反应要快速地体现在技能掌握的程度上。③即时确认原则。学生做出反应后要得到及时的肯定或否定。④自定步调原则。学生的学习速度可以根据自己的情况来决定。

程序教学的优点是可以使学习内容化难为易，易于学生掌握和巩固；及时反馈、及时强化，有利于调动学生学习的积极性，及时调整学生的学习方向；可以根据各人的情况，自定步调，确定学习进度，有利于因材施教，在篮球技术教学中运用效果较好。其不足之处是由于学生自定步调，学生练习的内容与方法不尽相同，不便于教师的教学组织。

5."学导式"教学模式

（1）指导思想。"学导式"教学模式是指教学活动以学生自学为主，教师的指导始终贯穿于学生自学过程的教学模式。其理论依据为以下几个方面：①"教为主导，学为主体"的辩证统一的教学观。教学活动是教师的教与学生的学的有机结合。教师的主导作用主要体现在提出学习目标、要求，安排学习计划、内容，指导学生的学习方法等；学生的主体地位只有通过学生主动地学习才能体现。②"独立性与依赖性相统一"的心理发展观。学生是正在成长中的个体，随着年龄的增长，独立性日益增强，他们希望独立学习、自己管理自己。但是，他们的认知能力还不成熟，自我评价和自我控制能力都不强，还离不开教师的指导。因此，在教学中教师必须考虑学生的独立性，培养他们的自学能力，同时要加以正确地指导。③"学会学习"的学习观。当代社会各领域的知识量激增，更新过程加快，教师不可能教给学生受用终身的知识，因此，培养学生自学能力、教会学生学习比传授知识更为重要。

（2）教学目标。以培养学生的自学能力为主要目标，实现以"教"为主向以"导"为主的转变。

（3）操作程序。①提出要求。根据教学需要，教师对自学的范围、重点和要解决的问题提出要求，让学生有目的地学习。②自学。根据要求，学生自学，教师巡视，了解学生自学情况，及时解决学生个别问题。③讨论、启发。学生针对共同的问题开展讨论（分小组、班级讨论），通过讨论相互启发、提高认识，捕捉疑点、难点；在讨论的基础上，由教师做启发性讲解、解惑、点拨、指迷，给学生提供解决问题的思路和方法，提高学生的认知水平。④练习运用。通过完成相关的练习、实际操作等，使学生将所获得的知识在实践中得以检验、巩固。⑤评价、小结。教师对练习结果及时进行评价，并根据反馈信息，采取巩固性或补充性教学。评价方式有教师评价、学生互评、自评等。小结是指学习一个阶段后，要求学生将所学知识系统化、概括化并联系原有知识，从整体上理解所学内容。小结可以由师生共同完成，也可以由教师指导学生先归纳，教师再补充总结。

（4）实现条件。①教师要有以"学"为主，以"导"为主线的正确的教学指导思想，教师是"指导者""引导者"，要充分相信学生能够自学，积极指导学生自学。②教师要设计要求明确的自学提纲，提供必备的参考材料。要有一套指导学生自学的方法。③该模式要求学生有一定的阅读能力，在篮球战术教学中运用效果较好。

"学导式"教学模式可以提高学生学习的主动性和主体意识，有利于学生自学能力和学习习惯的培养，加速学生创造性思维能力的发展。采用这一教学模式，教师虽然少讲了，只起点拨、解疑的作用，但对教师的主导作用要求却更高了。如果教师不能做到这一点，自学就会出现问题，这种模式的优越性就难以体现。

6."合作学习"教学模式

（1）指导思想。"合作学习"教学模式主张用人道主义的原则和个性民主化的原则来改造教育和教学过程，处理教育和教学过程中人与人之间的关系，激发学生学习热情，培养个性全面和谐发展的人。其理论依据是以苏联阿莫纳什维利为代表的"合作教育学"。这种"合作学习"的关系表明个人目标和同伴群体之间是相互依存的，使学生感到只有在和自己有关的其他同伴达到目标的前提下，他自己才能达到个人的目标，这种结构可以在学生群体之间产生相互作用的积极效果，从而改善教学的整体氛围，建立"互助合作小组"是实现学生群体合作目标的基本手段。

（2）教学目标。"合作学习"模式通过异质分组，合理竞争，可以促进学生社会交往能力的发展，有效地促进差生学习成绩的提高，充分调动学生的积极性，大面积提高学生的学习成绩。

（3）操作程序。教学中依据自愿的原则把学生分成人数不等的若干个小组，练习时要以小组为单位结成"伙伴对子"。在小组内发挥技术骨干的作用，优生帮助差生。教学过程中多运用小组练习、小组竞赛和小组评价等方法进行活动，在小组和伙伴的合作活动中学习、掌握篮球教学的内容。其操作程序是：异质分组—小组内协作学习与组间竞争—个人和小组合计总分的评价方式。

（4）实现条件。①要在教师的指导下，将全班分成几个异质学习小组，各小组的素质、技能水平大致相等。②"合作学习"小组是一个亲密友好的群体，小组成员之间平等交往、彼此尊重、相互依赖。③小组的内部协作与小组的外部竞争同等重要。通过小组的内部协作，个人成绩与小组总成绩挂钩，促进小组成员形成和谐、友好、平等的关系；通过小组的外部竞争，可以培养学生的竞争意识，激发学生的学习积极性。

（二）其他教学模式

1. 发现式教学模式

教师通过对学生进行一定的启发诱导，使学生对一些事实（事例）和问题进行独立探究、积极思考，发现相应的原理和结论并熟练掌握的一种教学模式，就是所谓的发现式教学模式。这种教学模式对学生的主体地位非常重视，并且遵循篮球教学过程中学生的认知规律。发现式教学模式运用得好，不仅能够使学生的智力得到开发，学生主动思维的能力得到有效提升，还能使学生学习的趣味性有所增加，学生学习的实效性也有一定程度的提高。

由于发现式教学模式要求学生对问题进行独立研究和思考，因此，它对学生的理解能力和对篮球的经验要求较高，主要适用于运动学、力学以及数学等理论知识掌握较好，并且有一定的篮球运动能力和经验的学生。同时，这种模式对教师的要求也较高，只有具有较高的教学水平和丰富的经验，善于运用灵活的教学方法、教学组织形式等来设置问题情境，并有效解决教学问题的教师才能够选用这一教学模式。

2. 快乐教学模式

快乐教学模式最早是 20 世纪 70 年代在日本被提出的。快乐教学模式是在新课程改革的过程中逐渐形成的一种教学模式。它主张学生在学习体育运动技能的同时也要体会到运动的乐趣，通过使学生不断体验运动乐趣来培养其终身体育意识，是这一教学模式的主要指导思想。

由于快乐教学模式对教学内容的难度要求较低，因此，对学生的篮球基础的要求也相对较低，只要学生对篮球有一定的了解，对他们进行篮球教学就可以选择这种教学模式。另外，由于学生的篮球技能基础较为薄弱，要想取得较为理想的教学效果，就要求教师的实践教学经验较为丰富，灵活运用能力较强，即教师的教学实践经验要丰富才能选用这一教学模式。

第四章　高校篮球教学的开展与实施

第一节　高校篮球教学负荷安排

一、篮球教学负荷的要素与特点

（一）运动负荷的基本要素

构成运动负荷的要素主要有三种，分别是运动负荷强度、运动负荷时间和运动负荷积分。这三种要素有着非常密切的联系，同时又相互区别。

1.运动负荷强度

运动负荷强度是指人的整个生理机能在受到相应运动负荷刺激的作用下所产生的反应幅度或程度。一般来说，运动强度与负荷强度呈现平行关系，即运动强度越大，产生的生理负荷也会越大；相反，也同样如此。

2.运动负荷时间

这里所说的运动负荷时间是指运动负荷在整个运动过程中所持续作用的时间。由于运动前状态等因素，使得负荷时间增加，再加上停止运动之后人体生理机能需要恢复的时间，实际上运动负荷所作用的时间要远远长于运动时间，但一般情况下，负荷时间是指人体在运动阶段承受负荷的时间。

3.运动负荷积分

所谓运动负荷积分是指生理负荷强度在运动过程中随着负荷时间的变化

的关系。就本质而言，它是指负荷强度与负荷时间的积分，是既能够对运动负荷量进行反映，也能够更好地对人体运动生理负荷的机能和潜力进行反映的一项综合指标。

（二）运动负荷量的决定因素

运动强度、运动时间和负荷反应是决定运动负荷大小的三个重要因素。其中，运动时间与运动强度和负荷反应呈反比关系。运动强度越大，它所引起的生理负荷反应就会越大，运动持续的时间也会相应缩短，负荷积分值也会相对较小；如果运动强度较为适宜，那么它所引起的负荷强度反应就相对较大，并且能够持续最长的运动时间，所产生的负荷积分值也会最大。但从运动负荷反应来看，不同的个体对同一运动强度的刺激也会产生不同的反应。

（三）篮球运动负荷的特征

1. 负荷水平的极限化

在进行篮球运动训练的过程中，如果机体所承受的负荷没有达到最高的承受能力水平，那么身体机能和技、战术水平也就很难得到相应的提高。对于运动员的有机体，只有通过各种身体、技术和战术练习给予其最为强烈的刺激，才能促使有机体产生强烈的反应，并发生相应的深刻变化，这样才能将运动员有机体的机能潜力充分挖掘出来，以更好地适应和满足运动员参与激烈比赛和创造优异运动成绩的需要。

2. 负荷量度的个体化

人的个体化差异以及人体存在的复杂性，要求教练员要针对每个运动员的个体实际情况来对个体和整体的适宜负荷进行确定。

3. 负荷内容的专门化

篮球运动技、战术水平的不断提高，对运动员要根据篮球运动专项的特点和功能特征进行训练提出了更高的要求。这种专门化训练，其内容并不是只针对篮球运动本身，而是要求所采用的运动负荷内容要促使运动员有机体的身体素质和技、战术水平得到不断提高。

4. 负荷水平的动态化

运动员有机体有着非常强的适应性，机体在对运动训练负荷产生适应性之后，原有的运动负荷就失去了对机体的刺激作用。此时，只有使负荷水平不断增加，才能更好地促使机体的能力得到不断提高。不管是从个体还是从负荷发展的总趋势来看，整个负荷都是在动态变化中被不断提高的。

二、运动负荷的合理安排

从传统训练观点的角度来看，只有通过大运动量、高强度的训练，才能促使运动成绩得到提高。中国女排曾经蝉联五次世界冠军，正是得益于这种训练方式。很多运动研究都表明，运动员竞技水平的提高，是在训练负荷不断增加的条件下，进行多年系统训练的结果。根据国外有关针对优秀运动员成长过程的研究可知，运动员的运动成绩随着运动训练量和负荷强度的不断增加而得到相应的提高，两者之间的相关系数也是非常高的。

在训练的过程中，如果只是一味地追求高强度、多运动量的训练就有可能导致运动损伤，过早地扼杀运动员的发展潜力，从而给运动员竞技水平的提高带来了不利影响，这就要求在训练过程中要对训练负荷进行控制和监测。

（一）运动负荷合理安排的要求

依据机体在适宜负荷下的生物适应现象和过度负荷下的劣变现象，在篮球运动教学和训练课中进行运动负荷的安排要遵循以下适宜负荷原则。

（1）能够更好地促使运动员达到更高水平的专项竞技能力。

（2）符合运动员有机体训练负荷的可接受性。

（3）能够促使运动员各种能力产生定向性变化。

（4）训练负荷的量与强度要有适宜的比例。

（5）负荷安排的节奏要保证课与课之间衔接，能产生后续效应。

（二）科学探求负荷量度的临界值

运动个体负荷量度临界值的大小会随着运动个体的发育程度、竞技水平、训练水平等比较稳定的状态的变化而变化，同时也会受到运动个体日常休息、健康状况和心理状态因素的影响。在对运动负荷进行评价和测定时，必须有充分的科学依据，对负荷量度的临界值要采用科学的诊断方法来进行准确掌握。在人们还未能完全认识和把握负荷极限的情况下，要注意保留余地，从而更好地避免出现运动损伤和过度疲劳。

（三）科学安排教学与训练课的运动负荷

1. 训练课的负荷

在篮球运动训练中，对训练课的训练负荷进行合理、科学的安排，能够获得更为理想的训练效果。因此，在针对篮球运动训练课进行训练课计划的制订时，要做到以下两点：训练内容方面要有足够的难度和要求，从而使训练内容能够成为有效的刺激因素，来更好地促进运动员运动机体能力的不断提高；要保证训练计划能够适应运动员的机能状态和训练水平。

此外，在做好以上两点后，还要注意以下两点要求：在疲劳状态逐渐显露的情况下，要保障运动员训练达到一定的训练量，这样才能使运动员机体达到极限负荷量，同时给予机体所需要的应激性和带来较高的训练效应；在运动员机体出现明显疲劳的情况下，训练活动所持续的时间不要太长，这样能够有效避免对运动员的技术训练水平产生不良影响。

2. 体育课的负荷

对于一般人来说，心率保持在 120 ～ 140 次 / 分钟时的运动强度为最佳，能够获得理想的健身效果，在时间方面，要保持这一强度占每次锻炼总时间的 2/3 左右；心率在 110 次 / 分钟以下时，健身价值不大，这主要是因为机体的血液成分、血压、心率、尿蛋白水平等都没有发生明显的变化；心率在 130 次 / 分钟时的运动负荷能够使心脏的脉搏输出量接近或达到一般人的最佳状态，能够获得明显的健身效果；心率在 150 次 / 分钟时，心脏的脉搏输出量就开始下降；心率达到 160 ～ 170 次 / 分钟时，虽然不会出现不良反应，但在健身效果方面也未必表现更好。因此，一般情况下，将心率在 110 ～ 150 次 / 分钟的区间，确定为运动负荷有效价值阈；把心率在 120 ～ 140 次 / 分钟的区间，确定为运动负荷最佳价值阈。

中等强度和高密度是高校篮球运动教学课的运动密度和强度趋势。教师只有对篮球课进行精心准备，并进行精练、简明扼要、生动的讲解和准确、恰当的示范，避免将篮球教学课视为教师讲解课或示范课，鼓励学生用更多的时间参与锻炼，才能使学生在愉快的氛围中得到充分的锻炼，以促进学生的身心得到更为全面、健康的发展。

第二节 高校篮球教学课的实施

目前我国高校篮球教学的主要形式是课堂教学，篮球教学课的组织和实施直接关系到篮球教学的效果，篮球课的实施需要对篮球教学课的类型、组织和具体实施的内容加以明确。

一、篮球运动教学课的类型

从本质上讲，篮球运动教学课的类型对课程的功能有着直接决定作用，也就是说，不同类型的篮球运动教学课，有不同的教学功能。对课的具体分类进行深入认识，并从中选择最为适合的课的类型，有助于教师对各类课的性能进行了解和掌握。要保证在每一节课上都贯彻教学目标，只有这样才能充分发挥各类课的具体功能，更好地保证整个教学过程的完整性，从而提高篮球运动教学质量和教学效率。篮球运动教学课根据课的具体性质可以划分为两种类型，分别是教学课和训练课。

（一）教学课的类型

我国高校篮球运动教学课主要分为理论课、实践课、考试和考查课、实习课四种类型。

1. 理论课

篮球理论课旨在传授篮球理论知识。这类教学课可采取的教学形式有讲授、自学答疑、讨论等。可根据实际情况有针对性地选择。

2. 实践课

篮球实践课旨在传授篮球技术、战术以及比赛等的实践内容知识。这类教学课可采取的教学形式有技术教学、战术教学、教学比赛等。可根据实际情况选择和运用相关类型的教学课。

3. 考试和考查课

篮球考试、考查课旨在对所学的理论知识与实践知识进行考核和评价。这类教学课可采取的教学形式有口试、笔试、技评、比赛和作业等。

4. 实习课

篮球实习课主要是针对学生所学的有关教学以及比赛的相关知识进行实习的教学课。这类教学课可采取的教学形式有教学实习、竞赛组织和裁判实习等。可根据实际情况选用相应的教学形式。

（二）训练课的类型

就目前来看，我国高校篮球训练课的主要类型包括身体训练课、技术和战术训练课、比赛训练课、综合训练课、调整恢复训练课、测验课等。下面针对这些训练课的主要任务和目的进行阐述。

1. 身体训练课

训练学生的一般身体素质和篮球专项身体素质是篮球身体训练课的主要任务。该训练课的目的就是促进学生运动素质的发展，提高学生的身体机能水平，从而使学生能够更好地适应较高强度的篮球运动训练和比赛。

2. 技术和战术训练课

训练学生的篮球运动基本技术和战术是篮球训练课的主要任务。其主要目的是促进学生技术和战术水平的快速提高，以及培养学生综合运用技术和战术的能力。

3. 比赛训练课

针对篮球训练和比赛中的各项能力，对学生进行训练，这是篮球比赛训练课的主要任务。该类型课的主要目的是促进学生运动技术和战术水平的快速提高以及对技术和战术进行灵活运用的能力，并提高学生的比赛适应能力。

4. 综合训练课

篮球综合训练课是对以上三种训练课内容加以综合的课程。该类型训练课是将多种形式的训练课进行结合运用而形成的。具体而言，就是将各个不同的篮球运动训练内容进行交替安排，从而更好地促使学生的各项运动素质和运动技能得到有效积极的提高。该训练课的目的是促使学生的身体素质、技术和战术水平与比赛等方面的综合水平和能力得到快速提高。

5. 调整恢复训练课

在篮球运动训练之后使学生身体机能得到快速恢复和调整是篮球运动调整恢复训练课的主要任务。该类型训练课主要适用于过渡期，以更好地消除学生的身体疲劳，促进学生体力的快速恢复，从而更好地促使学生提高和保持篮球运动技术水平。

6.测验课

检测学生的身体素质和运动水平，是篮球运动测验课的主要任务。该类型课的目的是通过有针对性地检测各个相关的指标，来客观、准确地评估训练水平，这样能更好地帮助教师有针对性地开展下一阶段的篮球运动教学工作。

二、篮球课的组织

（一）篮球课组织的要求

1.加强学生的理论知识学习

（1）加强学生的思想政治教育。在对篮球运动教学与训练的任务和目的进行明确之前，一定要高度重视学生的思想政治教育，充分调动学生参与篮球运动学习和训练的积极性，以进一步提高学生的责任感和荣誉感。在篮球运动教学中，教师需要完成很多工作，主要有以下几种：①要始终坚持严格训练、严格要求。②及时发现教学过程中学生存在的问题，并针对问题提出正确、有效的解决方法。③学生完成各个训练任务后要给予一定的激励和鼓励。该部分内容在教学中有着非常重要的作用和意义，是非常重要的环节，它是进行具体实践练习的基础，能够为实践提供科学指导。

（2）重视学生良好品德的培养。在教学过程中，教师要始终坚持全面贯彻党的教育方针，培养学生顽强的意志品质和高尚的思想道德，这是作为一名优秀的学生所必须具备的素质。此外，要根据每个学生的个体差异和实际情况，来选择适宜的方法和手段，向学生传授篮球运动的基本理论和技术，以此来不断提高他们的各种实际能力，增强学生的体质，增进其身体健康。另外，还要做到每一节课都要承上启下，课与课之间要相互联系，只有如此，才能更好地保证教学的系统性和完整性。

2.加强学生的实践练习

（1）合理选用训练方法。篮球运动教学具有其自身的特点，只有在组织方面采取有效的措施，才能保证教学任务的顺利完成。但由于学校间在客观条件方面存在差异，这就造成了所采取的措施也不尽相同。比如，有的学校场地、器材少，班级的人数又多，这就要求在组织练习时，要坚持从实际出发，灵活采用各种练习方法，要在保持一定运动量的基础上，来达到调动和提高学生积极性的目的。

（2）加强学生的合作意识和集体意识的培养。作为一项对抗性、集体性的运动项目，在篮球运动练习和比赛中，学生常常会出现一些思想和作风问题以及违反纪律的行为等负面的思想和做法。这就要求在篮球运动教学中，要重视对学生进行思想方面的教育，对学生的思想和作风要严格要求，并禁止学生做出负面的行为，以保证在和谐、合作的环境中开展篮球运动教学。

（二）篮球课组织的手段

篮球课堂教学的组织与管理主要是通过以下几个基本手段来实现的。

1. 课堂常规

课堂常规是进行课堂管理的重要依据，它对教师和学生都有着相当的约束力。教师在篮球运动教学课管理中，应对课堂常规管理给予高度重视，并根据相关规定，严格管理学生的课堂考勤、语言行为等，并始终贯彻。此外，对于课堂常规的相关规定和要求，教师也要严格遵守。

2. 课程结构

课程主要是由准备部分、基本部分和结束部分共同构成。在篮球运动教学课中，在遵循课堂教学客观规律的基础上，教师要针对课时结构顺序采用不同的管理方法和措施，以避免出现课程混乱。此外，在面对突发事件时，也要采取果断而有效的措施。

3. 发挥学生干部的作用

在对班级进行组织管理时要注意采用一定的方式和方法。对于教师来说，班干部和技术骨干是其进行课堂管理的得力助手，要进行精心培养，为促使他们组织管理能力的提高创造有利条件，在班级里帮助他们树立起威信，从而使他们真正发挥助手的作用。在篮球运动教学中，由于练习相对较为分散，教师在管理工作和照顾学生方面存在较大的压力，这就需要教师培养一些学生骨干，以协助进行分组练习。在小组中，学生骨干能够起到带领、组织、帮助小组同学进行练习的作用，这样既能够帮助教师顺利开展教学活动，顺利完成教学任务，还能够促进学生骨干进一步提高分析、组织和管理能力，提高他们发现、分析和解决问题的能力，从而为我国篮球运动事业的发展培养和输送更多的优秀人才。

三、篮球教学课的实施

篮球教学课的实施是指对篮球教学课的结构进行合理安排。一般来说，篮球教学课主要有理论课、训练课、观摩讨论课、实习课等。

（一）篮球理论课的实施

篮球理论课教学一般采取课堂教学的形式来完成，即以教师讲授为主，并配以适当的课堂讨论，引发学生学习的兴趣。篮球理论课的教学要求教师事先将篮球教学用的讲稿编写好，将篮球课上讨论的题目设计好，同时准备好必要的篮球教学辅助器材，如挂图和模型等直观教具等。

1.篮球理论课的具体实施步骤

（1）教师以提问或讲述的形式引出上次篮球教学课的教学内容，为新授课内容做好铺垫。

（2）教师讲授本次课的内容，在教学过程中对篮球教学课的重点和难点进行反复论证，达到强化的目的，使学生更好地理解和掌握本次篮球教学课的主要内容。

（3）在本次课的结束部分，教师总结和归纳本次课的重点，布置课后作业，宣告下次课的教学内容。

2.篮球理论课的类型

通常来说，篮球运动教学理论课主要分为新授课和复习课两种。

（1）新授篮球课。新授课的结构主要包括组织教学、导入新课、讲授新课和布置作业四部分。其中，对本次课的新授内容进行讲授是非常重要的核心环节，教师常常会在这一部分花费更多的时间和精力。对于这一部分，教师单纯用来进行讲解的时间要占到13%～15%，如果讲解时间过长，就会对学生的练习时间造成影响，难以获得理想的教学效果。

（2）复习篮球课。复习课的作用主要是帮助学生对已学知识进行巩固，并进一步强化，加深理解，做到融会贯通。复习课主要包括三个方面：一是组织教学，将本次复习的目的和具体要求提出；二是采用多种方法来进行复习；三是做出小结。

（二）篮球训练课的实施

训练课是在教学大纲的内容、顺序、要求和进度安排的指导下进行的，因此，要准确把握教学大纲的思想和精神。训练课要以学生的心理和生理特点、篮球运动的特点以及运动规律为主要依据有针对性地开展。具体来说，在篮球训练课中，应重视准备部分、基本部分和结束部分内容的合理安排，并合理安排不同课的内容的比例关系。

1. 准备部分

（1）主要目的。使学生在生理和心理上做好承受较大和最大运动负荷的准备，避免发生运动损伤。

（2）主要任务。第一，组织学生，集中注意力，提高教学效率。第二，加强神经系统、内脏器官及各肌肉群的活动，提高其兴奋性。

（3）主要内容。首先由班长、队长或值日生整队并清点出席人数，向教师报告；教师进行考勤检查，并将本次课的任务与要求向学生进行较为简要的说明。

准备部分的训练内容主要取决于基本部分的教学和训练内容，也就是根据基本部分的教学和训练内容的需要，选择准备活动的练习。一般来说，准备部分的练习内容主要是由走、跑、跳、各种控制球和支配球、体操、游戏等练习组成的。训练课不仅要做一般准备活动，还要根据实际需要做专门的准备活动。

（4）组织方法。训练课的组织一般采用集体形式进行。但是，并不是所有教学和训练都是以集体的形式进行的，也有特殊情况，如训练课有时根据需要也可以给出一定时间做个人的特殊准备活动。

（5）时间安排。准备部分的目的是在教师的组织下做好进入训练状态的准备。其中，身体准备活动在一堂训练课中必不可少，这部分的时间通常会安排 15~20 分钟。准备活动的具体内容不仅能使学生集中注意力，充分放松身体，还能为基本部分的活动打下一定的基础。

2. 基本部分

（1）主要目的。训练课的主要目的有两个：一是完成篮球教学课的主要目标；二是提高学生的比赛能力和适应能力。

（2）主要任务。以教学大纲、训练计划的要求为主要依据，通过不断创造各种有利条件，使学生掌握和提高技、战术水平和技能，同时要有针对性地提高学生的运用能力。不仅如此，还要循序渐进地加大学生的运动量和强度，提升学生运动素质，增强学生体质，提高学生篮球意识、技巧和运动水平；进一步对学生加强思想教育和心理训练，培养学生的良好作风和拼搏精神。

（3）主要内容。训练课的主要内容是以训练计划的安排为主要依据，通过各种各样的练习和比赛，如个人的、小组的、全队的身体练习，技术和战术练习，教学比赛和对外比赛等来提升学生的各项素质和能力，提高学生的实践能力。此外，还要根据各个时期的具体任务，循序渐进地增加运动负荷和运动强度，以增强学生的各项素质和能力。

（4）组织方法。基本部分的组织方法大多以合理安排教材内容为途径来组织教学活动。教学课进行教材内容的安排时，通常都是先教新教材，然后复习旧教材，进行知识的巩固和强化，运动量较大的教学比赛或者提高身体素质的专门练习放到最后进行。在实践课教学的过程中，要以课程任务和学生的具体情况以及课程时间、场地、器材等条件为主要依据，有针对性地选择较为合适的练习方法和手段。

需要指出的是，在教学过程中要遵循循序渐进的原则。这主要从两个方面入手：一方面，进行技术教学时，要先教单个动作，然后再将单个技术动作组合起来进行练习，如攻守对抗练习，最后将这些技术动作运用到比赛中；另一方面，进行战术教学时，要先教基础配合战术，后教全队配合战术，然后将这些战术运用到比赛中。

（5）时间安排。一般而言，教学课（两节课连上）的时间安排在70分钟左右，训练课的时间通常占全课时的2/3左右。

3. 结束部分

（1）主要目的。通过使体内积存的乳酸加速排除，使运动时的氧债得到一定的补偿，使参加运动的肌肉尽快地恢复到运动前的状态，最终使学生在生理上逐渐由运动状态平复下来，在心理上由运动状态逐渐恢复到平静状态。

（2）主要内容。激烈的训练结束后，应该适当地做一些整理活动，以使学生激烈的运动生理状态和紧张兴奋的心理状态逐渐缓和、平复，恢复到训练前的状态。结束部分的主要内容有慢跑、游戏、放松练习和注意力转换的练习等。此外，还可以选择一些运动量不大的罚球、投篮练习。教学课结束前，还要进行小结和讲评工作。

（3）时间安排。一般情况下，教学课结束部分的时间是 5 ～ 10 分钟，训练课结束部分的时间是 15 分钟左右。

（三）篮球观摩讨论课的实施

篮球观摩讨论课的形式自由灵活，主要教学任务和目的是提高学生的表达能力，发展学生的观察与分析能力，激发学生的创造性思维。讨论课多在教授篮球技、战术分析和规则裁判法等的教学时进行。

在开展篮球观摩讨论课前，教师要宣布观摩的内容、观察的重点、要解决的问题以及纪律方面的要求等。观摩对象可以是某次篮球教学课或篮球比赛，也可以是篮球技、战术电影或录像等。需要注意的是，教师应要求学生在观摩中做好笔记，记下自己的感想和体会，并提出疑问，为之后的讨论做好准备。在观摩讨论课的过程中，教师先进行引导性发言，然后组织学生围绕本次课的议题进行发言，鼓励学生发表不同意见。在观摩讨论课结束后，教师应做总结性发言，对讨论的问题和学生的讨论情况进行评述。未能得出结论的问题可以留待日后或下次上课时继续探讨。

（四）篮球实习课的实施

篮球实习课的目的是提高学生对篮球的学习训练能力、裁判水平和组织竞赛能力等。在实习开始时，教师要确定好实习学生的人数，指导学生做好充分的准备工作。在实习过程中，教师要及时做好观察和记录。在实习结束时，教师要及时评价学生的实习情况，也可以鼓励学生参与实习课的讲评与讨论。参加实习的学生要写出实习总结，以提高自己的学习能力。

第三节　高校篮球教学课的实践指导

篮球教学课的整个实践过程主要包括备课、课堂管理和课后总结三部分，本节对此展开论述。

一、备课

备课是在篮球教学课开始前教师所必须做的功课。教师在进行备课时，应做好以下几点工作。

（一）认真钻研教材

认真钻研教材有助于教师合理把握篮球教学课的内容，并结合学生实际情况选择合适的教学内容。教师具体应注意以下两点。

（1）教师要研究篮球教学大纲（课程标准），以本学科总的教学目标及各单元、本节课的具体教学目标为依据来领会教学的基本要求，准确把握教材的体系范围与深度。

（2）教师应对不同的教学内容进行筛选，同时针对选定的多项教材的重点与难点以及其前后的联系进行研究，并进行总结。

（二）深入了解学生

学生是篮球教学课的主体。在开展篮球教学课的过程中，课程教学活动应符合学生的实际情况，只有这样才能促进学生的发展。这就要求教师应全面了解学生的信息，包括学生的知识基础、身体健康状况、认知能力、运动能力、学习态度、兴趣、个性特征等。

（三）选择教学方法

在备课过程中，教师要参照教材性质、教学任务的要求，结合学生的情况、场地器材条件，选取合理的课堂教学的方法，同时将教学活动的类型和结构确定下来。

（四）正确编写教案

教师要在钻研教学内容和了解教学对象后，根据教学内容编写教案。体育课的教案是教师进行课堂教学的直接依据，完整规范的教案一般包括教学目标、教学内容、教学方法、本节课教学重点、运动负荷以及场地器材等内容，有的教案中还有课后记录等内容。教师在编写教案时，为了保证教案的质量和可行性，需要注意以下几点：

（1）教案的编写要以教学大纲的具体要求和学校的相关规定为依据。

（2）体育教师要对学生的具体实际情况进行如实、详细记录，如学生的体育基础、伤病情况等，同时要考虑到场地、器材的实际情况等。

（3）教案的编写必须符合规范，在详略程度方面要做到合理。

（4）在备课时，要做到语言精练、准确，正确运用教学方法。

（五）设计教学过程

教学过程既是一个比较特殊的认识过程，也是一个能够促进学生发展的过程，它是为了促使体育教学目标的顺利实现而设计的。

1. 篮球运动教学过程设计的原则

在对篮球运动教学过程进行设计的过程中要遵循以下几个原则：

（1）发挥教师主导作用原则。在篮球运动教学中，体育教师是信息的传递者，教师在篮球课堂教学中除了对信息进行编码、讲解之外，还要发挥主导作用，由对知识进行单纯的讲解转变为对学生掌握知识的过程进行引导，引导学生能够自行、主动地获取知识和培养能力。

（2）以学生为学习主体原则。学生在篮球运动教学过程中的主体作用主要表现为充分发挥自身的学习积极性，使自己能够拥有更多的参与机会。以学生为学习主体能够使师生之间的双边活动得以活跃，从而促使学生能够从过去的被动接受知识转变为主动获取知识。

（3）体现篮球教学方法原则。篮球教学方法是为了更好地实现学校篮球运动教学目标，体育教师和学生共同采取的方式，它主要包括体育教师教的行为和学生学的行为，在对篮球运动教学方法进行选择时，必须考虑篮球运动的专项特点、学生特点、具体的教学目标和所选用媒体的特点。

（4）教学媒体优化原则。教学媒体的系统功能要想在篮球运动教学过程中充分发挥出来，就必须将多种媒体进行组合，形成一个更为优化的结构，这就要求篮球运动教学媒体要对各种媒体的优化组合进行考虑，使它们各施所长、互为补充、相辅相成，为提高学生的学习兴趣服务。

（5）遵循学生认知规律原则。在对篮球运动教学过程进行设计的过程中，必须遵循学生的认知规律，只有与学生特有的认知要求相符合，才能获得更好的效果。随着年龄的增长以及知识经验的积累，学生的认知能力也会随之提高，这就要求在篮球运动教学设计的过程中教师要对这一点进行充分考虑。

2. 篮球教学过程的设计

在我国篮球运动课堂中，教学过程的设计一般参考三种形式：示范型、

练习型和探究发现型。

（1）示范型。在运动类的体育教材内容中，示范是体育教学的必要手段和重要途径。在篮球教学课中，示范教学过程应用广泛，这一形式的教学过程能充分体现篮球教学以身体活动为主要形式的学科特征。

（2）练习型。练习型教学过程以篮球运动技能的练习为主，在篮球教学过程中，需要媒体或教师的示范为学生传授运动的路线、结构等主要动作要领以及动作的变化发展过程等，学生通过各种感觉器官观察和模仿动作，并进行练习。

（3）探究发现型。在篮球教学过程中，探究发现型适用于组织学生观察、思考，探究原因、寻找规律等，是教学生掌握篮球技能的主要方法。例如，表现某一动作技能的结构或原理等，有利于激发学生学习的主动性，培养学生发现问题、探究问题、解决问题的能力。在设计教学过程时，教师应充分考虑教学内容特点与学生对篮球运动理论和技能的掌握情况，结合具体的课堂教学目标，合理选用和设计符合学生学习和发展需求的教学过程。

（六）准备场地器材

场地器材是体育教学活动的基础，在上体育课前，体育教师应自己或组织学生帮忙准备好场地、器材，这是上好体育课的物质保障。此外，教师还要认真规划场地，科学布置器材。

二、课堂管理

通常来说，篮球运动教学是学生学习篮球运动基本理论知识的重要途径，因此，对篮球运动课堂教学加强管理有着非常重要的意义。

（一）课堂管理的目的与要求

1.篮球运动教学课课堂管理的目的

高校篮球运动教学课有着非常明显的课堂教学管理目的，主要体现为：向学生传授篮球运动文化、基本理论知识、技术和战术以及机能等，同时培养学生参与篮球运动锻炼的兴趣、积极性和主动性，进一步提高学生的活动能力和身体健康素质，培养学生的终身体育观念和意识，为社会培养素质全面的人才。

2.篮球运动教学课课堂管理的要求

进行篮球课堂教学管理需要遵守一些相关的基本要求，具体来说，主要涉及以下几个方面：

（1）突出篮球教学管理特色。篮球运动教学管理应突出以下几点：①思想管理方面，要将学生需要与社会需要、育体与育心、校内体育教育与社会终身体育有机结合起来。②教学内容管理方面，将文化性与健身性、知识性与实践性、灵活性与统一性、民族性与国际性有机结合起来。③教学宏观控制方面，将统一要求与分类指导、业务督导与行政管理有机结合起来。④体育教学评价方面，将基本评价与特色评价结合起来。⑤教学过程管理方面，将以情导教与以理施教、教师主导与学生主体、活泼的教学气氛与严格的课堂纪律、培养刻苦精神与激发学生兴趣结合起来，从而培养出高素质、全面型的篮球运动人才。

（2）加强教学管理的科学性和专业性。篮球运动教学活动包含了很多内容，并且非常复杂，也有非常强的专业性。因此，在篮球运动教学过程中，体育教师要准确把握好篮球运动教学机制，并进行渗透化管理，还要定期或不定期地检查篮球运动教学管理的效果，从而建立起科学有效的篮球运动教学管理机制。

（3）检测篮球教学的质量和效果。对篮球运动教学课堂加强管理，目的就是促使篮球运动教学的效果和质量得到有效落实与提高，它要求既要在整个篮球教学活动过程中进行落实，也要在高校篮球运动教学管理的所有环节进行有效落实。

此外，体育教师在篮球运动教学过程中要充分发挥自身的管理主体作用，控制好其他教学因素，以保证篮球运动教学活动顺利开展。

（二）课堂教务管理

1.编班

编班是高校篮球运动教学中进行教学管理的重要内容之一。编班时要将篮球运动专项的特点和学生的学习与发展要求充分体现出来。此外，编班要结合每名学生的实际情况来进行。具体来说，在篮球教学课程的编班过程中，应注意以下事项：

（1）混合编班是我国目前高校所采用的主要形式。在进行混合编班的过程中，学校要针对各班体育基础以及男女学生比例尽可能地安排妥当，以更好地保证学生能够得到共同发展。

（2）在编班的具体过程中要重视不同学生的合理搭配，以保证能够顺利开展篮球运动教学活动。

（3）在进行编班的过程中要对每个学生的篮球技能水平和运动基础进行充分考虑，以更好地对不同班级的学生进行合理分配。

2. 安排课表

在安排篮球教学课表时，为了保证课表的可行性和合理性，需要注意以下几个方面：

（1）作为一项教学活动，篮球运动教学主要是以肢体活动为主，这就需要学生能够在活动中保持高度的注意力，因此，在对篮球运动教学课表进行安排时，最好将课安排在上午的第三节和下午。

（2）要将每个班每周各节体育课之间的时间间隔控制在合理的范围之内。在安排篮球运动教学课时，还要对其他体育项目的课程时间进行安排。

（3）如果教学的进度相同或者内容一致，可将不同的班级统一起来上课，但是，要对一起上课的学生人数进行有效控制。

（4）对场地器材进行有效布置和使用，同时还要注意做好器材的保养工作。

3. 有效控制课堂教学

（1）体育教师的上课管理。体育教师既是篮球教学中的教学者，也是管理者，由此可见，做好篮球运动教学课堂管理工作是篮球运动教学质量提高的重要基础。在篮球运动教学课堂管理方面，体育教师的主要工作包括：建立课堂规则，做好思想政治工作，对学生的积极性进行调动，进行合理分组，运用多种教学方法和手段，掌握好运动密度和强度，合理使用运动场地和器材，采用各类安全保护措施，确定教师和学生的服装要求等。

篮球运动教学目标的顺利实现是以篮球运动课堂教学活动顺利开展为前提的，这也是整个篮球运动教学计划得以完成的重要基础。这就要求体育教师高度重视篮球运动课堂教学活动的安排。

必须引起重视的是，篮球课堂教学文件的制定对篮球教学实践起着积极的导向作用，而在篮球教学的实践过程中，已经制订完成的教学计划常常会和教学的实际情况产生矛盾。例如，篮球考核课某一考试标准可能定得有些高，使得很大一部分学生都不能及格；或者在篮球教学过程中出现了场馆器材条件不能使教学需要得到满足的现象；或者由于某些客观原因使得某一个单元的篮球教学课产生多次连续的缺课，造成教学计划无法按时完成或者无法保质保量地完成。这些问题都会在一定程度上阻碍篮球教学活动的开展，因此，这就要求体育教师在篮球教学过程中要及时发现上述问题并及时解决篮球课堂教学中产生的各种矛盾，以便合理安排篮球课堂教学活动，使篮球教学课程顺利开展。

（2）高校对体育教师的上课管理支持。在教学中，上课是教师开展教学和学生学习知识最为重要的形式，高校管理者要为体育教师提供相应的支持，以更好地促进体育教师顺利完成课程管理。在目前的学校体育教学管理系统中，要充分发挥控制职能，必须将一定的机构作为基础，但控制机构在体育课堂教学控制过程中并不是单独存在的，它是由体育教学部、器材室、教研组等组织机构共同组成的。但这种情况会造成一个组织机构承担了过多的职能，这在体育课教学控制方面会造成一定程度的阻碍。这就要求高校相关管理部门要给予体育课教学与其他文化课程一样的支持和关心，并提出相关要求。高校相关部门及领导应积极主动地深入课堂，对体育教师的教学情况进行充分了解，进一步加大对体育课的检查与督导力度，同时，应积极组织一定的示范课、公开课、研究课等多种课型，并对其进行积极探讨。高校要尽可能地提供必要的条件，以使体育教师能够更好地解决教学过程中所遇到的各种问题，为体育教师创造出良好的教学环境，并进一步促进其教学水平的快速提高。

在篮球运动教学课的管理上，对篮球课堂教学的控制一定要职责明确、责任到人，充分发挥教师在篮球教学管理和篮球教学过程控制中的作用，给予教师一定的管理权力和管理弹性。

（三）教学训练管理

教学训练管理可以从个人训练管理和班级训练管理两个方面进行。

1. 个人训练管理

个人训练的主要目的是提高学生对篮球技、战术的掌握和熟练程度，进一步改进个人技术动作的缺点和不足，发展个人的各项运动素质和能力。个人训练作业对集体训练起着补充和辅助的作用，通过独立思考和反复实践，可以使学生逐渐领悟篮球技、战术的运用技巧和规律，形成自身独特的风格。需要注意的是，安排个人训练作业要根据教学任务与目的，结合学生的实际情况，有针对性地安排训练，以获得理想的训练效果。

2.班级训练管理

通常情况下，学校的班级体育锻炼实行的形式是以班为单位分成若干小组，这些小组在班干部和锻炼小组长带领下开展具体的体育训练活动。这就要求班主任和体育教师合理指导并管理班级体育训练，保证班级体育训练取得良好的效果。

当前，班级体育锻炼在时间、内容、组织和生理负荷等方面都有许多要求。因此，学校在进行班级篮球教学训练时，在训练内容的选择上，可将训练与篮球教学内容有机结合起来，使学生的练习更有效。以早操为例，早操是学生训练生活中的一个重要环节。它除了增进健康、消除疲劳，能够为完成当日的训练任务做好生理和心理上的准备外，还能够促进人体运动器官的发展，改进和强化技术动作。教师可以考虑将篮球运动的基础性体能训练作为早操的内容，鼓励学生学习篮球，根据具体训练任务、目标、客观条件以及学生的实际情况等来选择和运用。早操的时间和运动负荷要适宜，否则会影响学生学习和篮球教学课中的专项运动训练的效果。

（四）意外事故管理

篮球教学以身体练习为主，教学过程中难免会产生一些运动损伤和引发运动性疾病，甚至还有可能发生一些意外伤害事故。因此，在篮球教学过程中，教师应重视对学生意外伤害事故的管理，始终紧绷教学与训练安全这根弦。

当发生意外事故时，教师应根据意外伤害事故的性质做出正确的判断并采取相应的抢救措施，轻伤者可送医务室治疗，重伤者或者生命危险者应立即转送医院抢救。如果学生发生重大的意外伤害事故，教师应立即通知家长、学校领导和当地派出所或有关部门，并详细汇报伤害事故发生的时间、地点、原因、后果与处理措施等具体情况，然后填写有关意外伤害事故的报告。报告的内容应实事求是，必要时应提供人证和物证。如果因重大的伤害事故导致意外死亡，最好请当地法医做鉴定报告。

三、课后总结

在篮球教学课结束时，体育教师应给学生布置课后任务，并组织学生收回器材，整理场地，按时下课。除此之外，教师还应对本次课程内容进行及时总结，通过总结课堂教学情况，分析问题并找出改进的方法和策略，从而提高下次教学课的质量。

（一）课堂情况总结

对篮球课的课程任务完成情况进行总结是课后总结的首要工作，主要包含以下内容。首先，对本次篮球教学课的任务完成情况、教学内容完成情况、课堂组织的合理性、内容安排的合理性、时间分配的可行性等进行总结。其次，对在本次篮球教学课中教师的执教情况进行总结，并对教师的教态、讲解示范效果、教学方法、教学方法对完成课堂教学任务的适用情况进行分析。最后，对本次篮球教学课中学生的学习情况进行总结，内容包括学生是否按教师的要求完成了规定的练习内容，掌握知识、技术、技能的有效程度如何，有多少学生能初步学会，或基本学会、基本掌握所学内容。

（二）分析教学问题

课后总结还应注意找出并分析教学问题，具体可以从教师自我评价与对学生的评价这两个方面入手。

1. 教师自我评价

教师自我评价是教师针对自己在篮球教学课中的表现进行的客观、全面的评价。评价时应充分考虑以下两个方面：

（1）教师组织队列、调队是否合理。

（2）示范动作与讲解中是否存在问题，包括示范位置、教学进程、内容顺序、对错误动作的纠正等，以及有哪些未解决的问题。

2. 对学生的评价

通过对学生进行评价可以发现篮球教学课中存在的问题或不足，对学生的评价内容如下。

（1）学生课堂组织纪律性、练习积极性。

（2）每个练习中普遍存在的问题和个别存在的问题。

（3）学生对练习形式的掌握、理解、接受能力等。

（三）提出改进对策

针对在篮球教学课中出现的一系列问题和不足，提出改进设想和对策，这是教师确定新的篮球教学目标、提高上课质量、积累教学经验、提高篮球教学效果的有效途径和方法。体育教师可以收集其他教师和本次上课的教学对象对篮球教学效果的意见，包括通过对学生进行调查，了解学生对本次篮球教学的评价，不断改进和提高教学效果。篮球教学的改进可以参考以下几点。

（1）围绕篮球运动教学的内容、形式、手段、练习方法等方面，广泛收集意见，对意见进行分析，为下一步篮球教学手段的改进提供依据。

（2）从组织篮球课堂教学的时间分配、练习强度、课程密度等方面，结合学生的实际表现进行分析，为下次篮球课教学提出改进设想和对策。

（3）结合教师讲解、示范动作、示范位置对学生学习效果的影响，为教师如何更好地发挥主导作用提出改进意见。

（4）结合学生对本次篮球教学课内容的认识、理解、学习情况进行分析，为以后篮球教学内容的合理安排提出建议。

第五章　高校篮球技术教学

第一节　篮球基本技术概述

一、篮球技术的定义

在长期的篮球技术教学、训练、比赛实践过程中，人们对篮球运动技术概念的理解经历了由浅入深、由感性到理性、由片面到全面的过程。现在被大家所普遍认同的是篮球技术是运动员为完成进攻与防守所采用的动作方法的总称，是篮球运动员竞技能力水平的重要决定因素。篮球技术包括移动、接球、传球、运球、投篮、抢球、打球、断球、抢篮板球等动作方法，以及由多个动作组合所形成的动作体系。篮球运动的各种技术动作，都有着符合人体运动力学基本原理的标准技术及规范的技术要求，合理的、正确的篮球技术还要符合篮球竞赛规则的要求。但对每个运动员来说，要依据运动员个人的生理学特点，选择和掌握适合自身的运动技术。

篮球技术是指在篮球比赛中，运动员为战胜对手所采用的各种专门动作方法的总称，它包括由这些动作方法组合而成的攻守技术动作体系。篮球个人技术是篮球比赛的基本手段，也是运动员比赛行为的核心。在比赛中，队员的智慧、技能、应变能力、作风和创造力都是通过篮球技术在对抗中集中表现出来的，它是运动员竞技水平最显著的标志。篮球个人技术也是篮球战术的基础。在比赛中，运动员技术的运用和表现，实质上都是通过各种战术形式和方法得以实现的。在比赛中，战术是形式，技术是内容，任何战术意图的实现和战术方法的使用，都需要熟练准确的技术动作和应变能力做保障。因此，篮球技术的运用，既要体现技术动作方法的合理性，又要体现完成比赛任务的实效性。在比赛中，一切技术的运用都是以技术动作的组合形式出现的，技术动作的组合是攻守对抗的基础，也是技术运用的重要保证。运动员只有在掌握多种单个技术动作的基础上，形成规范的动作定型，快速、熟练、准确地使用各种技术动作，为技术动作的组合运用打下基础，才能提高自身的应变能力。

二、篮球技术的基本特征

（一）技术与技术动作的关系

篮球技术是以技术动作为基础，以身体素质为保证，以意识为前导，以战术为形式，通过各种技术动作在比赛中来体现的，反映了运动员技术动作完成的合理性、实效性和观赏性。就技术与技术动作的相互关系而言，技术的含义比较广泛，技术动作的含义则比较具体。从广义来看，技术是运动员在比赛中所完成的动作；技术动作则是具体化的技术方法或手段，是指技术动作本身的规格、表现形式、运动节奏、身体姿势、动作轨迹、动作时间、动作速度、动作力量、速率、节奏等。

当涉及技术问题时，往往需要注意动作本身的各个因素，还要考虑技术动作的效果，而这种"效果"是运动员通过完成各种动作，在对抗的环境下表现出来的。所以说，动作是技术的表现形式，是技术的载体；技术是动作的内在属性、内在根据。

简单地讲，篮球技术动作就是单个基础动作。篮球技术动作的完成都是按照一定的顺序、方向、路线、节奏、时间、空间和用力的严格规定进行的。篮球技术中任何技术动作都有严格的动作规范和要求。其动作方法必须适应人体解剖学和运动生物力学的基本原理，并以篮球规则为依据。正确的技术动作应是合理、完美的，应既协调又省力，并适应对抗的需要。

（二）篮球技术动作的特征

1.动作完成的变异性

篮球技术动作有相对稳定的动作环节，各环节之间按一定顺序连接构成，组成技术的微观结构。如双手胸前传球有蹬地、伸臂、翻腕、手指拨球四个环节，这四个环节按特定的、不予更改的顺序构成双手胸前传球的动作结构。从动作的完成角度来讲，技术动作的结构是不能随意改变的。对动作基本环节的掌握程度和对各个环节的串联节奏，决定着技术动作的完成质量与效果。然而，在比赛中技术动作的运用必须随着场上的变化而变化，根据对手情况，灵活地改变固有的动作结构，即改变技术动作的用力大小、方向、节奏、时间、动作幅度，确定运用技术的方式，创造性地完成各种攻守技术动作，这是运动员篮球意识与技术储备的有机结合。

2.动作组合的多变性

多变性表现为动作组合的固定性与不固定性的结合。篮球技术的动作包含着固定与不固定两个特点：从单个动作结构来看，它是固定的；从两个或两个以上单个动作的组合来看，它又是不固定的。如双手胸前传球的动作是固定的，它是运动员经过反复的练习而形成的；而双手胸前传球后不论是与徒手摆脱切入组合，还是与掩护组合，都要根据场上的情况决定，体现了其不固定性。篮球动作的固定性保证着动作质量，不固定性则是动作实效性的基础。

3.动作运用的多元性

篮球运动隶属开放式技能项目。从篮球技术的外部现象来看，技术动作有位移和非位移、支撑状态和无支撑状态、周期性和非周期性以及双手和单手的动作。运动成分和运动要素多种多样，表现在方法上有单个动作和组合动作，组合动作又有有球的组合和无球的组合、有球与无球的混合组合，技术的完成形式多属于组合形式，动作运用具有多元化特征。

（三）篮球技术的特征

1.身体动作与控制、支配球的结合

篮球技术区别于其他运动项目技术的最显著特点，就是运动者用手直接控制和支配球，并与全身协调配合组成各种专门动作，最后通过手部的动作控制、支配球的运行轨迹和争夺获球，使身体动作与控制、支配球融合为一体，展现出篮球技术的魅力。

2. 动态与对抗的结合

篮球竞赛本身就是一个攻守对抗的动态过程，一切篮球技术都是在动态和对抗中进行操作的，是快速、准确、实用、多变的，充分表明了在争取时空主动上的合理性和创造性，动态与对抗两者的结合则是篮球技术的又一特征。

3. 相对稳定与随机应变的结合

任何运动技术都有相对稳定的动作环节，篮球技术也不例外，但它又是必须随着环境的变化而变化，随着对手的变化而变化，并要及时做出应答动作的开放性技能。篮球技术要在攻守对抗中的各种不同条件下去组合动作，随机应变，创造性地完成攻守任务。

4. 规范性与个体差异的结合

任何运动技术都必须符合科学的原理，有一定的规范性，某些动作环节的规范影响着球的运行和效果，因此，必须按规律来操作。然而，队员因个体的差异性而表现出不同动作的特点和风格，这在篮球比赛中尤为突出，因此，在训练与比赛中不能强求动作外形，而要讲求实效。比赛中运动员技术动作的完成，应视赛场情况的变化和运动员自身应变能力而定，除强调一般技术规格外，还可表现个人的技术特点。

三、篮球技术的分类

篮球技术的分类就是将相同或类似的技术动作加以区分和归纳，分成不同的类别。科学的技术分类便于深入认识篮球技术动作特征及其作用，揭示动作结构特点及其变化规律，研究技术动作之间的关系及其变化规律，研究技术动作结构特点及其与战术的关系，促进技术的运用与发展，便于合理地安排教学与分析篮球技术的合理性，从而科学、系统地组织教学和训练工作。

篮球技术多种多样，作用各异，要加以区分，明确其相互隶属与并列关系。要想建立整体的逻辑层次，就必须有科学的分类依据。分类依据是构成分类体系的出发点，不同的分类依据会形成不同的分类体系。篮球技术的分类依据主要有以下四点：

（1）依据篮球运动本身固有的攻守对抗规律，篮球技术可以分成攻防共有技术、进攻技术和防守技术三大部分。

（2）依据技术动作的目的、任务和作用，把每部分技术区分、归纳成不同的类别。如进攻技术可归纳成传接球、运球、投篮；防守技术可归纳成抢球、打球、断球、防守对手；攻防共有技术分为移动和抢篮板球。

（3）依据技术的动作结构特点，可以把技术动作区分为不同的动作方法。如投篮技术动作可分为单手投篮和双手投篮。每种动作方法又因其运用条件不同被区分成不同的变形，如单手投篮分为原地单手肩上投篮、跳起单手肩上投篮等。这些具体的投篮方法都是从单手投篮动作方法中派生出来的。

（4）依据技术动作的不同形式，将篮球技术动作分成单个技术动作和组合技术动作。该分类体系将篮球技术动作组成一个完整的网络系统，它的特点是分类目的明确、结构严谨、层次分明，既明确了技术动作的联系和区别，又确定了技术动作之间的从属关系，准确地概括了篮球技术动作的全部内容。这一分类体系对我国篮球教材建设、指导教学训练及培养专业人才等方面都发挥了重大作用。

四、篮球技术动作教学的基本要求

（一）单个技术动作

篮球运动的单个技术动作是篮球组合技术的基础，它包括投篮、传接球和运球等。组合技术是由几个单个技术动作组合而成，所以单个技术动作掌握得越多、越熟练，组合技术就越灵活、效果越好。掌握和提高单个技术动作的质量和效果应达到以下要求。

1.严格遵守技术动作规范

动作规范是指必须达到的规定质量标准。篮球技术动作有一定的顺序、方向、路线、节奏、时间、空间和用力等规格要求，符合人体运动学和生物力学原理。正确的技术动作应既快捷有效，又协调省力。另外，技术动作必须适应对抗的需要，不单纯指对抗形式，更重要的是对抗动作结构。比如，过去的运球技术动作是以肘关节为轴，小臂发力，用指、腕连续进行按拍动作，这是由过去防守松动，防距远，防守人不积极干扰运球所致；而现在运球技术动作有时变为以肩关节为轴，大臂发力，前臂和手腕在体侧或身后进行吸拉式按拍动作，这种变化是因为贴身防守技术出现，防守距离缩小，防守人积极抢、打以干扰破坏，运球者必须用身体把防守人和球隔开，达到保护球和设法攻击的目的。

2. 技术动作要有速度

动作速度是指技术动作完成的快、慢程度，是争取时间的重要条件。在正常情况下，技术动作必须快速完成，抗干扰，争取主动。例如，跳起投篮要求起跳快、出手快，在对方来不及防守时已完成动作。如果动作缓慢，就会被对手封盖，造成失误。快速动作是基础，在实际运用技术时，该快则快，该稳则稳，掌握好快、慢节奏变化，提高动作速度，必须有合理的准备姿势，动作要协调熟练、简洁有力。

3. 技术动作要有力量

动作力量是完成动作时所用力量大小的标志。进攻中要想在对方贴身防守情况下跑得快、跳得高，并能摆脱防守去抢占有利位置或完成投篮动作，缺乏力量是很难做到的。防守中，要想顶、卡、堵截进攻队员的移动路线，在有身体接触的情况下封盖投篮或抢篮板球，没有力量也不能完成。增强技术动作力量，除上下肢、胸、背、肩和腰腹肌肉群的绝对力量、爆发力量和力量耐力外，还要学会用力的技巧。一般情况下，攻、守双方身体接触的一侧要主动用力，准备冲撞，以保持身体平衡；不接触的一侧要放松，否则，过于紧张、僵硬，会影响动作的效果。

4. 技术动作要协调放松

技术动作的协调性是指完成动作时，全身各部位用力应协调一致。篮球技术动作有一定的顺序、方向和用力部位，做任何动作，都必须使肢体协调一致。如原地单手肩上投篮，首先是双脚用力蹬地，然后是膝关节伸直，腰用力，上体伸展，抬大臂提肘，伸小臂，最后是屈腕，手指拨球。这是一套有严格规定，并按一定用力顺序、全身协调一致的配合动作。虽然球最后出手是手指和手腕的用力结果，但前面一系列协调动作是前提，肢体各环节必须用力一致，一气呵成。

5. 技术动作要有适当的幅度

技术动作的幅度是完成动作时肢体的伸展活动程度。一般情况下，篮球技术动作幅度应该大一些，这样可以赢得时间和快速占据位置，创造攻、防的有利条件。如果突破的第一步幅度大于防守球员的滑步或撤步幅度，进攻球员就占据了主动。相反，防守队员的滑步或撤步幅度大于突破球员第一步的跨出幅度，防守就堵住了突破的前进路线，使进攻球员陷入被动。当然，动作幅度不是越大越好，因为动作幅度过大会不便于灵活变化，所以要使技术动作保持适当的幅度。保持或扩大技术动作的幅度，除了提高肌肉、关节和韧带的柔韧素质外，还要求动作有一定的力量。

6. 保持技术动作的稳定性

动作的稳定性是指运动员完成动作时所表现出来的稳定程度。当前篮球比赛的对抗性必须经得起对抗和干扰。不能因比赛激烈程度的增加而出现技术运用的起伏和不稳定。要使技术动作保持稳定，必须反复磨炼，形成稳固的动力定型，特别是关键性动作要达到娴熟牢固的程度。尤其是投篮、传球和运球时手指、手腕的翻、转、弹、拨动作必须具有很好的控制、支配能力。比赛中运动员常常在失去身体平衡的情况下，仍能把球投进篮中，主要是靠运动员指、腕动作的稳定性。

技术动作的稳定性经常受情绪变化的影响。对手的强弱、场地气候的变化、裁判及观众的影响等都会导致情绪的波动，所以，技术稳定性与心理稳定性直接相关。

7. 提高技术动作的准确性

技术动作的准确性是指技术动作的效果。篮球运动要求技术动作必须有高度的准确性，特别是传球和投篮动作的准确性，它对完成战术配合、取得比赛胜利有直接作用。技术动作的准确性受视觉反应、时间和空间判断、肌肉感觉及肌肉用力等因素的影响，同时与心理和动作的稳定性有直接关系。只有形成稳定的动力定型，在复杂对抗的条件下保持正常发挥水平，动作的准确性才能有保证。

想要提高动作的准确性和稳定性，运动员必须严格要求自己，在比赛情景下多次重复练习。训练中要有明确的时间、次数、成功率和命中率等指标的具体要求，及时获得反馈信息，不断提高动作质量，才能使技术动作达到熟练稳定的程度。

（二）组合技术动作

比赛中，队员动作技术多是以组合技术动作出现的，单个技术动作较少看到。组合技术动作是技术运用的基本形式。运动员掌握了一定数量的单个动作之后，必须及时进行技术动作组合训练。实践证明，掌握的组合技术动作越多、越熟练，技术运用和应变能力就越强。掌握组合技术动作有以下要求。

1.组合技术动作要连贯、协调

组合技术动作连贯是指动作之间衔接流畅，没有停顿，一气呵成。组合技术动作协调是指先后动作之间用力的一致性。组合动作的连贯与协调是动作间衔接转换能力的表现。组合技术是由两个或两个以上单个动作组合而成的。有些组合技术可同步出现，如行进间传、接球，是由侧身跑和传、接球组成并同步完成的；有的组合技术呈锁链式依次出现，如运球急停跳投是由运球、急停、接球和跳投四个连续动作组成。无论哪种组合形式都必须做到衔接连贯，配合协调。技术动作的连贯、协调与下面诸因素有关。

（1）掌握足够的单个技术动作并达到娴熟的程度。单个技术动作是组合技术的基础，只有学会每个动作并熟练完成才能保证组合动作的质量。掌握单个技术动作的数量越多、越熟练，组合技术掌握得就越快、质量越高。在进行组合技术训练时要有分有合，对其中某个不够熟练的动作也可单独练习，改进和熟练单个动作，可提高整体组合动作的质量。

（2）上一动作要为下一动作做好准备。按先后顺序组成的组合技术，在运用时也要按一定顺序，使动作间产生相互作用和制约的关系。其中重要的是上一个动作不仅要完成好，还要为下一个动作做好准备，创造有利的条件，顺利地过渡到下一个动作。如接球急停跳投，它是由四个动作组合而成的。接球的同时步法稳定才能做好急停；而急停、接球又为跳投做好了准备，保证了动作之间的衔接连贯。

（3）组合技术动作衔接要控制好身体重心。比赛中多数组合技术都是在跑、跳和转动中完成的，都涉及身体重心的控制。要控制好身体重心，必须在动作转换时掌握重心的移动方向。一般在做水平移动时要打破身体平衡状态，使重心迅速超出身体的支撑面。而在急停时则要把身体重心控制在身体支撑面内。需要跳起来完成的组合技术动作，要求身体重心急速上升，落地后形成稳定支撑。需要在旋转中完成的组合技术动作，身体重心应保持在一个水平面内，不能过于起伏，以保证动作衔接的稳定性。

2.组合技术动作应灵活、多变

组合技术动作的灵活、多变是指在复杂的对抗条件下，运动员根据不同情况应变自如地完成动作的能力。篮球比赛千变万化，战机转瞬即逝，动作的转换要根据场上情况做到灵活、多变。

（1）点面结合要求完成任何一个动作或在任何一点上都可以有两个及以上的进攻方向。既可以左，也可以右；既可正向，也可反向。当一个方向被堵死，能很自然地转移到另一个方向去进攻。点面结合可增加进攻的机会，扩大攻击范围，使动作灵活变化。如中锋在篮下做插步挤投，没有遇到封盖可直接投篮，如遇对手严密封盖，可向反方向做横跨步勾手投篮或转身投篮。

（2）多种技术组合是指一个技术动作能以多种方式与各种技术动作进行组合，各种组合方式应视比赛对手的不同情况灵活运用。如抢篮板球可与传球组合，也可与运球再传、投球组合。防守中的撤步动作，可与滑步、交叉步、追堵步组合。训练中必须把各种组合方式练熟、练精，才能在比赛中灵活运用。

（3）单个技术动作的多种变化形式是指在一个组合技术动作中某个动作的完成可以有多种方式。如突破传球，可以是突破后单手传球，也可以是反弹传球或背后传球。运球投篮可以是高手投篮，也可以是低手投篮或反手投篮。单个技术变化形式是根据比赛情况灵活运用的。例如，运球中将球传给中锋，当防守球员封堵上方时，就能很自然地向下做反弹传球，这种变化可以提高运用组合技术的灵活性和动作质量。

3.组合技术动作应快速、准确

组合技术动作的快速指技术间的衔接应敏捷、及时，没有停顿。篮球比赛中突出速度就能赢得时间和主动权，因此，完成组合技术动作的各个环节都必须衔接快、转换快、变化快，同时在快的基础上注意节奏的变化。在实际运用中需要根据场上具体情况做到快、慢结合。该快则快，该稳则稳，达到摆脱对手、完成攻击的目的。

组合技术动作的准确性是衡量组合技术动作质量的标准，准确是组合技术的根本要求。训练中要根据队员的实际水平提出时间、命中率、准确度和成功率等指标要求，激励队员高质量地完成组合技术动作。

五、影响篮球技术提高的主要因素

篮球运动中技术的发展是一个实践的过程，受到很多方面因素的制约和影响。比如运动员的综合素质、竞赛规则的不断完善、攻守对抗的激烈程度、训练方法手段的变革等。

（一）运动员的综合素质

运动员的综合素质发展直接推动着技术的变化和提高。比如，运动员身高的增长，身体素质、智力与心理品质、意志品质等综合素质的提高，都是篮球技术提高的基础。而良好的身体素质是运用技术的基础，身高是发展高空技巧的有利条件。身体素质与身高的结合，尤其是高大运动员与速度和灵活性的统一是现代篮球运动发展的必然趋势。历史资料显示，现代篮球运动员的身高、体重指标和速度、力量等各项素质与20世纪50年代相比有了巨大的变化，这些变化为技术的发展奠定了扎实的物质基础，从而使篮球赛场上的攻守速度、弹跳高度、对抗强度与初期的篮球比赛相比有了巨大的飞跃，高空接力扣篮、快攻扣篮、篮下对抗扣篮等一系列高难度技术动作应运而生。与此同时，人的主观因素的发展同样为技术的发展开创了广阔的空间，运动员的知识水平、战术能力、心理品质等方面在几十年技术的发展演变过程中都获得了巨大的发展，人们对篮球运动规律认识的进一步深入都集中地反映到了篮球比赛中。[①]

（二）竞赛规则的不断完善

篮球竞赛规则不断修改、完善，对篮球技术的发展起着促进作用。1936年国际篮联正式统一了篮球竞赛规则，并规定每4年要修改一次，主要目的是限制不合理技术的发展。比如，限定空间、提高技术难度；限定时间、减少停顿次数、提高比赛速度和观赏性，篮球比赛3秒、5秒、8秒、24秒等时间规定出现变化，减少了队员的停顿次数，提高了比赛的速度，带动了攻守技术向追求速度方向发展，提高了观赏性，使比赛更加精彩；现代篮球比赛场中设置的24秒计时器、比赛时钟的毫秒精度和电子录像的配合使用，可以使比赛的结果分秒不差；对犯规次数的限定也提高了防守技术水平。

---

① 孙立平，王世安，林珍瑜，等.我国与美国、苏联、澳大利亚、西班牙等世界篮球强国篮球竞赛制度的比较研究[J].北京体育大学学报，1991（2）：64-74，117.

（三）攻守对抗的激烈程度

篮球比赛是进攻与防守的激烈对抗，攻、守对立统一规律决定了两者是互相依存、互相制约和互相促进的关系。为了更好地使篮球比赛对抗激烈、高潮迭起、快速多变，吸引更多的观众来欣赏，产生更多的身体接触与对抗，促使攻、守技术向更富攻击性的方向发展，提高人们的竞争意识和表现意识，人们在教学、训练、比赛实践中，更加注重组合技术动作的训练与强化，从而提高在对抗条件下完成动作的能力。20 世纪 70 年代以后，进攻和防守战术经过训练都达到了一个新水平，移动进攻要求个人进攻技术向全面、快速、对抗和高空作业技巧化方向发展；综合多变防守战术的广泛运用，使个人防守更具攻击性和破坏性，防守水平有了很大提高，各项篮球技术得到了发展与提高。

（四）训练方法手段的变革

训练方法手段的改进与提高，可以增加运动员掌握技术动作的数量、增强技术动作间的衔接和提高熟练程度，使原有的技术动作产生变异和变化。篮球运动是一项集体的比赛项目，它的教学、训练和比赛过程是在教师和教练员的指导下，在科研人员的辅助下科学地进行的。如现代科技在篮球运动中的运用，专业人员运用人体生理学理论与方法，运用计算机等先进设备对篮球技术进行分析、评价研究，这些都对篮球技术的发展和提高起到巨大的推动作用。同时伴随世界经济的发展和体育运动文化的广泛传播，不同篮球技术风格、特点、打法的出现，使教练员、运动员开阔了眼界，增进了了解。他们相互学习、相互借鉴，从而在训练方法和指导思想方面获得了质的飞跃。教师、教练员、科研人员以新的思想方法、理论为指导，从教学到训练，从改进到完善，从研究到创新，不断地提高训练的质量和效率，从而使篮球技术的发展不断取得新的动力。

第二节 篮球个人进攻技术教学方法

一、篮球移动技术

篮球移动技术是指在篮球比赛中，运动员为控制身体平衡，改变自身的姿势、位置、方向、速度和高度时，所运用的各种脚步动作方法。移动技术是篮球技术的基础，在移动技术的教学过程中，要以篮球技术的特点与规律为依据，与脚步移动技术的特点相结合，严格遵循篮球技术的教学原则与要求，对移动技术的教学与练习进行合理有序的安排。

（一）移动技术的作用

移动技术内容很多，包括各种跑、跳、转身、急停、滑步、跨步等。移动技术是比赛中运用最多的技术，也是各项技术、战术的基础。无论是进攻队员还是防守队员，都无时无刻不在运用移动技术。正确、熟练地掌握移动技术，是提高技、战术质量的保证。

当前，篮球运动正朝着高速度、高强度、高空优势和激烈对抗的方向发展，比赛中进攻队员要运用快速地奔跑、突然变向、连续起跳等方式来完成一系列的技术动作和战术配合，争取进攻的主动地位。防守队员的防区要想不断扩大，需要大面积地移动、协防、补位、夹击，以争取防守上的主动，这对移动技术提出了更高的要求。

因此，移动技术是篮球比赛中的重要技术。初学打篮球者，首先要学移动技术。有较高水平的篮球运动员，也要将移动技术作为基本功天天练。

（二）移动技术的分类

1.平动技术动作

平动技术动作包括跑、急停、滑步和跨步类动作。跑类包括起动、变速跑、变向跑、侧身跑和后退跑；急停类包括跨步急停、跳步急停；滑步类包括侧滑步、后滑步、前滑步、滑跳步；跨步类包括前跨步、后撤步、侧跨步。平动技术动作大多都是平面运动，并伴以速度和方向变化，用以摆脱、超越对手，堵截、抢占位置。

2.转动技术动作

转动技术动作是由转身类组成，包括前转身和后转身。转动技术动作大多以脚为轴来转变身体方向，对速度有较高要求，用以挡人、堵截、抢占位置。

3.跳动技术动作

跳动技术动作包括助跑起跳和原地起跳，两者又都包括了单脚起跳和双脚起跳。跳动技术动作主要表现为空间运动，对速度、方向和高度均有较高要求，以争夺和控制空间。

（三）移动技术动作分析

1.移动技术的基本特点

（1）行动距离短，方向难测，比赛区中攻守矛盾相互转化。攻守双方运动员的行为受到这对矛盾的制约，必须随着攻守节奏的变化而变化，有时要在短暂的时间内做出迅速反应。

（2）动作间变化的频率快。由于距离短、变化多，攻守双方都在积极利用脚步动作进行制约与反制约，以达到攻守目的。

（3）运动员是在动态中完成各种动作的，因此，身体重心要在动态中保持平衡。

2.移动过程中身体重心的控制

控制身体重心在完成移动技术过程中起着很大作用。运动员在比赛中快跑时急停停不住而向前冲，这是由于重心控制不好。移动技术动作要点是移动和控制好身体重心，如急停的要点是"仰、降、蹬"。人体的任何一个局部环节的活动，都会引起身体总重心的变化。所以，在完成移动技术的过程中控制重心就显得特别重要。

3.破坏身体平衡的因素

（1）脚向移动方向的反方向用力蹬地，使身体重心超出两脚的平衡面。脚的用力蹬地是身体重心快速超出两脚平衡面最大的动力。脚的用力蹬地不只是依赖脚上的力量，这个蹬地力量来自整个下肢的用力，最后是通过脚而且是前脚掌的用力蹬地完成的。脚的用力蹬地实际上是由以踝关节、膝关节、髋关节为轴的多关节运动动作所组成的。

如果是向前移动，为了获得最大的水平力量，踝关节应尽量背屈，或者说小腿应尽量与地面平行（踝关节的生理解剖结构特点决定了小腿不可能与地面平行，因此，这里用"尽量"二字）。如果是侧向移动，主要靠异侧脚的用力蹬地。如果侧向移动，面朝移动方向，这时异侧脚用力蹬地时有一个转动的动作，即脚尖转向移动方向。如果侧向移动时，面还朝原来的方向（侧滑步、交叉步跑），这时异侧脚用力主要靠前内侧脚掌用力来完成。

如果向后移动，最好是先做180°转身后，再按向前移动的方法用力蹬地。如果向上移动，也就是通常讲的跳，那么两脚应垂直用力蹬地，克服地球的引力，使身体重心向上移动。同一名队员，在其体重不变的情况下，垂直用力蹬地的力量越大，用力的速度越快，身体重心向上移动得越多，移动的速度越快。

（2）使重心主动向移动方向移动，超出两脚平衡面。重心的主动移动是以髋关节为支撑点，靠腰腹力量发力，使重心向移动方向移动。两臂的用力摆动，协调配合，加快了重心主动移动的速度和力量。所以，跑动中两臂用力摆，可以提高跑的速度；向上跳时，两臂摆动，可以增加弹跳的高度。

（3）撤离一个支撑点，使重心快速超出平衡面。一只脚支撑没有两只脚支撑稳，因为一只脚支撑面小，或者说支撑面窄；两只脚支撑面大，或者说支撑面宽。如果两只脚支撑变成一只脚支撑，重心超出平衡面要比两只脚支撑快。所以，在起跑时，头几步要小、要短促，变方向跑时一只脚先抬起，其原因就在此。

4.保持身体平衡的因素

篮球场上要随时保持身体平衡。上文分析破坏身体平衡时已经谈到了平衡面的问题，平衡面是由两脚落地的距离决定的。两脚距离越宽，平衡面越大，身体越易平衡；两脚距离越窄，平衡面越小，身体越不易平衡。在移动中如果马上中止移动，突然停下来，这时就要使身体重心在平衡面内。要使重心不再移动而落在平衡面内，一是脚的前掌要用力抵地，克服重心前移的惯性，使重心不再向前移动；二是重心要马上下降。人体是一个统一的机体，重心降低，即使两脚平衡面不变，重心也能落在平衡面内。这就是急停时要求队员臀部后坐、重心下降的原因。

（四）移动技术动作练习方法

1.起动技术

在篮球运动中，起动就是在比赛时运动者由静变动，获得位移初速度的方法。起动时，降低重心，上体前倾，两臂屈肘自然垂于体侧，后脚或异侧脚的前脚掌用力蹬地，快速摆臂起动。起始迈步要迅速、短促。起动技术的基本步法有以下几种：

（1）跨步。跨步是以一脚为中枢脚，另一脚向前方或侧前方跨出，但不改变身体方向的步法。跨步分同侧步和异侧步两种。具体如下：一是同侧步跨步，两腿弯曲，左脚为轴蹬地，右脚向右前方跨出，重心前移至右脚，脚尖向前，上体稍向右转；二是异侧步跨步，两腿弯曲，左脚为轴用力碾地，右脚用力蹬地向侧前方跨出一步，落地时，脚尖向前，重心前移至左脚，上体稍左转，右肩前探，对准移动方向。

（2）滑步。滑步经常被运用于防守移动，其优点是能够保持身体平衡，可随意向任何方向移动。滑步可分为以下三种。一是侧横滑步，身体不要上下起伏，要随时调整重心，保持身体平衡。动作结束时，恢复原来的身体姿势，并根据攻守情况，迅速转换到下一个动作。向右侧滑步时，动作方法相同，方向要相反。二是前滑步，上体稍前倾，前脚同侧臂前伸，异侧臂侧伸，保持前后开立的低重心姿势。三是后滑步，与前滑步相同，只是方向相反。

（3）滑跳步。滑跳步在平步防守时运用较多。特点是步幅小、频率快、易控制防守面积。移动时，两腿弯曲，重心下降，上体前倾，前脚掌连续蹬地，用小步幅、快频率向不同方向移动。向右滑动时，右脚借助蹬地力量向右滑半步，左脚迅速跟上半步，继续保持平步防守姿势。向左滑动时，动作相同，方向相反。

（4）攻击步。攻击步是防守时运动员突然向前跨步，伺机抢断球或阻挠进攻的一种移动步法。运用攻击步时，屈膝降重心，后脚用力蹬地，前脚迅速前跨逼近对手，重心移至前脚，前脚同侧手臂前伸做干扰动作，后脚迅速跟上。

（5）后撤步。后撤步是前脚变后脚的一种移动方法。向后撤步时，前脚掌内侧用力蹬地，腹部和上体用力向后撤转，同时，前脚向侧后方回撤，后脚掌用力碾地。

（6）绕步。绕步是篮球运动员在防守时常用的移动步法。绕步分绕前步和绕后步两种。以右脚绕步为例，绕前步时，右脚向右斜前方跨半步，左脚紧靠右脚迅速绕过对手，向左跨步或跃出，两臂向前伸出。绕后步动作方法与绕前步相似，但用力方向相反。

2. 各种跑的动作

跑是为了完成攻守任务而争取时间的脚步动作，有快速、突然、多变之特点。比赛中常用的跑的动作有以下几种形式：

（1）变速跑。变速跑是一种典型的利用节奏变化快速突破防守的移动步法，是队员跑动中利用速度的变换争取主动的一种方法。动作方法：加速跑时，两脚要突然短促而有力地连续蹬地，同时上体稍向前倾，加快跑的频率；减速跑时，前脚掌用力抵地来减缓前冲力，同时上体直起，保证身体重心后移。

（2）后退跑。后退跑是队员在球场上背对前进方向的一种跑动方法，是队员在由攻转守时，为了观察场上情况而采用的一种跑步方法。动作方法：后退跑时，脚跟提起，两脚提踵，用前脚掌交替蹬地提膝向后跑动，此时上体放松直起，两臂屈肘相应摆动，保持身体平衡，两眼平视场上情况。

（3）变向跑。变向跑是队员在跑动中突然改变方向以完成攻守任务的一种方法。变向跑常与变向后的快速跑结合运用，借以甩开防守，达到接球、抢位的进攻目的。动作方法：在跑动中，向左变向时，右脚前脚掌落地（脚尖稍向左转），并且用前脚掌内侧用力蹬地，屈膝时腰部随之左转，上体向左前倾，快速移动重心，左脚向左前方跨出，然后加速前进。向右变向时，动作则相反。

（4）侧身跑。侧身跑是上体侧向跑动方向，脚尖对着跑进方向的一种跑动方法。侧身跑是队员在向前跑动中为了观察球场上的情况，摆脱防守接侧向传来的球经常采用的一种跑动方法。动作方法：在向前快速跑动中，头和上体向球或目标侧转，两脚尖要朝着移动方向，既要保持奔跑速度，又要完成攻守的动作。比如，做传切动作时，面向球侧肩转体，用肩压住防守队员接球或护球，加速超越防守。动作要领：上体前倾自然侧转，脚尖朝前，身体重心内倾。

3. 跳

跳是在球场上争取高度及远度的一种动作方法。跳的方式一般有两种，分别是双脚起跳和单脚起跳。

（1）双脚起跳。动作方法：起跳时，两膝弯曲降低重心，上体前倾，然后两脚用力蹬地，伸膝、提腰，两臂迅速向前上方摆，使身体向上腾起。上体在空中要自然伸展，收腰，下肢放松。落地时，用前脚掌先着地，并屈膝缓冲身体下落的重力，保持身体平衡，以便衔接下一个动作。双脚起跳一般是在原地运用，也可以在上步、并步、跳步和助跑情况下运用。

（2）单脚起跳。起跳时，起跳腿微屈前送，脚跟先着地，并迅速屈膝过渡到前脚掌用力蹬地，同时提腰摆臂。另一腿快速屈膝上提，当身体达到最高点时，摆动腿自然伸直与起跳腿合并。落地时，双脚要稍分开，注意屈膝缓冲，以便衔接其他动作。单脚起跳一般运用在助跑时。

4. 急停

急停是队员在跑动中突然制动速度的一种动作方法，它也是各种脚步动作衔接和变化的过渡动作。急停的动作主要有两种，分别是跨步急停和跳步急停。

（1）跨步急停（两步急停）。在快速跑动中跨步急停时，跨出的第一步要稍大，用脚外侧着地，屈膝，同时上体稍后仰，重心后移。然后，再跨出第二步，脚着地时脚尖稍向内转，用前脚掌内侧蹬地，两膝弯曲，身体稍向侧转，微向前倾，重心移至两脚之间，两臂屈肘并自然张开，帮助控制身体平衡。

（2）跳步急停（一步急停）：队员在中慢跑时，用单脚或双脚起跳（一般离地面不高），上体稍微后倾，两脚同时落地，约与肩同宽，前脚掌用力抵地，屈膝降重心，重心落在两腿之间，两臂屈肘微张，以保持身体平衡。

5. 转身

转身是队员以一脚蹬地向前或向后跨步的同时，另一脚做中枢脚进行旋转而改变身体方向的一种动作方法。转身时，重心移向中枢脚，另一只脚的前脚掌蹬地，同时中枢脚以前脚掌为轴用力碾地，上体随着移动脚转动，以肩带腰向前或向后改变身体方向。转身后，重心要转移到两脚之间。转身可以分为前转身和后转身。前转身是移动脚蹬地在中枢脚前方（身前）进行弧形移动，后转身是移动脚蹬地在中枢脚后方（身后）进行弧形移动。

6. 滑步

滑步是防守队员移动的主要动作方法。它易于保持身体平衡，可向任何方向移动。滑步可向侧、向前和向后进行滑动和做后撤步来阻截对方的移动。滑步可分为侧滑步、前滑步和后滑步三种。

（1）侧滑步。从基本站立姿势开始，两脚平行站立，两膝较深弯曲，上体微向前倾，两臂侧伸，身体不要上下起伏，重心保持在两脚之间，眼要注视对手。向左滑步时，右脚前脚掌内侧蹬地的同时，左脚向左侧跨出，左脚落地后，右脚向左脚靠拢半步落地，腰胯用力，保持低重心的水平移动。向右滑步时，动作方法相同，移动方向相反。

（2）前滑步。两脚前后站立，后脚的前脚掌内侧蹬地，前脚向前跨出一小步的同时，后脚前脚掌内侧用力蹬地向前滑动，并保持身体前后开立姿势。前脚同侧臂向前上举，另一臂侧下张开。

（3）后滑步。后滑步的动作与前滑步相同，只是移动方向是相反的。

二、运球技术

运球技术是指持球运动员在原地或移动中，用手连续向地面推送球并引拉借助地面反弹起来的球的技术方法。在运球理论教学中，教师应以篮球运动的规律为依据，注意对学生篮球意识的培养，使其清楚地认识到在防守中运球的方法，要注意有机结合理论讲解与实践；在运球实践教学中，教师要培养学生在运球练习中，积极观察场上情况的良好习惯，并注意对学生弱侧手的训练进行重点指导。

（一）运球技术分析

持球队员在原地或移动中，用单手连续拍按借助地面反弹起来的球的技术叫运球。运球包括原地运球和移动中运球。运球不仅是进攻队员摆脱防守创造传球、突破、投篮得分机会的桥梁，也是进攻队员发动快攻、组织与调整战术、瓦解防守阵形的重要手段。熟练的运球技术是队员控制球、支配球能力的一种体现。篮球运动的不断发展，也促进了运动员运球技术的不断提高。由于攻击性防守的出现，运球队员为了更好地控制球、支配球，采用以肩为轴、上臂发力、前臂迎送球的动作幅度加大、手贴球时间延长的侧身运球来对付攻击性防守，更好地保护球，以便和其他技术动作有效衔接。

1.运球的基本动作

（1）运球手法。运球是篮球比赛中个人攻击和与同伴组成配合攻击的重要技能。运球是指用手指、手腕连续拍按，使球借助地面反弹起来的动作过程。运球时，非运球手臂屈肘平抬，用以保护球，运球手五指自然张开，朝向身体的侧前方，主动迎接地面反弹起来的球，并随球的力量向上缓冲，然后用力向下拍按球，如此反复进行。

（2）身体姿势。两膝保持相应弯曲，上体稍向前倾，抬头，注视场上的情况。

（3）上肢动作。以肩关节为轴，上臂发力，肘部自然放松，五指分开，扩大控制面，用手指和指根部位及手掌的外缘接触球，按拍球时手心应空出。按拍球的部位由运球的方向和速度来决定，按拍部位不同，球的落点不同，球的入射角与反射角也不同。按拍球的力量大小，决定球从地面反弹的高度和速度。按拍球时，应随球上下迎送，尽量延长吸附球的时间，这样有利于控制、支配和保护球，便于改变动作和观察场上情况。

（4）下肢配合。运球一般是在移动中进行的，既要使移动速度与球运行速度一致，又要保持合理的动作节奏，并注意对身体重心的控制。动作的协调一致，关键在于按拍球的部位、落点的选择和力量的大小。手臂动作的变化要与脚步动作、身体姿势改变同步进行，以使整个运球动作协调地完成。

（5）球的落点。运球的速度、方向和防守情况不同，球的落点也不同。在对方无人防守或消极防守情况下的直线高运球，球的落点在运球手的同侧和前外侧，速度越快，落点越靠前，离自身越远，反之越近；在对方积极防守情况下运球的落点应在体侧或后方，以便保护球；变向运球其落点基本位于异侧体侧或侧前方；胯下运球的落点位于胯下两脚之间的地面上。

2. 运球技术在比赛中的作用

运球技术是一项重要的进攻技术。运球技术是实现战术配合和战术目的的重要手段，是掌握和完成突破技术的基础和手段，是熟悉球性、提高控制球能力和支配球能力的最好方法。通过运球还可以提高队员的观察能力，开阔视野，提高脚步移动的灵活性和全身用力的协调性。在比赛中，由守转攻没有传球机会时，必须靠运球将球由后场推进到前场。在半场进攻中，当失去传球角度或传球距离过远时，必须靠运球调整传球角度并缩短传球距离。有时因防守人在中间断球路线上无法传球，必须靠运球接近防守队员，然后才能传球。

有时战术必须靠运球来实现，如果机会到来后离篮过远，这时就要运球到篮下才能投篮；快攻时传球不到位，也要靠运球到篮下才能投篮。运球技术好的队员，在比赛中防守队员不敢轻易地靠近，这为组织进攻和投篮带来了便利。熟练地运球可以减少失误，使对方不敢轻易地采用全场紧逼防守的战术。运球练习可以提高队员控制球、支配球的能力，提高队员对球的感应能力。特别是对于少年儿童来说，在初学打篮球时，由于身高还未达到一定的高度，力量也很差，有些篮球技术还不能掌握，因此，可以从练习运球开始。很多球星都是从学习运球开始步入篮球运动行列的，并从运球开始练就了很好的手、脚、眼、腰基本功。

（二）运球技术动作解析

1. 高运球

两腿微屈，上体稍向前倾斜，目视前方，将肘关节作为弯曲轴，自然伸屈前臂，用手腕与手指在球的后上方按拍，拍按时动作要柔和而有力。在运球手臂的同侧脚的外侧控制前方球的落点，这样，球的反弹就会高于胸腹位置。运球中注意手脚协调配合。

2. 低运球

伴随运球的开始，两腿应迅速弯曲，重心下降，上体前倾，球的落点在体侧，用上体和腿保护球，同时，用手腕和手指短促地按拍球的后上方，使球控制在膝关节的高度，目视前方。运球中注意保护球。

3. 胯下运球

胯下运球常用于防守队员迎面堵截的情况，目的是摆脱对手。以右手运球为例，变向时，左脚在前，右手拍按球的右侧上方，将球从两腿之间运至身体左侧，然后上右脚，换手运球，加速前进。运动员进行胯下运球时，应注意球的击地点和动作的连贯性、协调性。

4. 背后运球

背后运球多用于对手紧逼，无法用体前变向运球的情况。以右手运球和向左侧变向为例。变换方向时，将右脚置于前方，把球用右手拉到右侧的背后，将手置于球的右后方迅速转腕拍按，拍按的轨迹是从身后到身体的左侧前方，然后换左手运球，左脚向前，加速前进。运球过程中右手按拍提拉球，换手动作要协调，加快速度。

5. 变向运球

变向运球可分为以下两种。

（1）体前变向变速运球。以运球队员的突破方向是对手的右侧为例，要先将球运向对手的左侧，当对手迅速向左侧做出移动动作时，运球队员迅速将球运向右侧，将右手置于球的右侧上方按拍。与此同时，向左前方跨出右脚，用肩膀将对手挡住，然后迅速将左手置于球的后上方进行按拍，从对手的右侧运球超越防守。运球过程中，应将重心降低，转体探肩，蹬跨有力，换手变向后要加速。

（2）体前变向换手运球。先将球从右侧拨至体前中间位置，当对手向侧移动堵截时，迅速将球拨回右侧，左脚向右前方跨出，同时右手向前运球，加速前进。运动员在突破时注意保护球。

6.转身运球

当对手堵截右路时，迅速上左脚，微屈膝，重心移至左脚，并以左脚前脚掌为轴向后转身，右手将球拉至身体的后侧方，并按拍球落在身体的外侧方，然后换左手运球，加速超越防守。

7.运球急停急起

运球急停时，两步急停是很好的方法：降低身体重心，将手置于球的前上部按拍，使向前运行的球停止继续向前。运球急起时，用力后蹬两脚，快速向前倾斜上体，起动要快速，同时，在球的后上部按拍球，人与球一起迅速向前走。在运球急停急起时，运动员应降低重心，合理控制球，上体前倾。

（三）运球技术教学与练习建议

（1）运球的教学顺序：原地运球，行进间直线高、低运球，运球急停急起，体前变向运球，背后运球，转身运球。

（2）运球的关键是控制能力和手脚的协调配合能力。手上功夫要天天练，这样可以熟悉球性，提高控制球、支配球的能力。同时要提高脚步动作的速度、灵活性。

（3）训练中要注意加强对弱手的练习，使左右手运球的能力均衡发展。

（4）训练中应培养队员屈膝护球的能力，强调运球时抬头平视，注意养成观察场上情况的习惯。

（5）训练中要重视对战术意识的培养，要掌握好运球的时机，并及时变换和衔接下一个动作。

（6）若已掌握运球的正确动作，便可慢慢加大训练的难度，如进行看不到球的练习、攻守对抗（由消极到积极）练习、以少防多等练习。

（7）在教学训练中，对学生完成的技术动作应及时做出评定，肯定优点，指出错误，分析产生错误的原因，并及时采取纠正错误的训练手段，进行相关的辅助练习。

三、传、接球技术

传、接球技术是篮球比赛中运用最多的技术。它是队员之间相互联系、相互配合、组织进攻、实现战术的手段，也是培养队员团结协作的精神，充分发挥集体力量的重要环节。传球是一项细致而复杂的技术。随着篮球技术的发展，为了适应篮球比赛千变万化的需要，传球方式越来越多，有单手、双手、原地、跑动和跳起传球等。由于出球的部位和方向不同，又分头上、肩上、胸前、体侧、背后和勾手传球等。接好球才能顺利地进行传球、投篮和运球等动作，接不住球或接球不稳，都会失掉进攻或直接得分的良好机会。因此，对接球技术应给予充分的重视。

（一）传球技术

1. 传球技术分析

传球技术是由传球的动作方法、球的飞行路线和球传到的位置三者组成的。传球的动作方法决定了球的飞行路线、飞行速度和落点的准确性。传球动作方法由持球手法和传球动作组成。

（1）持球手法有双手持球和单手持球两种形式，每种形式又有高手持球和低手持球之分。

（2）传球动作。短距离传球主要靠手指、手腕和手臂用力将球传出，远距离传球时要借助下肢蹬地、跨步、腰腹综合用力及上、下肢协调配合而产生的合力，最后通过手臂、手腕和手指拨球的力量将球传出。

（3）球的飞行路线。由于传球时手指、手腕用力的大小、快慢以及作用于球的部位不同，所传出球的飞行路线有直线、弧线、折线。由于攻守队员站的位置、距离和移动的速度及意图等情况不同，选择的传球路线和飞行的速度也有所不同。总之，要随机应变，准确地掌握传球时机，正确合理地选择传球方法和球的飞行路线。使同伴顺利地接到球并进行攻击。

（4）球的落点。球的落点是指传出的球与接球同伴的相遇方位。传球时要根据接球队员的位置、移动速度和意图及防守队员的站位情况来控制传球力量的大小、距离的远近、速度的快慢、弧线的大小，准确地控制好球的方向和落点。传出的球要使防守队员触及不到，同时又有利于同伴接球，以便同伴接球后能顺利地衔接下一个动作。

2. 传球技术的运用

传球是篮球比赛中进攻队员之间有目的地转移球的方法，是进攻队员在场上相互联系和组织的纽带，是战术配合的具体手段。传球技术的好坏将直接影响战术质量和比赛的胜负。准确巧妙地传球，能打乱对方的防御部署，创造更多、更好的投篮机会。传球的技术动作是多种多样的，既有双手的，又有单手的。双手传球能控制动作的准确性，单手传球则具有飞行速度快、动作简捷灵活、隐蔽多变的特点。

篮球比赛中，传球经常是在严密防守的情况下进行的。要想取得进攻的主动权，必须把握好传球的时机，善于运用合理的传、接球技术，及时将球传给同伴，共同完成进攻任务。运用传球技术时要做到以下几点：

（1）传球要有信心。传好球的自信心，是建立在对传球技术的认识和理解、对心理状态的调整与控制的基础上的。运用传球技术时，必须认识到传球的重要性，要善于调整心理状态，建立自信心，相信自己能够为同伴传好球。同伴之间要相互信任、相互鼓励，默契配合，传出好球。

（2）掌握全面的传球技术，正确合理地运用传球技术。全面熟练地掌握各种传球技术，是完成传球技术动作的保证。传球技术动作掌握得好，就能在激烈的比赛中灵活、机动地运用，提高传球的有效性和攻击性。

（3）扩大传球视野，隐蔽传球意图。传球时，要善于观察和判断场上各种情况，扩大传球视野；要用余光观察场上情况，发现机会时及时传球。

（4）善于运用假动作迷惑对手，做到真假结合。传球队员要善于运用假动作迷惑对手，捕捉防守人的弱点和防守习惯，在控制身体平衡的前提下，将传球和投篮、突破等技术结合运用，做到真假结合、虚实结合。

（5）传球要有目的，针对性要强，要发挥传球的桥梁和纽带作用，减少传球的盲目性。传球要及时、准确、隐蔽、到位。当错过传球时机时，应重新寻找有利于攻击的传球机会。

（6）传出的球要便于同伴接球，同时利于和其他技术动作相结合，以构成能投、能突、能传的"三威胁"进攻姿势。

3. 传球技术的动作方法

（1）双手胸前传球。十指自然分开，拇指相对呈八字形，用指根以上部位持球的侧后方，手心空出，两肘自然弯曲于体侧，将球置于胸前部位，身体保持基本站立姿势，眼睛注视传球目标。传球时，后脚蹬地，身体重心前移，同时前臂短促地前伸，手腕急促向上翻转，用手腕抖动和拇指、食指、中指向传球方向用力弹拨将球传出。

（2）双手头上传球。这种传球方法出球点高，多用于中、近距离的传球。如抢篮板球后快攻第一传的传球和外围队员向内线队员的传球。持球手法与双手胸前传球相同。两臂稍弯曲举球于头上。传球时，前臂前摆，手腕前扣并外翻，同时拇指、食指、中指用力将球传出。传球距离较远时，可以发挥腰腹和腿部力量。

（3）双手低手传球。这是一种近距离的递交传球，多用于内线队员进行策应或外围队员交叉跑动时。

（4）双手反弹传球。双手持球于胸前，两脚开立，传球时，眼睛注视着传球目标，前臂迅速向传球方向伸直，手腕翻转，拇指用力向下压，食指、中指用力拨球并将球传出，双手向前下方伸出，使球通过击地反弹到同伴的手中。

（5）单手肩上传球。单手肩上传球是单手传球中的一种最基本的方法。这种传球方式力量大，球飞行的速度快，常用于中、远距离的传球。如快攻中的远距离传球和阵地进攻区域联防时的中、远距离对角传球，经常用单手肩上传球。以右手传球为例，按基本站立姿势站好，双手持球于胸前，两脚平行开立。传球时，左脚向传球方向迈出半步，同时将球引到右肩上，右上臂与地面近似平行，前臂与地面近似垂直，手腕后屈，右手托球的后下方。左肩对着传球方向，身体重心落在右脚上。传球时，右脚蹬地、转腰、转肩带动右臂，使肘领先，前臂迅速前甩，手腕迅速前扣，最后通过食指、中指、无名指用力将球传出。球出手后，随着身体重心的前移，右脚向前迈出半步，保持基本站立姿势。

（6）单手胸前传球。多用于近距离传球。这种传球方法出球灵活，特别是在行进间向侧面传球时很方便。以右手传球为例，持球方法与双手胸前传球相同。传球时，上体稍左转，左手离开球，右手持球的侧后下方，手腕后屈，同时前臂外展并向前侧甩，手腕迅速前压内翻，最后通过手指拨动将球传出。

（7）单手低手传球。这是一种多用于近距离的传球方法。这种传球具有出球点低、动作幅度小、球速快的特点，常用来应对高大的防守队员，或在隐藏传球时使用。以右手传球为例，持球手法与双手胸前传球相同。传球时，双手持球稍向后摆，左手指向下，右手掌对着传球方向，左脚向前跨出半步的同时，左手离球，右手托球，前臂迅速向传球方向挥动，用手腕、手指急促前拨的力量将球传出。

（8）单手背后传球。单手背后传球是一种隐蔽传球的方法。多用于快攻中以多打少时分球和阵地进攻中的突破分球。传球时按基本姿势站好，双手持球于胸前。如果用右手传球，传球时左脚向前方迈出一步，同时，双手持球后摆。当球摆至身体右侧，左手离开球，右手引球继续绕髋关节向后摆，当前臂摆到臀部的一刹那，向传球方向急促扣腕，拇指、食指、中指用力将球传出。在跑动中和运球中运用背后传球时，手法与原地相同，但移动中传球必须与脚步动作协调配合。如右脚上步接球（拿球）、左脚上步出球。因此，传球一定要抓住时机，切勿贻误同伴接球进攻的良机。要避免盲目做多余动作后再传球，以免浪费时间，贻误战机。

（二）接球技术

接球是获得球的重要技术。比赛中获得球主要有三种途径：一是接同伴传来的球；二是抢篮板球；三是抢、断对方的球。这三种途径都要依靠接球技术。因此，牢稳地接住球，对于减少传接球失误、弥补传球的不足以及截获对方的球都是非常重要的。接球有双手和单手接球两种，不论是哪一种，接球时眼睛都要注视球（对来球的方向、球的高度、球的旋转角度、球的速度和力量、球与自己的距离等都要做出准确地判断），肩部要放松，手臂要迎球伸出，手指自然分开。在手指触球的同时屈肘，臂后引，缓冲来球的力量后，两手握球，保持身体平衡，以便做下一个动作。

1.接球技术分析

（1）接球手法。接球是终止球在空中运行的方法。不论是双手还是单手接球，都必须沿着球飞行的相反方向对球施加相应的阻力，以使来球的速度减弱，直至为零。球作用在手上的力与手的缓冲距离有一定的关系，接球时要想减小这个力就要增大对这个力的作用距离。伸臂屈肘迎球和顺势向后引球以及进一步屈肘缓冲，正是使来球力量减弱、直至为零的过程。如果来球力量较大，速度较快，则要加大迎球幅度，以便有更长距离来缓冲。接球是篮球运动中的主要技术之一，是获得球的动作，是抢篮板球和断球的基础。接球手法有双手接球手法和单手接球手法两种。

（2）比赛中的接球。在当前的比赛中，很多情况下接球已不再是传统定义上的接球，而是"抢球"。由于对手的积极防守，积极争夺球、干扰接球，接球队员不去抢球就接不到球。因此，要想接到球，接球队员便必须做到摆脱防守，上步卡位，伸手迎球。

2. 接球技术的运用

（1）接球时要观察、了解场上情况，不要在原地站着等球，要积极移动迎前接球。

（2）移动接球，既要符合战术要求，又要掌握好传、接球的时机。

（3）摆脱接球时，要利用身体、上肢和脚步移动抢占空间位置，挡住对手可能断球的路线以保证接球的安全。

（4）要为下一个动作做好准备，和下一个进攻动作衔接好。

（5）接球后要及时、快速地转入投篮、突破和传球等下一个动作，以便在人和球的移动中创造更多的进攻机会。

3. 接球技术的动作方法

（1）双手接胸前高度的球。接球时，两眼注视来球，用脚步调整接球位置，并向来球的方向迎上去，两臂向来球方向伸出，五指自然分开，两拇指成八字构成一个半球形。当手指刚接触到球时，握球于胸前，两臂随球后引，保持基本站立姿势，缓冲来球的力量，两臂顺势回收。

（2）双手接头部高度的球。动作方法和双手与接胸前高度的球相同，只是迎球时两臂向前上方伸出。

（3）双手接低于腰部的球。接球时两腿微屈，一条腿向来球方向迈出一步，上体前倾，眼睛注视来球，双手向前下方伸出迎球，五指自然分开，两小指呈八字形，手心向着来球方向。当手指触球后，两臂随球的方向后引，两手握球于胸腹之间，保持身体站立姿势，以便转换或衔接其他进攻动作。

（4）双手接反弹球。接球时，迎球跨步，上体前倾，眼睛注视来球，双手向前下方伸出迎球，五指自然分开。当手指触球后，两手握球顺势将球移至胸腹间，保持身体站立姿势，以便转换或衔接其他进攻动作。

（5）双手接地滚球。一般向来球方向迎出一步，身体下蹲，眼睛注视来球，两手向来球方向伸出，手心向前，手指朝下，触球后顺势将球握住，随即保持身体站立姿势，以便衔接其他进攻动作。

（6）单手接球。单手接球范围大，能接不同部位和方向的来球，有利于队员接球后的快速行动。接高部位、中部位、低部位球的动作方法基本相同，只是在接高部位的球时掌心向上。原地单手接球时，接球手向来球方向伸出，五指自然分开，掌心正对来球，手腕、手指放松。当手指触球时，顺球的来势迅速收臂，置球于身体前方或体侧，另一手迅速扶球，保持身体平衡，做好下一个进攻动作的准备姿势。在移动中接球时，要判断来球的时间和落点，及时向来球方向跨步移动，接球后要迅速降低重心，以便衔接下一个进攻动作。

四、持球突破技术

持球突破是持球队员运用脚步动作和运球技术快速超越对手的一项攻击性很强的技术。良好的突破技术能打乱对方的防守部署，创造更多的攻击机会，若能将其巧妙地与投篮、传球假动作有机地结合起来，就能使进攻战术更加灵活、机动。因此，在持球突破技术的教学和训练过程中，教师不仅要教给学生规范的技术动作，而且要重视培养学生的突破意识和临场观察判断能力。

（一）持球突破技术分析

持球突破技术动作主要由蹬跨、侧身探肩、推放球和加速等几个环节组成。

1. 持球突破姿势

（1）准备姿势。突破的准备姿势同基本站立姿势，但膝关节处的弯曲角度应在 $102° \sim 122°$。突破技术的关键在超越防守，为了更快地超越防守，就要快速移动重心。快速移动重心的力量主要来自腿部，并能通过脚的蹬地完成。因此，为了获得更大的蹬力和尽量推动身体重心向前移动，就要求中枢脚的脚跟提起。这样迫使小腿向前伸，使小腿尽量与地面平行（由于踝关节的解剖特点，在脚跟提起、前脚掌作轴的情况下，小腿是不可能与地面平行的，只能尽量或减小小腿与地面的夹角）。小腿角度一般在 $60° \sim 70°$，这样可以预先适度地拉长小腿的肌肉，便于突破时的发力。上体略前倾，重心前移，双手持球于胸腹之间。这种准备姿势，便于做任何一种突破。

（2）持球姿势。十指分开，分握球两侧，手掌心突出，双肘微外展，双臂向球两侧用力挤压，将球持于上体胸腹与下肢形成的空间里。两眼平视前方。根据防守人位置和行动的不同，可以采用不同的持球和保护球的方法。

2. 蹬跨

突破前，两脚左右开立稍宽于肩，屈膝降低身体重心，重心在两脚之间，双手持球于胸前。突破时，移动脚前脚掌内侧蹬地。同时中枢脚用力碾地，上体前倾，重心前移，移动脚迅速向突破方向跨出的第一步要稍大，争取第一步就接近甚至超越对手，取得突破过程中的有利位置，以便第二步的蹬地能够加速。

3. 侧身探肩

上体前移与侧身探肩同时进行，重心向里靠，内侧手臂前摆，迅速占据空间有利位置，便于突破对手和保护球。

4. 推放球

突破前，双手持球于腰胯部位。在侧身探肩的同时将球稍向侧前移，同侧手扶球的后上部位，另侧手托球的下部。突破时立即向前下方推放球，要做到球领人，以利于衔接下个动作和发挥速度优势。

5. 加速

在完成上述动作之后，中枢脚迅速蹬地，加速前进。蹬跨、侧身探肩、推放球和中枢脚蹬地等环节之间互相衔接、互相促进，快速连贯地完成突破。加速是前四个环节的继续，只有熟练地掌握这几个环节，才能较好地掌握持球突破技术动作。

（二）持球突破技术的运用

在运用突破技术时，要掌握和分析自己所处的位置与防守队员之间的距离以及对手的特点。动作要逼真，突破路线的选择要正确，突破方法的运用要合理，突破要与传球和投篮技术相结合。在攻守对抗中，突破队员既要加快突破速度，又要善于合理用力，尽量避免犯规。

1. 比赛中持球突破的运用时机

（1）当防守队员失去身体重心和有利的防守位置时，或在防守队员移动能力较差的情况下，应果断地突破。

（2）当对方扩大防守时，可有目的地利用突破技术压缩对方的防区，为本队创造良好的进攻机会。

（3）利用突破吸引对方防守，为同伴创造进攻机会。

（4）当对方队员犯规较多时，进攻队可用突破技术进攻，以达到造成对方犯规，获得更多罚球机会的目的。

2. 运用突破技术时应与其他技术组合起来使用

（1）突破前应与传球、投篮或其他假动作组合起来使用。篮球比赛中所有技术的运用都是以组合的形式出现的，突破技术也不例外，应注意突破技术和其他技术的组合。同时在与其他技术的组合运用过程中，创造更好的投篮机会。如运用传球假动作，获得突破机会；运用投篮假动作，获得突破机会；运用突破假动作，以右脚为轴，左脚向左跨出，欲做同侧步突破，当防守队员卡堵左侧时，立即变为向右侧的交叉步突破。

运用突破假动作突破的另一种方法是：以左脚为轴，右脚向右侧前方跨出一步，引诱防守队员向右侧撤步堵防，这时突破者将右脚收回，收的速度稍慢，使防守者以为突破者不打算突破，而将右侧撤步的脚也做上步收回原位，这时突破者将收回到一半的脚迅速跨出，运用同侧步突破对方。还可以运用前转身、后转身等其他假动作，创造突破机会。

（2）突破后应与上篮、急停跳投、跨步、传球等技术组合运用。突破后最好是直接上篮。但有时对方为了干扰上篮，后撤步和滑步很快，这时突破者应快速急停跳投，将突破与急停和跳投的起跳技术很好地组合起来。有时突破时第一步没有完全摆脱防守或没有超越防守，这时可用起跳脚向侧做跨步，摆脱防守获得投篮机会。

有些队员应变能力很强，突破后自己没有投篮机会时，能很好地运用传球技术，为同伴创造投篮机会。有的队员很有经验，可在突破前就预先观察好同伴的位置和同伴防守队员的位置，并与同伴有很好的默契，突破前便可为自己突破后的分球打好基础。

（三）持球突破技术动作方法

1. 交叉步持球突破

交叉步持球突破是在离防守队员较近时采用的方法，因为交叉步持球突破更容易护球，也可减少走步违例，所以被较多初学者运用。以左脚为中枢脚为例，两脚左右开立与肩同宽，两膝微屈，重心控制在两腿之间，持球于胸腹之间。突破时，右脚前脚掌内侧迅速蹬地，将重心移至左脚，同时向左前方跨步，上体左转探肩，将球引于左侧，在左脚离地前，用左手推球于防守者的右侧，同时左脚全力蹬地，加速超越防守队员。若在突破中能有机地结合投篮、虚晃、传球等假动作，成功率更高。

2.同侧步持球突破

同侧步持球突破，一般在离防守人较近，在防守队员失去身体重心，尤其是向一侧失去重心过多时运用。以左脚为中枢脚为例，突破前，两脚左右开立稍大于肩，两膝微屈，重心控制在两腿之间，持球于胸腹前。突破时，左脚掌内侧蹬地，右脚迅速向防守人左侧方迈出，脚尖向前，上体稍右转，同时探肩，重心前移，在左脚离地前，用右手推拍球于迈出脚的侧前方，左脚迅速蹬地并向右前方跨出，加速运球超越对手。

（四）持球突破技术教学建议

在持球突破技术教学中，应先教交叉步持球突破，再教同侧步持球突破，避免两种突破方法混淆。在具体教学中，教师应首先通过形象的讲解、正确的示范，使学生建立正确的动作概念；不要在细节上花费过多精力，应强调掌握动作的主要环节，以获得重点突破的效果。同时，教学步骤和方法应遵循由易到难、由简到繁的原则。先学单个技术动作，再学组合技术动作，最后在消极防守和积极防守中学会灵活运用。在练习中还应学会两脚都能做中枢脚，同时防止出现带球走违例。

五、投篮技术

投篮是在篮球比赛中，持球队员将球从篮圈上面投进球篮所采用的专业技术动作方法的总称。篮球比赛的胜负是由得分多少决定的。投篮是得分的唯一手段。比赛中，进攻一方运用一切技、战术的目的，都是为了创造更好的投篮机会，力争投篮得分。防守技、战术的动作与发展，则是为了阻挠对方投篮得分。所以，在对抗激烈的篮球比赛中，投篮技术是篮球运动不断发展的核心内容。只有全面熟练地掌握投篮技术，不断提高投篮命中率，才能夺取比赛的胜利。随着现代篮球运动的发展，投篮技术呈现出新的发展趋势和特点，如投篮难度增加，投篮技术复杂多变，远距离投篮的准确性提高。

投篮技术是篮球教学中的重点内容。教学中要遵循由简到繁、循序渐进的原则，教师应运用正确的教学方法使学生掌握投篮技术动作的概念，了解投篮技术的一般规律。教学中应重点使学生科学把握各个投篮技术动作的内在联系，并能在实战中灵活运用。

（一）投篮技术分析

1. 持球方法

正确的持球方法是掌握和合理运用投篮技术的前提和重要条件。合理的持球手法应符合下列要求：使球尽可能地在手中保持稳定，便于与其他进攻技术相结合，有利于球出手时合理、准确地用力。

2. 投篮手法

投篮是所有技、战术运用的最终目的，一切进攻行为都是为了把球投入球篮，它是篮球比赛中最为重要的技能。因此，投篮的手法在篮球技术中占有重要的地位。

3. 瞄篮点

瞄篮点是指投篮时眼睛注视篮圈或篮板的某一点。瞄篮点是为了精确地目测投篮的方向和距离，从而决定投篮出手的角度、速度、用力的大小及球飞行弧度的高低，它是提高投篮命中率的重要环节。

4. 投篮用力动作

投篮是从准备姿势开始，由下肢蹬地发力，腰腹用力向上伸展，手臂向前上方伸直，手腕前翻抖动，手指拨球，利用全身综合协调力量将球投出。其中上下肢的连贯配合是全身综合用力的保障，而手腕前翻和手指拨球动作的突然性、连贯性和柔和性，对取得合理的出手速度起着关键作用。

5. 球的旋转

球的旋转是决定投篮准确性的因素之一。球在飞行中正常的旋转能排除空气阻力的干扰，使球稳定地沿着正确的轨道运行。投篮时，球的旋转是由伸臂举球、手腕前屈和手指拨球动作所产生的合力作用于球体，使球产生的一种有规律的旋转。投篮的动作方法与用力的方向不同，球的旋转也就不同。一般中、远距离投篮时，大都是使球围绕横轴向后旋转，这样有利于提高投篮命中率。而篮下低手投篮时，球围绕横轴向前旋转。

6.抛物线

抛物线是指球出手后在空中飞行的路线，俗称投篮弧线。投篮抛物线是否适当，直接影响着投篮命中率的高低。投篮抛物线的高低取决于投篮出手的角度和出手力量。一般可根据不同的投篮距离选用高、中、低不同的投篮抛物线。

（二）投篮技术在比赛中的运用

1.心理因素对投篮技术的影响

心理因素是指队员在比赛时的精神活动，它包括队员的意志品质、注意力集中的程度以及心理状态的紧张程度、思维等。这些因素在比赛中对队员投篮的准确性有很大的影响。

在比赛中如果队员出现了明显的非正常状态，突出的表现是动作紊乱，技术发挥失常，投篮命中率下降，同时若表现出注意力分散、反应迟钝、判断错误、心绪急躁、心烦意乱，也会使投篮命中率下降。有时心理因素没有上述反应那么明显和强烈，但有些队员往往会因一些小问题，发生心理变化，影响投篮命中率。如衣服的颜色不对，场地不熟悉，等等。要重视对队员的心理训练，特别是要抓好投篮时的心理训练，提高队员抗干扰的能力，以保证比赛中投篮水平的正常发挥。

2.摆脱防守，创造投篮机会

当代防守，无论是防有球队员还是防无球队员都很积极，不给进攻者接球机会，尤其对重点攻击区和投篮准的队员，防守要更加严密。进攻队员要想获得投篮机会就要摆脱对手的防守。摆脱方法有两种，一种是个人摆脱，一种是利用配合摆脱。

3.抓住投篮机会，及时投篮

摆脱防守实际上是创造投篮机会。个人摆脱也好，利用配合或全队战术摆脱也好，都是为了创造投篮机会。但机会出现后，能不能及时抓住，立即投篮，这是篮球队员篮球意识好坏的集中体现。

在比赛中，如何抓住机会，及时投篮呢？这就要求运动员要有清醒的头脑、广阔的视野、快速的反应能力和丰富的比赛经验。头脑清醒者，当同伴摆脱防守时，能及时地将球传到同伴手中；当自己摆脱防守接到球时能及时投篮。当自己可以投篮而同伴也有投篮机会时，能根据当时场上的情况，决定是自己投篮还是传球给同伴投篮。一个头脑清醒的队员，在防守自己的队员失去防守位置或失去防守重心或处于不利的防守情况下，能立即抓住机会攻击。

广阔的视野是指场上的情况要尽收眼底，了解场上其他人在干什么。多打比赛，多打高水平的比赛，并在比赛后不断地总结，才能获得丰富的比赛经验，才能更好地发现投篮机会，创造更多的投篮机会，及时抓住机会进行投篮。

一般在下列情况下，可及时投篮：自己突破防守队员后；在自己投篮有把握的位置上接球后；战术中出现了预期的投篮机会时；同伴处于有利的抢篮板球位置或有抢篮板球的准备时；防守队员距离自己比较远或注意力分散时；实战中需要强行投篮时。

（三）投篮动作方法

1.原地投篮

（1）原地单手投篮。以右手投篮为例，双脚开立，运用两脚中间的力量承担身体重心，肘弯曲，向后仰手腕，掌心向上，五指张开，持球于右眼前上方，左手扶球侧，微屈两膝，放松上体并稍微向后倾斜，双眼与篮点对视。投篮时，蹬伸下肢，同时顺势伸展腰腹部，肘部上抬将前臂伸直，前屈手腕，手指在手腕的带动下将球弹拨出去，最后运用食指与中指将球用力投出。球与手相离后，右臂要自然跟进投篮动作。投篮过程中，手腕要用力，投出的球的飞行轨迹要有弧度。

（2）原地双手胸前投篮。双手持球，两脚左右或前后站立，两腿微屈，前脚掌着地，上体稍向前倾，目视瞄准点，十指自然张开，捏球两侧稍后部位，两拇指相对呈八字形，用手指和手掌接触球，手心空出，持球于胸前，屈肘靠近身体。投篮时，准确判断好对手的站位后，两脚蹬地使身体伸展，同时两臂向前上方伸出，两拇指向前上方用力推送，手腕稍有外翻，把握好弧度，使球从拇指、食指、中指的指尖投出，向后旋转飞行进入篮筐。

2.行进间投篮

行进间投篮的主要特点是运动员移动速度快，投篮在瞬间完成，投篮前无停顿。投篮队员弹跳时要充分伸展身体，敢于挤靠，在空中能够形成很好的停滞能力，对各种出手方式进行合理采用，巧妙摆脱对手的干扰，在空隙位置上和空间高度上争取有利时机，身体相对保持平衡，快速或换手投篮，投篮时对腕、指控制、支配的技巧要进行合理运用。行进间投篮技术在中、近距离或突破至篮下时都可采用。

（1）行进间单手肩上高手投篮。在篮球比赛中，行进间单手肩上高手投篮是运动员切入到篮下时常用的一种投篮方法。以右手投篮为例，大步跨出右脚，跨出方向为投篮方向或来球方向，右脚跨出的同时做接球动作，向前小步跨出左脚，脚跟先着地，上体稍向后仰，迅速蹬地起跳，右腿膝盖弯曲，左脚蹬地与地面分离。双手同时向前上方举球，身体腾空后，向前上方伸展右臂，腕、指动作同原地单手投篮。投篮出手后，两脚同时落地，两腿弯曲，以缓冲落地的力量。行进间单手肩上高手投篮过程中，应力求节奏清楚，起跳充分，举球、伸臂、屈腕、拨球动作连贯，用力适度。

（2）行进间单脚起跳单手低手投篮。行进间单脚起跳单手低手投篮经常在快速移动中超越对手并接近篮下时运用。以右手投篮为例，准备投篮时，右脚跨出一大步，同时双手接球，接着左脚迈出一小步制动，同时用力起跳，随之充分伸展身体，右臂伸直向篮圈方向举球（手心向上），当举球手接近篮圈时，向上挑腕，以中间三指为主，通过指端将球拨出投向篮筐。投篮过程中注意保护好球。

（3）行进间勾手投篮。行进间勾手投篮技术是运动员持球突破至篮下或空切至近篮区背向或侧向篮圈接球后常采用的一种篮下投篮方法。以右手投篮为例，行进间勾手投篮具体动作结构如下：首先，接球或停止运球后，左脚向便于投篮的方位跨出一步并起跳，用左肩靠近防守队员，右腿顺势自然上提，注视篮圈，左手离球，右手持球向右肩侧上方伸出。其次，当举球至头的侧上方时挥前臂，以屈腕、压指动作通过食指、中指拨球将球投出。如在篮侧投碰板球，则要利用手指不同的拨球动作，使球向相应方向旋转碰板入篮。整个技术动作过程中，学生应注意跨步蹬地、起跳要与举球的动作协调一致，并合理控制腕、指动作和球的旋转方向、弧线及球的落点。

3.跳起投篮

跳起投篮又称"跳投"，可以在不同距离和各种角度的情况下运用。跳起单手投篮是跳起投篮的主要形式。跳起单手投篮的出手动作与原地单手投篮的出手动作基本相同，不同的是，跳起单手投篮的动作中有起跳动作，要在空中完成投篮动作。以右手投篮为例，跳起投篮动作分析如下：首先，双手在胸腹之间持球，两脚前后或左右分开站立，微屈两膝，两脚之间承担身体重心，放松上体，眼睛向篮圈方向注视。起跳时，适当弯曲两膝，然后用脚掌蹬地发力，腹部提起，腰部伸展，迅速向上摆臂举球，同时做起跳动作。其次，起跳后，在头上或肩上用双手举球，在球的左侧用左手扶球。当身体升至最高点或接近最高点时，左手离球，向前上方伸直右臂，同时屈腕、压指，用突发性力量将篮球通过指端投出。最后，投篮后，身体自然落地，屈膝缓冲起跳力量，做好冲抢篮板球或回防的准备动作。在跳起投篮过程中，运动员应注意要保持身体的稳定性，球出手时腕、指要柔和而准确地用力拨。

4.扣篮

扣篮是直接将球由上向下灌入篮内的一种投篮技术方法。扣篮要求运动员必须具备良好的身体素质，特别是弹跳力和控制球的能力。扣篮主要有以下几种方法。

（1）原地双脚起跳双手扣篮。扣篮前，双手持球，双脚用力蹬地向上跳起，同时将球上举，充分伸展身体；扣篮时，将球举过头顶至最高点并与篮圈构成最佳入射角时，双臂用力前屈，用突发性屈腕、压指的动作，将球扣入篮圈内。扣篮后，注意控制身体平衡和落地屈膝缓冲。

（2）行进间单脚起跳双手扣篮。扣篮前，一脚跨出一大步同时接球，接着另一脚向篮圈方向跨出一小步蹬地尽力跳高，随之在空中充分伸展上体；扣篮时，双手举球至最高点，当球举过篮圈高度时，立即用突发性动作挥动双手前臂接着屈腕、压指，将球自上而下扣入篮圈；扣篮后，注意控制好身体平衡和进行落地屈膝缓冲。

（四）投篮技术的教学与练习建议

（1）首先要使学生了解正确的投篮技术方法要点，形成正确的动力定型。在初学阶段，重点掌握正确的投篮方法和全身协调用力的方法。及时发现并纠正错误，使学生形成正确规范的投篮动作。

（2）突出重点，带动一般，合理安排，互相促进。教学中，应以原地单手肩上投篮和行进间单手投篮、跳起单手肩上投篮为基础，利用技能转移规律，带动其他投篮技术的学习。

（3）根据各种投篮技术动作的内在联系，按照循序渐进的原则进行教学。投篮教学的一般顺序是：先学原地单手肩上投篮，行进间单手肩上低、高手投篮，再学原地跳起单手肩上投篮和接球急停及运球急停跳投。

（4）投篮技术的教学与训练应与脚步动作、传球、运球等其他技术结合练习，以提高学生的运用能力和应变能力。

（5）在教学与训练中，要合理安排练习的密度和强度，加强对学生的心理训练，不断提高投篮命中率。

（6）根据现代篮球运动的"对抗"特点，在学生掌握正确的投篮技术的同时，还要安排对抗条件下的投篮练习，提高学生在有防守情况下运用技术的能力。还要进行配合投篮、投抢练习，培养学生的配合意识，对配合技术要提出明确的要求。

第三节　篮球个人防守技术教学

个人防守技术是防守队员为阻挠和破坏对手的进攻，合理运用脚步移动和手臂动作，积极抢占有利位置，以达到控制球权的目的所采用的各种专门动作方法的总称。现代篮球比赛中特别强调攻守平衡，对于高水平的篮球队来说，谁具备攻守平衡能力谁就能取得胜利。防守队员要积极地抢占合理的位置，干扰、破坏对手的进攻行为，争夺控制球权，同时，还要想方设法破坏对方的配合战术和限制对方的进攻速度。防守对手是个人防守技术，也是集体防守战术配合的基础。因此，必须高度重视个人防守技术的教学训练，促进防守和进攻技、战术的全面提高。

一、防守技术分析

防守技术是由脚步动作、手臂动作和对手与球、篮的位置、距离等因素构成。脚步动作是防守者在防守时采用的移动步法，是个人防守技术的基础。防守者运用脚步动作抢占有利的位置，与手臂动作配合干扰对方传、接球，封盖投篮和抢、打、断球，最大限度地破坏对方进攻，以达到控制球权的目的。防守对手有两种：防守无球队员和防守持球队员。

（一）防守技术在比赛中的作用

防守技术是指防守队员及时合理地运用脚步移动和手臂动作，抢占有利位置，干扰对方传、接球，阻挠和破坏对手的进攻意图和行动，并以夺取球为目的的方法。在比赛中，防守技术和进攻技术具有同等重要的作用，不能忽视任何一方。

篮球运动发展到今天已有100多年的历史了。从历史发展来看，我们可以看到防守技术对进攻技术的促进作用。任何进攻技术的出现和在比赛中的运用，都是为了制约防守技术。当防守队员扬起手封盖投篮使投篮不便出手时，可以使用跳投技术。因为跳投技术出球点高且投篮速度快，对方不易封盖。如防守队员采用贴近的平步紧逼防守，使运球队员不便做体前变向换手运球时，就出现了后转身运球、背后变向运球和胯下变向运球……这就是防守技术对进攻技术发展的促进作用。

同样，为了在比赛中制约进攻技术，就出现了一些防守技术。如为了防止对方突破出现了平步防守，为了制约对方投篮采用贴近的防守技术，为了防止对方接球和运球，各种防守步法和防守方法出现了。从这里可以看出防守的重要性以及进攻对防守技术发展的促进作用。

篮球比赛是以得分多少决定胜负的。在比赛中靠本队的积极防守，使对方不得分或少得分，同时又靠全队的积极防守和高超的防守技术，从对方手中夺得球权，为本方得分，这就是防守的目的和任务。

（二）防守的基本动作

1. 基本姿势

两脚左右分开，一脚稍前，双膝微屈，收腹含胸，重心在两脚之间。一脚稍前比两脚平行站立更稳定，在突然的撤或向前时易于发力而不需要调整。

2. 脚步移动

（1）滑步。个人防守技术的基本功在于脚步移动，脚步移动的基础是滑步，所以滑步在防守技术中具有重要意义。滑步时，先向移动方向蹬跨，跨步脚紧贴地面，蹬地脚紧贴地面并步。

（2）后撤步。前滑步时需要突然后撤调整方向时用后撤步。后撤步时，前腿后撤要快，带动身体转动，紧接滑步动作。

（3）交叉步。交叉步是后撤步接追踪步的第一步（交叉）再接滑步的组合。

二、防守有球队员

防守有球队员的主要任务是尽力干扰和破坏其投篮，堵截其运球突破，封锁其助攻传球，并积极地运用抢、打、断球的技术，达到控制球权的目的。

防守有球队员的基本方法有以下几种。

（1）防守的位置与距离。防守有球队员时，防守人应站在对手与球篮之间，使对方、自己和球篮保持在一条直线上。一般来讲离篮远则远，离篮近则近[①]。同时还应根据对手的进攻技术特点以及防守战术的需要调整防守距离。

（2）防守动作。由于场上的情况是千变万化的，防守时持球队员的进攻特点、意图及球篮距离不同，防守有球队员的技术动作也会有所不同。从脚步动作来讲，通常防守有球队员有以下两种防守方法：

第一，平步防守，两脚平行站立，两手臂侧伸不停挥摆。这种站位防守面积大，攻击性强，便于向左右移动，适合贴身防守运球突破。在对手运球停止时，封堵传球以及进行夹击防守配合时均可运用平步站位防守。

第二，斜步防守，两脚斜前站立，前脚的同侧手臂上伸，另一臂侧伸，两膝弯曲，降低重心。这种方法便于前后移动，对防投篮比较有利。不论采用什么防守方法，都要积极移动，当对方持球或运球突破时，应迅速后撤堵截其突破路线，迫使对手处于被动状态。当对手做各种假动作时，要能判断真假，不要被其迷惑而失去合理的防守位置。当对手投篮时，要准确地判断其起跳时间，及时起跳进行封盖。

三、防守无球队员

在篮球比赛中，防守队员绝大部分时间是在防守无球队员。防守无球队员的主要任务是，不让对手在有效攻击区内顺利接球，随时准备抢断传向自己对手或穿越自己防区的球，并快速地进行反击。[②]

防守无球队员的基本方法有以下几种。

---

① 中国篮球协会.篮球3人裁判法（3裁判的方法和执裁技巧）[M].北京：光明日报出版社，2001.

② 黄春桥，谭宪望.中国篮球市场的经济学研究[J].解放军体育学院学报，2003（1）：26-27，55.

（一）防守位置

正确占据有利的防守位置，是防守成功的重要条件。选择防守位置要遵循"球、人、区"兼顾原则。也就是说防守队员要根据对手、球篮和球的位置与距离，以及对手的身高、速度、进攻特点、战术需要和自身防守能力来选择防守的位置和距离，多选择对手与球篮之间偏向有球一侧的位置。

（二）防守姿势

正确的防守姿势能保证扩大控制面积和及时向不同方向移动。选择的防守姿势与对手和球的距离远近有关。

1. 强侧防守姿势

防守距离球较近的对手时，经常采用面向对手、侧向球的斜前站立姿势。靠近球侧的脚在前，屈膝，重心在两脚之间，便于随时起动，堵截对手摆脱防守后移动接球的路线。伸右侧手臂，拇指朝下，掌心向球，封锁传球路线，干扰对手接球。

2. 弱侧防守姿势

防守距离球较远的对手时，为了便于人球兼顾和协防，经常采用面向球、侧向对手的站立姿势。两脚开立，两腿稍屈，两臂伸于体侧，掌心向着球的方向。密切观察球、人的动向，并随着球或人的移动不断地通过滑步调整自己的防守位置。

（三）脚步动作

防守时，防守队员要根据球和人的移动轨迹，合理地运用脚步动作来保证及时占据有利的防守位置，争取主动。在与对手发生对抗时，重心下降，双脚用力扒地，两腿弯曲，扩大站位面积，上体保持适宜紧张度，在发生身体接触的瞬间提前发力，主动对抗。合理使用手臂动作干扰对手视线，以扩大防守空间，保持身体平衡，快速移动，抢占有利位置。

四、防守技术的教学建议

（1）在防守训练中，首先要树立"积极防御"的指导思想，培养积极主动的攻击性防守意识和不怕苦、不怕累、勇猛顽强、勇于拼搏的防守作风。

要克服重攻轻守思想。

（2）教学训练要先教单个技术，再教组合技术；先在消极对抗情况下练习后，再在积极对抗的情况下练习。防守技术要结合防守战术进行训练。

（3）要特别重视加强从防无球到防有球，从防有球到防无球，从防强侧到防弱侧，从防弱侧到防强侧的转化训练。

（4）在半场对抗练习中，应要求防守持球队员尽可能贴近对手，给对手制造压力，积极配合抢、打、断球，增强防守攻击能力。

第四节　抢篮板球技术教学

篮球比赛中，队员争抢投篮未中从篮板或篮圈反弹回的球，统称为抢篮板球。进攻队员争抢本队投篮未中的球称为抢进攻篮板球，防守队员争抢对方未投中的球称为抢防守篮板球。争夺篮板球是获得控制球权的重要方法之一。如果进攻篮板球占优势，就可增加进攻次数和篮下直接得分机会，还能增强投篮队员的信心，同时减少对手反击快攻的机会；如果防守篮板球占优势，不仅能为发动快攻创造机会，还能增加进攻队员投篮的心理压力。因此，一个球队篮板球掌握得好坏，对比赛的胜负起着至关重要的作用。

一、抢篮板球技术动作分析

抢篮板球技术分为抢进攻篮板球和防守篮板球两种，它们均是由判断与抢占位置、起跳动作、空中抢球动作和获得球后动作组成。

（一）基本动作

1.判断与抢占位置

抢占有利位置是抢篮板球技术的关键，对能否抢到篮板球起着积极作用，而准确掌握投篮后球的反弹规律，判断球的反弹方向、距离、落点也是抢篮板球时抢占位置的关键。无论进攻或是防守队员都应设法占到对手与球篮间的有利位置，力争把对手挡在身后。在抢占位置时，应根据对手和投篮队员所处的位置，结合对球的反弹方向、距离的准确判断，运用快速的脚步动作配合身体动作抢占有利位置。

抢占有利位置要掌握投篮不中时球的反弹规律。一般情况下，篮板球的反弹规律是投篮距离与球的反弹距离成正比。投篮距离远则反弹距离远，反之则近。投篮出手弧度与反弹距离也有关，弧线高则反弹近，弧线低则反弹远。

不同的投篮位置、投篮角度，球的反弹方向也不同。从两侧左15°右15°角投篮时，球的反弹方向是在球篮另一侧15°区域或反弹回来。从两侧45°区域投篮未中时，球的反弹方向是在球篮另一侧正中。从65°区域投篮不中时，球的反弹方向落点区域在限制区两侧和罚球线内。从0°角投篮时，一般球的反弹方向是在篮另一侧底线地区，或反弹回同侧地区，根据统计，大多数的反弹球落在5米左右半径内。抢占有利位置时，既要迅速准确地分析和判断及快速移动，又要兼备正确的技术动作和熟练的脚步动作，还要利用肢体语言进行各种虚晃和转身动作，以便摆脱对手抢占有利位置，随时准备起跳和伺机抢球。

2. 起跳动作

起跳动作是抢位后紧随进行的一个连续动作。起跳不仅要求在起跳腾空后，身体能够达到一定的高度，还要求根据球的反弹高度、方向和落点，选择不同的起跳蹬地用力的方向，使起跳后抢球手有利于在空中接近球反弹的方向和落点。防守队员抢篮板球时，一般多采用原地上步、撤步或跨步的双脚起跳方法；进攻队员则多采用助跑单脚起跳或跨一两步双脚起跳的方法。

3. 空中抢球动作

根据比赛时场上队员所处的位置、球反弹的方向和高度以及个人的特点，空中抢球动作可分为双手抢球、单手抢球和点拨球三种。

（1）双手抢球。起跳后身体在空中充分伸展，尽量扩大制空范围。两臂同时伸向球的落点方向，当手指触到球时，立即用双手将球握住，腰腹用力，迅速屈臂将球持于胸前。双手抢篮板球的优点是空间占据面积较大，缺点是抢球的制高点和抢球的范围不及单手抢篮板球。

（2）单手抢球。起跳后身体向球方向的一侧手臂充分向球的落点方向伸展。当最高点指端触及球时，用力屈腕、指迅速抓握球，随之屈臂抢球于胸前，另一手迅速扶球，将球握住。单手抢球的优点是触球点高，在空中抢球的范围较大，缺点是不如双手抢球牢固。

（3）点拨球。点拨球技术与单手抢球相似，只是运用手指将球点拨给同伴。当遇到对方队员身材比较高大或自己处于不利位置时，采用这种方法较为有效；有时为了加快反击速度，也可有意识地利用点拨球的方法发动快攻第一传。这种方法的优点是可缩短传球时间，缺点是较难掌握与同伴的配合。

4. 获得球后动作

抢获球落地后，应紧紧握牢，两脚分开，前脚掌先着地，屈膝，保持身体平衡，两肘外展保护好球。若遇防守时，则将球置于防守人远侧，并利用肩背式转身跨步，不断移动球的位置，防止对方将球打掉。高大队员在得球后，可将球置于头上，这样更易于传球或护球。

当进攻抢到篮板球后，应尽可能在空中将球补投进，如果没有投篮机会，要迅速将球传给同伴，重新组织进攻。防守队员抢到球后，应力争在空中将球传给同伴，完成发动快攻第一传，若空中不能直接传球，落地后应迅速传出，或运球突破后及时传给同伴。

（二）抢篮板球的作用

1. 抢进攻篮球的作用

进攻队员在比赛中及时、准确地判断球的落点，利用假动作和灵活的脚步动作迅速摆脱对手，切入篮下跳起争夺篮板球。进攻队在比赛中抢得篮板球有以下作用：

（1）可以增加进攻次数和篮下直接得分的机会。

（2）可以以"外投里抢"的气势，给对方以强大的心理压力，从而提高本队队员的投篮信心，提高士气。

（3）可以最大限度地减少对方发动快攻的机会，消除进攻时本队的后顾之忧。

2. 抢防守篮板球的作用

防守队员在对方投篮出手后，运用迎上跨步和转身等动作迅速截断对手向篮下移动的路线，合理地利用身体把对手挡在身后，正确地判断球的落点，及时跳起争抢篮板球。防守队员在比赛中争得防守篮板球有以下作用：

（1）可以中断对方的进攻。

（2）可以增加对方投篮的顾虑而削弱其进攻力量。

（3）获得更多抢篮板球后发动快攻的机会。

二、抢篮板球的动作方法

（一）抢进攻篮板球

由于进攻队员一般处于防守队员的外侧，离球篮相对较远，对方易于阻挠。因此，当本方队员投篮时，既要判断球的反弹方向，又要运用快速的移动步法，同时还要充分利用同伴的投篮时机与特点，以及面向球篮便于观察判断和向前移动等有利条件，努力变被动为主动，力争获得控球权。

1. 观察判断

观察对手防守动向，判断球反弹的方向、速度和落点，重点是对球的判断、篮板球反弹的多向性。进攻队员一般采取各个突破的方式，形成三面包抄去接近篮下进行争夺。当前人们对篮板反弹的规律已有所认识，可以通过投篮的距离、弧线等预测其大体相应的反弹方向、速度和距离。有经验的运动员在实践中会自觉或不自觉地做出基本的判断，从而达到抢获篮板球的效果。队员不同的落位会有不同的起步与判断，在离篮球近的位置上，常先抢位再判断；位于外围的进攻队员，往往是先观察判断再起动冲抢。

2. 迂回起动

根据对球的反弹判断和对手防守的态势，进攻队员要及时采取迂回的快速起动的方法，争取在位置上取得相对的或更好的优势。无论如何摆脱，都要有强行挤过、抢过的意识，而且动作要突然。

3. 抢位冲抢

强行抢位和直接冲抢是进攻篮板球的重要环节，既是迂回起动的继续，也是争取起跳的准备。在抢位的同时，要注意屈膝降低重心，并用肩、背主动接触对手。积极用力蹬地起跳，争取空中的高度，占据一定的空间位置。

要点：在冲抢起跳的过程中，要继续判断球的方位、高度以及肩、背、腰力量的作用点。

4. 猛狠抢球

抢进攻篮板球时冲抢是关键。要充分伸展身体及手臂，尽可能在更高的空中位置上获球。抢球时手臂和腕、指的力量要大，要紧握球体，或迅速拉臂屈肘握球在手。即使在不能获球的情况下，也要极力用挑、拨、捅等办法将球从对方手中打出。

要点：注意落地屈膝缓冲和积极拼抢落地球。

（二）抢防守篮板球

防守队员抢篮板球要突出一个"挡"字，要利用自己占据的篮下或内侧位置"挡抢"篮板球。

1. 处于篮下防守时

进攻队员投篮时要根据对手的移动情况和位置，运用上步、撤步和转身等动作把进攻队员挡在身后，并抢占有利位置。在篮下抢位挡人时，一般采用后转身挡人，降低重心，两肘外展，抢占空间面积，保持最有利的起跳姿势。

2. 防外围队员抢篮板球时

当进攻队员投篮，防守队员面向对手时，首先要观察判断对手动向，采用合理动作或利用转身阻止对手向篮下移动，并抢占有利于自己的位置。

3. 起跳抢球时

在两臂上摆的同时，两脚前脚掌用力蹬地，身体和手臂尽力向球的方向伸展。

4. 达到最高点时

用单手、双手或单手点拨球的方法抢球。最好在空中将球传给同伴，完成发动快攻第一传；若不行，落地时应侧对前场，观察情况，迅速传球发动快攻或运球突破摆脱防守，及时将球传给同伴。

三、抢篮板球技术的教学与练习建议

（1）提高学生对抢篮板球重要性的认识，在教学中培养积极拼抢意识和勇猛顽强的作风及养成"有投必抢"的习惯。

（2）抢进攻篮板球要强化"冲抢"意识，抢防守篮板球要侧重强化"挡抢"意识。注意加强攻守篮板球的对抗性训练。

（3）注意把抢篮板球技术同补篮、投篮、快攻、突破和二次进攻技术结合起来进行训练。

（4）加强抢篮板球技术与攻守战术的结合训练。

第六章　高校篮球战术教学

第一节　战术基础配合

　　篮球战术是篮球比赛中队员运用攻守方法的总称，是队员个人技术的合理运用和队员之间相互协同配合的组织形式。战术的目的是为了更好地发挥本方队员的技术与特长，制约对方，力争掌握比赛的主动权，争取比赛的胜利。篮球比赛的胜负在很大程度上取决于运用的战略与战术合理与否。战略是指比赛中全局性的决策，是在一定指导思想下制定的计谋；战术是指比赛中具体的攻守方法。从全局上看，战略处于主导地位，战术应服从战略目的，而战略目的的实现有赖于战术任务的完成。两者之间的关系既是从属关系，又是依存关系，相辅相成。而技术是战术的基础；方法是完成战术任务的具体手段、要求和程序，是战术的核心；形式是战术的外部表现，一定的战术形式必然反映一定的战术内容。它们融为一体，紧密联系，互为依存，相互影响，相互促进，缺一不可。

　　在战术实施中，由于比赛情况的千变万化，所以既要以完成战略目的的整体战术配合为主，又要以临场情况变化为依据，允许队员采取机动灵活的个人行动，充分发挥集体与个人的积极性。同时，要根据战局的变化捕捉战机，及时有针对性地变换战术，调配力量，灵活多变，争取主动。为了实现战术意图还应善于控制比赛节奏，使战术配合更有实效性，以达到掌握比赛主动权的目的。篮球战术训练要把意识、技术、形式和方法融为一体。意识支配行动，只有队员具有较强的意识，才能在行动上提高定向、抉择、反馈和支配的能力。

一、进攻战术基础配合

进攻战术基础配合是篮球战术体系的基本组成部分。进攻战术基础配合是指两名或三名防守队员为组织己方队员的战术行动，创造投篮得分配合时机而采用的有目的、有组织的协作行动与应变方法。进攻战术基础配合包括传切、突分掩护和策应配合。这些基础配合在篮球运动的实践中具有双重价值，它们既可以作为全队进攻战术的基础组成部分，有机组合为整体的进攻战术，也可以作为独立的战术手段应用于进攻之中。进攻战术基础配合是构成全队进攻战术的基础，比赛的一次进攻过程是由若干个不同的基础配合组合而成的，一个配合的结束可能就是另一个配合的开始，它们环环相扣、紧密相连。一个局部进行着一个配合的同时，在另一个局部可能也进行着其他配合，整个战术配合是在动态的过程中进行的。

进攻战术基础配合是运动员合理运用进攻技术组成全队进攻战术的桥梁，是全队进攻战术灵活变换组合的集合要素，也是运动员进攻意识和进攻能力综合展示的重要渠道。一方面，进攻战术基础配合要求运动员及时地观察判断同伴的进攻意图，防守的布局、站位，合理地运用进攻策略与技巧，准确地选择适当的配合形式与方法。其配合的实质可以说是持球队员的有球技术与无球队员的移动技术的组合运用，通过这种组合达到最终的战术要求。另一方面，进攻战术基础配合运用的效果，直接反映全队进攻战术的质量，只有在熟练掌握和灵活运用各种进攻基础配合的基础上，才能增加组成全队进攻战术的数量和提高全队进攻战术的质量。应用于全队进攻战术配合中的基础配合，脱离了随机性，其配合的时机、形式和范围被严格地限制在全队整体的战术结构之内，成为全队整体战术配合的组成部分。

现代篮球运动的进攻技术和进攻战术已发生了巨大的变化，进攻的机动性增强，进攻的范围扩大，立体进攻的能力也提高了。全队进攻战术的运用朝机动、灵活和多变的方向发展，强调在运动中伺机变化，这些变化是通过局部两三个人为主体的机动配合，合理采用基础配合所产生的综合效应，进攻战术基础配合的质量已经成为决定全队进攻战术成效的重要因素。

（一）传切配合

传切配合是进攻队员之间利用传球和切入技术所组成的简单配合。它可以被用于半场阵地进攻，也可以被用于全场阵地进攻，是常用于利用传球推进快速进入前场的方法。传切配合还可以作为快攻结束阶段的进攻手段。

传切配合包括一传一切和空切。随着现代篮球运动的发展，简捷、突然、攻击性强的吊扣，一传一扣、空切与空中接球直接扣篮是比赛中经常使用的配合方法。

1. 传切配合示例

（1）一传一切。一传一切是持球队员传球给同伴后，向篮下切入，接同伴的回传球完成攻击的配合方法。

（2）空切。空切就是无球队员掌握时机，摆脱防守，切向防守空隙区域接球投篮或做其他进攻动作。

2. 传切配合要点

（1）传切配合的要求：首先是传球的质量，包括传球方法的合理性、时机的把握和传球位置的选择；其次是传球队员要利用瞄篮、突破等假动作吸引、牵制对手，当队友切入后要及时、准确地将球传给切入队员。

（2）切入队员要掌握切入时机，果断、快速摆脱对手，选择合理的路线，切入篮下，并注意接同伴的传球。

（二）掩护配合

掩护配合是指进攻队员之间选择合理的位置，用自己的身体以合理的技术挡住同伴防守者的移动路线，使同伴得以摆脱防守，或利用同伴的身体和位置使自己摆脱防守而获得进攻机会的一种配合方法。

掩护配合有多种形式和方法，根据掩护者和被掩护者身体位置的不同，有掩护、侧掩护和后掩护三种形式。而根据掩护者的移动路线、方法和变化，有反掩护、假掩护、运球掩护、定位掩护和连续掩护等。

1. 侧掩护配合

侧掩护是指掩护队员站在同伴防守者的侧面，用身体挡住防守者的移动路线，使同伴得以摆脱防守的一种掩护方法。

2. 后掩护配合

所谓后掩护配合就是前锋为后卫做后掩护。

3. 前掩护配合

掩护队员站在同伴防守者的前面，用身体挡住防守者向前移动的路线，使同伴借机摆脱防守接球以便进行攻击的一种掩护方法。

（三）突分配合

突分配合是有球队员利用突破技术摆脱防守，当遇到其他防守队员补防造成防守部署被打乱时迅速将球传给有利于进攻位置的同伴的一种配合方法。突分配合经常在对方采用人盯人防守或区域联防时运用，其可打乱对方的整体防守部署，压缩防区，从而给同伴创造最佳的外围投篮或篮下进攻机会。

进攻战术基础配合的教学内容应安排在基本技术教学之后、防守战术基础配合之前进行。进攻战术基础配合的教学，首先应通过讲解和演示使学生明确基础配合的概念、配合方法、移动路线、运用的时机、行动的顺序等。

教学中应抓住重点教材中的重点部分，以点带面。传切配合重点强调如何摆脱对手及传球技术的运用。突分配合重点强调掌握突破分球的时机、传球方法及切入队员的路线。掩护配合重点强调掩护动作、距离、位置、角度和掩护后的转身及移动方向。策应配合重点强调策应技术动作的运用、绕切的路线及传球的方法。与此同时，在选择教学方法时，应首先在固定条件下练习配合的方法、路线、时机，然后再设置假设的对手或标志物，进行以简单对抗条件为背景的练习。教学中应加强教学组织管理，对每个重要教学环节都要严格要求，要提高战术意识，强调对合作意识的培养与配合质量的提高，从而为学习整体战术配合打好基础。

二、防守战术基础配合

防守战术基础配合是全队整体防守行动中，在局部区域为了破坏对方的进攻配合所采用的两三个人之间所实施的协同防守方法。防守战术基础配合虽然理论上称为局部区域行为，但实际上，在其他区域的防守队员需要进行相应的轮转换位和位置的调整。所以，任何一种防守战术基础配合的运用，都是全队的防守行动，是局部对球的控制和对无球进攻队员以及无球区域控制的统一。防守战术基础配合是整体防守战术的基础，对变被动为主动、提高整体防守质量具有重要作用。

防守战术基础配合的方法主要有穿过、绕过、"关门"、交换防守、挤过、夹击、补防、围守中锋。挤过、穿过、绕过、交换防守是专门破坏对方掩护时采用的配合方法，"关门"、夹击、补防、围守中锋是重点针对持球进攻队员的协同防守行动。下面就其中几项内容展开论述。

（一）穿过配合

穿过配合是指破坏对方掩护配合及时防住自己对手的一种配合。当主攻队员进行掩护时，掩护队员的防守者要及时提醒同伴并主动向后撤一步，让同伴从自己和掩护队员之间穿过，以便继续防住各自的对手。

（二）绕过配合

所谓绕过配合是指破坏对方掩护配合及时防守自己对手的一种配合。当进攻队员进行掩护时，防守队员要及时提醒自己的队员，并主动贴近对手，让队员以最快的速度、最短的距离从自己的身旁绕过，继续防住自己的对手。

（三）"关门"配合

所谓"关门"配合是指两名防守队员靠拢协同防守突破的一种配合方法，形同关门一样，将人堵在外面。

（四）交换防守配合

交换防守配合是一种为了破坏对方的掩护配合，防守队员之间及时交换自己所防守的对手的一种配合方法。当进攻队员进行掩护时，防守队员移动线路被阻，因此，当进攻队员伺机摆脱防守时，防守队员应及时交换防守对象。

（五）挤过防守配合

挤过防守配合是指对方进行掩护时，防守队员在掩护队员接近自己的一刹那，迅速抢前横跨一步贴近自己的对手，并从两个进攻队员之间侧身挤过去，继续防守自己对手的一种配合方法。防守掩护队员的同伴要及时呼应，并配合其行动，以备补防。

三、快攻与防守快攻

（一）快攻

快攻是防守队由守转攻时，全队以最快的速度、最短的时间，力争在对手未形成全队集体防守阵势之前，抓住战机，形成进攻人员在数量、位置、能力上的优势，果断而合理地发动攻击的一种进攻战术。

快攻不但是进攻战术系列的一部分，而且是重要的一部分。现代篮球竞技比赛的特点更突出地体现在"智、悍、高、快、准、全、变"等方面，其中节奏合理的快速攻击就是其重要特征之一，也是进攻战术中犀利的武器。

快攻按照其推进的形式可以分为长传快攻、短传快攻、短传结合运球突破快攻、运球突破快攻等。就快攻的结构而言，长传快攻由发动和结束两个阶段组成。其他形式的快攻则由发动与接应、推进、结束三个阶段组成。在这三个阶段中，因具体形式、位置、区域与时机的不同，技术应用与战术配合可以演变为很多种不同形式。

1. 长传快攻

长传快攻是指队员在后场获得球后，直接把球长传给摆脱对手快速移动到前场的队友的一种快攻形式。此时，无论是抢获篮板球的队员还是接应的队员都应由远及近地观察场上情况，当发现同伴处于有利位置时，应及时将球传出。此战术只有战术的发动和结束两个阶段，因而进攻时间短、速度快、配合简单，是一种成功率较高的快攻战术形式。

2. 快攻的发动与接应阶段

根据篮球比赛攻守转换的规律，快攻的发动时机应是在队员跳球获得球后抢断球、抢获篮板球与对手中篮后掷后场端线球后等。其中，以抢获后场篮板球发动快攻的机会最多，以抢断球后发动快攻的成功率最高。无论是何种情况，一旦己方获得球后，全队都应迅速分散，控制球的队员要根据场上情况，迅速、及时、准确地进行第一传。一般而言，先选择长传快攻，再与接应队员配合，接应者应迅速摆脱防守，及时选择有利的位置接应一传准备推进。后卫队员应该在同伴抢到篮板球时拉出接应，保证快交第一传。如对手破坏第一传，后卫要迎前接应，如没有断球危险，后卫可以在靠近中场的附近接应。此阶段，一传的速度和接应队友的距离是关键。

快攻的接应分固定接应与机动接应。固定接应包括固定地区固定队员接应、固定地区不固定队员接应、固定队员不固定地区接应等形式。机动接应是指防守队员抢获篮板球后，将球传给最有利发动与接应组织快攻的同伴。这种接应具有隐蔽性强、机动灵活、快速高效的特点。

3. 快攻的推进阶段

快攻的推进阶段是指快攻的发动与接应阶段之后，至快攻结束阶段之前中场配合的过程，在整个战术过程中起承前启后的作用。在推进阶段中，全队要有层次地散开，保持队形的纵深。依据其形式，快攻的推进阶段分为传球推进、运球推进、传球结合运球推进。

（1）传球推进。传球推进是参与快攻的队员快速传球向前场推进的方法。其特点是速度快，对行进间传接球技术要求相对较高。在推进过程中，队员之间要保持纵深队形，无球队员要快速跑动，并随时准备接球，传球要准确、及时，尽量向斜前方传球，避免横传球。

（2）运球推进。运球推进是由守转攻时，获得球的队员利用运球技术超越防守，自己投篮或者传球给同伴进行进攻的推进方法。其特点是加快了推进速度，减少了中间环节。

（3）传球结合运球推进。传球结合运球推进是由守转攻时，进攻方立即以快速的短距离传球结合运球的方式，突破对方防守，直逼对方篮下的快攻推进形式，其特点是灵活、机动、多变。

4. 快攻的结束阶段

如果说决定快攻发起次数多少的因素在于是否具有快攻的意识，那么决定快攻成败的关键是其最后的阶段，即快攻的结束阶段。这时，要求持球队员要准确判断，适时传球或者果断攻篮，其他队友也要对防守的意图有清晰准确的预测与判断，要合理选择位置，伺机接应，或抢篮板球，或准备补篮。

（1）二攻一的配合方法。快攻推进到前场之后，形成二攻一的局面，进攻队员应拉开空当，调动防守，扩大进攻面，可以选择快速传球运球，或者运球突破强行上篮等手段进行攻击。

（2）三攻二配合的方法。三攻二时，三位进攻队员要充分利用场地的宽度，保持中路队员靠后，两侧队员靠近边线并突前的倒三角形的队形以扩大攻击面。进攻时，根据防守队员的站位，决定从中路运球突破还是从边路起动，总之，"平行站位突中间，重叠站位传一边，斜线站位攻空位"。

5. 快攻的教学与训练建议

（1）快攻是进攻战术的重要组成部分，以进攻战术基础配合为基础，一般应在其后进行教学安排。

（2）教学中长传快攻安排在前，其他形式的快攻安排在后；首先进行快攻的发动与接应，然后进行快攻的结束阶段的教学（先安排二攻一，再安排三攻二），最后进行快攻的推进的教学。

（3）从固定形式下练习快攻的基本方法，逐步过渡到机动情况下的练习；从无防守过渡到积极对抗情况下的训练。

（4）快攻教学以抢获后场篮板球，短传结合运球突破推进，以多打少的结束段为教学的主要内容。

（5）快攻战术设计与实施要与全队防守战术相结合。

（二）防守快攻

防守快攻是指在比赛中由攻转守的瞬间及时组织防守阵形，积极组织力量阻止和破坏对方发动快攻的防守战术。防守快攻需要根据展开的快攻攻势，有针对性地防守，力求延缓对方的进攻速度，打乱对方的进攻节奏，推迟对方的进攻时间，以利于迅速组织阵地防守。防守快攻要从全力拼抢前场篮板球开始，在失去球权后，首先封堵第一传，堵截接应队员，边退边干扰，力求延缓对方的进攻速度，打乱对方的进攻节奏，推迟对方进攻发起的时间，借机及时组织全队防守。

1. 防守快攻的特点

防守快攻作为阻止和破坏对方组织快攻的战术，在进行时，全队要保持攻守平衡，进攻投篮后既要有人积极拼抢篮板球，又要有人迅速退守。积极封堵要和破坏一传接应，要抢占对方的习惯接应点并堵截接应队员，堵截、干扰、延误对方的推进速度。要具有积极拼抢的意识，当对方形成快攻时，应快速退守，及时迅速地在以少防多的情况下，大胆出击，赢得时间和力量上的均衡。此外，还要随机变换防守战术，在失去球后，应立即采取前场紧逼防守，退回后场，采用半场人盯人防守，使对方不适应，破坏其快攻。

2. 防守快攻的策略

（1）当本方进攻投中篮后，就近队员立即去干扰对方端线发球队员，另一人紧逼对方接应队员，其他队员根据战术需要快速分散退守，以延缓对方快攻发动的可能性和推进速度。

（2）本方进攻投篮不中被对方抢到篮板球时，就近的防守队员应立即封抢持球人，封其传、运球，并伺机抢断球。同时其他队员在快速分散防守中，要有目的地紧逼对方接应队员，并控制可能的接应点和接应移动路线。

（3）本方在阵地进攻中传、运失误被对方抢断时，应就近和临近的队员立即采用快速防守封堵持球队员，其他队员立即用最快的速度抢占防守有利位置，以便于补防和观察其他进攻队员的行动。

3. 防守快攻的基本原则

现代篮球运动不断向着高速度方向发展，攻守转换速度快，快攻得分所占比重增大。因此，防守快攻已成为防守战术的重要组成部分。近年来，防守快攻战术体系日渐丰富，比较一致的观点是贯彻积极防御的指导思想，敢打敢拼，在比赛中尽量减少对方发动快攻的条件。防守快攻的基本原则有：第一，减少自己的失误，提高进攻的成功率；第二，要积极拼抢前场篮板球；第三，积极组织封堵和退后防守；第四，提高攻守转换的意识和速度，特别要强调积极边防意识。

4. 防守快攻的方法

（1）提高投篮命中率，拼抢前场篮板球。现代篮球比赛中，由守转攻通过抢得后场篮板球后发动快攻的概率最大。进攻队员提高投篮命中率能够有效减少抢篮板球次数。同时运用抢占有利位置、挤、堵、顶入的方法，减少对手参加抢篮板球的人数，积极拼抢、冲抢前场篮板球增加二次进攻的机会是制约对方发动进攻的有效方法。

（2）积极封堵第一传。快速转换防守时积极封堵和堵截第一传与接应是防守快攻的关键环节。在对手获得篮板球或抢断球的瞬间，就近防守的队员应立即迎前封堵一传，干扰传球视野、角度，延误一传速度。一旦对手采用运球突破方法推进时，应用紧逼的方法堵中防边，为同伴协防、夹击创造有利条件，为本队退守和组织全队防守争取时间。

（3）堵截接应点和接应人。当对方采用固定接应时，应抢占对方的接应点，截断接应队员与第一传的联系，有效地破坏固定接应人插入接应的意图与行动，让其在较低的位置接应，同时密切注意对方的第二接应人和接应点，从而破坏和延误对方快攻的发动和推进速度。

（4）控制对手的推进。当对方发动快攻后，前线防守队员不能消极后撤，而应与对手保持一定的距离，边撤边防，控制对手推进速度，以便及时组织防守阵势。

（5）防守快下队员。由攻转守时，除积极拼抢篮板球，封堵第一传和接应外，在后场的防守队员要迅速退守控制后场，在退守过程中要控制好中路，要对快下队员严加防范，切断对方长传快攻的路线。

（6）提高队员以少防多的能力。当对方成功发动快攻、出现以少防多的不利局面时，防守队员要积极移动选位，重点保护篮下，运用假动作干扰其传球，制造进攻队员左右为难的局面，迫使对方失误或延缓进攻速度，为同伴争取退守时间。

5. 防守快攻的教学与训练建议

（1）要与快攻教学结合进行，一般在快攻教学完成之后，再教防守快攻，以提高攻守质量。

（2）防守快攻教学应先采用分解法进行教学，然后再进行整体防守战术的教学。

（3）通过教学比赛，不断提高防守快攻的质量。

（4）把培养队员防守快攻的意识、坚韧不拔的意志和积极拼抢的作风贯穿于整个教学之中。

（5）在初学阶段，首先要把防守快攻的方法、基本要求讲清楚，使队员对防守快攻有初步的了解，能够合理地使用防守技术。教学中应以一守二攻、二守三攻作为练习的重点。在整个教学训练的过程中，应始终注意加强拼抢篮板球、防运球突破、补防、以少防多等防守技术和配合的训练，提高防守快攻的质量。

（6）采用五人防快攻训练，要提高集体防守的攻击性和控制对方速度的能力，要重视对攻守转换速度意识的训练。

第二节　人盯人防守、区域联防及全场区域紧逼的教学

一、人盯人防守战术

人盯人防守战术是指每个防守队员负责盯住一个进攻对手，并与同伴相互协作的一种全队防守战术。它以防球为中心，以争夺控球权和阻止对方投篮为目的。当由攻转守时，防守队员在退防中迅速寻找自己所盯的对手进行防守。人盯人防守是当前运用最为普遍的一种战术方法。美国职业篮球联赛规定，职业队的比赛，只能采用人盯人防守战术。我国篮球协会对青少年的比赛同样也采用了这一规定。人盯人防守战术从防守范围来讲，可分为半场人盯人和全场紧逼人盯人。

（一）半场人盯人防守

人盯人防守中运用得最多的是半场人盯人防守，是在由攻转守时，全队迅速退回到后场，盯住自己的对手，进行集体防守的一种防守战术。

1.半场人盯人防守的特点

半场人盯人防守战术作为人盯人防守运用得最多的战术之一，其特点有如下几点。

（1）由攻转守时，每个队员都要迅速退回后场，找到对手，组成集体防守。

（2）根据对手、球、球篮，选择有利位置，有球紧，无球松；近球紧，远球松；近篮紧，远篮松；积极移动，控制对手。

（3）做到球、人、区兼顾，与同伴协防，破坏对方进攻配合，加强防守的集体性。

2.半场人盯人防守的基本要求

（1）防守时始终贯彻以人为主的防守原则，对持球队员必须采用平步贴身紧逼防守姿势。要扩大防守面积，积极拼抢，不给对方轻易投篮、突破和传球的机会，一旦被对手突破，必须追防。

（2）对徒手队员要错位防守，做到人、球、区兼顾，敢于对抗堵截其向球移动和空切篮下的路线。

（3）由于防区扩大，比赛的强度增加，要求队员有充沛的体力和良好的

意志品质。比赛中要正确观察、判断场上的攻守情况，在防守选位时，要做到"人动我动，球动我动"，在严密控制对手的基础上随时准备协防、补防、夹击、断球以及防掩护等，充分体现防守的主动性和攻击性。

（4）防守分工时，通常按照跳球时的站位分工，也可按照强对强、弱对弱、高对高、矮对矮的方法分工，无论怎样都要强调防守的整体性。

3. 半场人盯人防守的方法

半场人盯人防守战术，就其伸缩性而言，又可分为缩小人盯人防守战术和扩大人盯人防守战术。它们在防守控制范围上有差异，在防守重点上也不同。

缩小人盯人防守控制的防区比较小，一般距篮 6 米左右，防守队员主要是占据和控制 3 分线以内的防区，重点是防守对方的篮下进攻，因此，防守中锋的队员要紧紧盯住对方的中锋，外围队员要协助防守中锋，防距球远的队员时，要离他远一些，这样就可以夹击对方的中锋，或协助外围同伴防住对方的突破。防持球队员是防住对方的突破和向篮下的传球。

扩大人盯人防守控制区域比较大，一般是距篮 8 ～ 9 米，因此，这种防守用来对付中、远投较准但突破和控制球能力较差的对手是比较有效的。防守的重点任务是阻挠和破坏对方外围的传、运配合，封锁外围的投篮，要紧紧盯住对方持球的队员和距球近的队员，对距球较远的队员则可以稍放松一些，以利于协同防守。

4. 半场人盯人防守战术的教学与训练建议

（1）掌握与提高半场人盯人防守配合方法与能力，首先应从个人脚步动作、防守技术运用及防守战术基础配合抓起，在此基础上学习半场人盯人防守战术配合。在半场或全场的对抗练习中应掌握和提高全队防守战术配合的能力和意识，以便在教学比赛中提高队员的实战对抗能力。

（2）加强对队员身体素质的训练，提高队员的体能以确保战术教学与训练任务的顺利完成。

（3）要重视在教学训练的一定时间内，安排针对性的实战练习和实战比赛，培养战术行动意识，巩固与逐步提高应变能力。

（二）进攻半场人盯人防守

1.进攻半场人盯人防守的特点

（1）要根据本队队员的身体条件、技术水平，选择进攻战术配合和适宜的战术队形，以便扬长避短，发挥本队的优势。

（2）由防守转入进攻时，在前场要迅速落位，形成战术队形，立即发动进攻。

（3）在组织战术时，应该注意各种进攻基础配合之间的衔接和变化，既要明确每个进攻机会，又要明确全队的进攻重点，还要保持进攻的战术连续性。在组织进攻战术时，应该尽量做到内外结合、左右结合；要扩大进攻面，增加进攻点，增强战术的灵活性。

（4）在进攻配合中，既要积极地穿插移动，又要注意保持攻守平衡。在进攻结束时，既要有组织地抢前场篮板球，又要有组织地进行退守。

2.进攻半场人盯人防守的基本要求

现代篮球进攻半场人盯人战术的基本特点是频繁移动、综合进攻、机动性大、连续性强和实效性高。必须全面提高队员的身体、技术和战术素养，增强单兵作战能力，尤其是要在增强摆脱空切、运球突破、急停跳投和拼抢篮板球能力的基础上，形成具有高度灵活性、应变性和实效性的整体战术。进攻半场人盯人防守的基本要求是进入半场后，应迅速地落位，组织相应的进攻阵形；要切合实际地运用基础配合及其变化来创造攻击机会；组织进攻配合时要将正面与侧面、内线与外线、主攻与辅攻相结合，尽力扩大攻击面，增加攻击点；注意配合与配合之间的衔接，加强进攻的攻击性与连续性；在组织进攻中，要根据防守的实际，攻其薄弱环节，做到快慢结合、动静结合、人球皆动，加强进攻中的针对性和灵活性；组织拼抢篮板球，力争二次进攻机会；注意攻守平衡，保证攻守转换的速度。

3.进攻半场人盯人防守战术教学训练建议

（1）学习时，教练员应先向运动员讲解进攻半场人盯人的落位队形、战术原则配合方法、主要的攻击点、运用时机和变化规律，建立战术概念，掌握战术方法。

（2）战术教学时先进行无防守的局部配合练习，再进行全队整体配合练习，先掌握配合时机和提高个人技术的运用能力，然后再掌握全队进攻半场人盯人的战术配合方法。

（3）进行从消极防守到积极防守的攻守对抗练习，提高战术配合质量和战术的应变能力。

（4）在实战中检验队员战术配合的质量和技术运用的效果，通过分析讨论，总结出现的问题，提高队员的战术意识和战术思维能力以及战术的运用和应变能力。

（5）在无防守或消极防守的情况下进行战术分解练习。掌握配合方法，将两个或两个以上配合进行组合练习。

（6）在无防守或消极防守的情况下进行全队战术分解练习，加深对整套战术的落位队形、移动路线、传球路线、配合时间、攻击点及其变化的理解，练习随熟练程度可逐步增加防守的积极程度，加大进攻的难度。

（7）在半场积极防守的情况下练习。对进攻队和防守队提出具体要求，可附加特殊规定，提高配合质量。

（8）结合全场攻守转换进行半场攻守练习。以半场练习为主，要求进攻队进入前场后迅速落位布阵，展开进攻配合，抢到前场篮板球便继续进攻，没抢到前场篮板球便后退防守。防守队抢到后场篮板球后或抢断后，立即发动快攻，至前场后布阵，再展开进攻配合。提高攻守转换速度与半场进攻配合的质量。

（9）通过全场比赛（教学比赛或正式比赛）提高或检查全队进攻战术的运用质量。在比赛过程中要及时对运动员进行指导，不断提高全队的战术意识。比赛也可根据训练任务制定特殊规定与要求，以强化某点环节，从而提高全队战术配合质量。

（三）全场紧逼人盯人防守

1. 全场紧逼人盯人防守的特点

全场紧逼人盯人防守战术可以充分发挥篮球运动员的速度和灵活性，同时对培养运动员积极主动、勇猛顽强的作风以及提高运动员的身体素质水平和技术的全面发展都有着重要作用。因此，积极发展这种防守战术是非常必要的。全场紧逼人盯人防守战术作为一种攻击性较强的防守战术，首先是能够主动提高比赛的强度，加快转化速度，控制比赛的节奏，破坏对方习惯的进攻战术。其次是能够充分运用攻击性防守技术，积极打球、抢球、断球，并充分利用 5 秒、10 秒、球回后场等规则，造成对方失误、违例进而夺取控球权。对对方的持球队员要积极封阻其传球路线，对对方的运球队员要堵卡其运球突破路线，迫使其朝边线运球和停球。当对方停球后，要大胆上步严密封锁其传接球路线，并适当进行夹击。另外，在攻守转化时，防守队员要制造声势，给对方造成一种精神上的压力。全队要思想统一，行动一致，迅速找人，就地紧逼对手。

2. 全场紧逼人盯人防守的战术要点

（1）由攻转守时，找人要快。由攻转守时，立即就近找人，抢占有利的防守位置，盯防临近对手，同时注意场上情况，及时协防。半场人盯人防守的方法与原则同样适用于全场紧逼盯人人防守，只是后者扩大了防守的范围。

（2）积极封堵对方的接球路线和移动路线。防守无球队员，要保持正确的防守位置与距离，以控制对手接球为主。当对手向球移动时，要迎前堵截，切断其接球路线，迫使对手跑外线，做到"前紧后稍松"，当同伴被突破时，要果断进行堵截和补防。

（3）充分利用球场的区、线和时间，加强防守的攻击性。防守有球对手，积极封堵其向前的传球路线，诱使对方长传或高吊球，制造抢断机会。当对手运球时，首先力争不让对手突破，一旦被突破，也要尽力追防。防运球对方队员，要贯彻"堵中放边"的原则，迫使对手向边路、场角运球，制造夹击机会。

（4）与其他战术交替（结合）使用。全场紧逼人盯人防守可应用于突然改变战术以控制比赛节奏，发挥己方速度优势以摆脱篮下被动局面，利用对方控球能力差等情况。一旦紧逼失败，就会让对手轻易得分，且要求己方有充分的体能，其毕竟不是常规战术，只能作为一种战术变化应用，在比赛实践中，应与其他防守战术相结合进行使用。

3. 全场紧逼人盯人防守教学与训练建议

（1）运用多种教学手段使学生明确全场紧逼人盯人防守战术配合的特点、方法和基本要求，使学生建立完整的战术概念。

（2）在教学训练中运用分解练习法。在教学与训练中先安排前场紧逼，再安排中场和后场紧逼，进而完成教学训练。

（3）全场紧逼人盯人防守战术需要在个人防守技术、防守战术基础配合和半场人盯人的基础上进行教学。全场人盯人防守战术教学应与进攻全场紧逼人盯人防守战术结合进行。

（4）在教学和训练中，应加强对身体素质的训练，特别是对耐力和速度素质的训练，还应加强对学生勇猛顽强、坚韧不拔的战斗作风以及意志品质的培养。

（四）进攻全场紧逼人盯人防守

1. 进攻全场紧逼人盯人防守特点

全场紧逼人盯人防守战术是由攻转守时，防守队员在全场范围内各自紧逼自己对手的一种攻击性较强的防守战术。它要求防守队员在全场始终紧逼自己的对手，积极阻挠对手，破坏对方集体配合，造成对方打法紊乱，为本队争得比赛的主动。当对方采用全场紧逼人盯人防守时，全队要沉着冷静，思想一致，行动协调，伺机进攻，行动要突然，争取快速反击。队员在场上的位置分布要保持一定距离或分散队形，拉大对方防区，以便各个击破。另外，在进攻全场紧逼人盯人防守时，要多运用快传、短传，少运球，不要在边角处停球，多运用传切、策应配合，尽快地将球传到前场，或让本队控制、支配球好的队员多运用突破，打乱对方防守的部署。还有，在进入前场后，应根据本队特点组织战术配合，注意节奏，按进攻半场扩大人盯人展开继续进攻。

2. 进攻全场紧逼人盯人防守战术的要点

（1）当对方使用全场紧逼人盯人防守时，首先要沉着冷静，不要慌乱。同时，要思想一致，行动协调，按照进攻全场紧逼人盯人防守的既定部署，合理布阵，有目的地组织进攻配合。

（2）由守转攻时快速反击，快攻方法是击破全场紧逼人盯人防守最高效的方法。反击时，运球突破要选好方向，不能在边角停球，以免对方夹击。如遇对方堵截，要及时将球传出，同时避免横向传球，尽量少传高吊球和长传球，接应队员要迎前接球。

（3）尽量少运球，多传球。如遇夹击，持球队员应争取在夹击形成之前将球传出，若来不及传出，也要利用跨步、转身等扩大活动范围，临近队员要及时迎上接应，以帮助同伴摆脱夹击。

（4）掌握好进攻节奏，无球队员要多穿插跑动，连续进行传切、空切、掩护、策应等配合，避免造成防守上的漏洞。在整个配合过程中，队员的移动路线是横向的，而球传递的方向是纵向的，应将球保持在球场的中间地带，尽量避开场角和边线。

（5）如没有快攻机会，进攻队要迅速合理地落位布阵。进攻全场紧逼人盯人防守有两种基本的落位阵形：一种是后场纵向或横向的密集落位，这种方法有意造成前场空虚，以便于偷袭快攻；另外一种是全场分散布阵，进攻队员分散部署于全场，分散对手的防守协作，利用防守的薄弱环节和空当寻机进攻。

3.进攻全场紧逼人盯人防守教学与训练建议

（1）进攻全场紧逼人盯人防守配合战术面宽线长，配合难度较大，掌握快速度、高强度技术是运用该战术的基础。进攻队的组织后卫、攻击后卫和锋线队员掌握娴熟的运球突破技术，利用娴熟的运球快速突破是破坏全场紧逼人盯人防守最简单有效的方法。

（2）进攻全场紧逼人盯人防守战术要放在全场紧逼人盯人防守战术教学之后进行。在针对防守战术特点的基础上，使学生了解进攻全场紧逼人盯人防守战术配合的特点和要求、配合方法和分工落位、配合应用时机、移动路线、主要的攻击点以及变化等。

（3）在教学训练中，先进行后场接发球和中场策应的配合，再学习整体战术配合方法。学习的重点在于前场的掩护、传切和中场的策应等配合，同时加强由守转攻时的反击速度和意识的训练。

二、区域联防

篮球防守战术的发展，是从最初的人盯人到每个队员选定一定的区域进行防守（联防的最初形式），再到多种固定的联防形式，逐渐发展形成了结合盯人、联防两大防守体系优点组合而成的综合型防守。

区域联防是在半场范围内通过分区站位形成一定的阵形，严密防守进入该区域的球与进攻队员，并通过移动补位封锁内线，把每个防守区域结合起来形成的全队防守战术。区域联防有着鲜明的战术特征和竞技实践的需要，是篮球全队防守体系的重要组成部分，是各级运动队战术训练的重要内容，也是体育专业篮球教学的重点之一。

现代联防战术的特点是防守队员随球的转移进行积极地移动和协防，位置区域分工明确，对有球区以多防少，对无球区以少防多。因此，有利于内线防守、组织抢篮板球和发动快攻。但各种形式的区域联防都存在一定的薄弱地区，容易被对方在局部区域形成以多打少的形式而陷于被动。

（一）区域联防战术阵形

区域联防的形式是依据 5 名防守队员在防守的半场所占据的位置来命名的，常用的形式有"2—1—2""2—3""3—2""1—3—1""1—2—2"。不同的区域联防布局有其各自的优势，也存在着各自防守的不足。

1．"2—1—2"阵形

"2—1—2"阵形是区域联防最基本的形式，其特点是 5 名防守队员在场上的分布位置均衡，队员之间的移动距离较近，有利于彼此间的相互呼应协作，便于控制限制区与对篮下的防守，还可以根据对手的攻击方法及时改变防守阵形。

2．"2—3"阵形

"2—3"阵形有利于对篮下、底线、场角队员的防守，能够有效地控制和协防篮下内线进攻队员和篮板球的拼抢。但有些区域是其防守的薄弱环节，这使此区域的进攻队员的控制与投篮的防守存在较大的难度。

3．"3—2"阵形

"3—2"阵形能有效地对外线队员进行控制，有利于防守的外线队员中远距离投篮，有利于抢获篮板球后快攻的发动。

4．"1—3—1"阵形

"1—3—1"阵形可以有效地加强正面、发球区及其两侧的防守，队员之间可以形成有机的联系，有利于相互之间的协防呼应，阻断了进攻队员传接球之间的联系，在场角区域可以形成夹击，强化了防守的整体性。在防守整体移动速度足够快的情况下，"1—3—1"阵形体现出很强的伸缩性，防守的范围也进一步扩大，延伸到三分线外，甚至在比赛中出现了防守到中线附近的"1—3—1"阵形，更好地表现了此阵形防守的伸缩性、攻击性。

5．"1—2—2"阵形

"1—2—2"阵形的主要特点是加强了对外线队员的防守，特别是对中路运球突破的队员和三分线弧顶两侧投篮的队员能形成有效控制，对罚球线接球进攻的队员可以形成包夹。

区域联防由于受防守者防守区域分工的限制，每一种区域联防的防守形式都会存在一定的薄弱区域。进攻队可以在落位时或在移动配合中占据这些薄弱区域，在局部地区形成人员上的优势，以多打少。因此，任何固定形式的联防都很难完全适应当代篮球竞技比赛的要求。现阶段，区域联防的队形已从原来单一、固定的形式向随着进攻队战术落位的变化而变化的方向发展。比赛中最基本的防守阵形为"2—1—2"与"1—3—1"，以此形式为基础，变化为其他形式的区域防守。

攻守技术、战术的提高以及竞赛规则增加的三分球规定促进了区域联防的发展，防守队形从固定变为不固定，从而形成一对一的对位联防，加强了区域联防的针对性。同时，在区域联防的运用中，也普遍遵循并贯彻以球为主的防守原则，做到球、人、区三者兼顾，扩大了每名防守队员的控制范围，强调与同伴的协防以及夹击等防守技术的运用，进一步加强了区域联防的集体性、伸缩性和攻击性。区域联防的发展，使它在现代篮球比赛中仍然作为一种有效的防守战术而被广泛运用。

（二）区域联防的战术要点

1. 攻守转换之际，积极拦截对方发动快攻

当由进攻转入防守时，首先要积极阻止对方发动快攻，防守队员立即组织干扰一传和接应，"堵中路，卡两边"，伺机抢断球，控制对方的进攻速度，然后迅速退回后场，按照战术部署形成联防阵形。

2. 守区防人，随球移动，加强区域间的协同配合

根据本队的防守策略和防守特点以及场上队员的身体技术特点，合理分配防守的区域和布置防守阵形，处于篮下的队员应该是身材高大、善于拼抢篮板球、补防能力较强的队员。在区域防守分工的基础上，队员之间应高度协同，强调队员之间的协同防守和区域之间的有机联系。根据对方进攻方式的变化，及时调整防守阵形，从而形成具有连续性、整体性和攻击性的全队防守体系。

全队随球而动，"人、球、区兼顾"。要加强对有球侧和进攻威胁较大区域的防守。具体要求是：在本防区内，对对方有球队员要按照人盯人防守的方法进行防守，根据持球人的进攻特点，有针对性地盯人防守；对场角持球对方队员，要侧重防守底线，严防对手从底线运球突破；对不持球的对方队员，要贯彻"以球为主，人、球、区兼顾"的原则；防守对方无球队员，

在近球区，除防守本防区对方的无球队员外，还要协助同伴防守持球队员的运球突破，在远球区，在防守对方无球队员背插、溜底和纵切的同时，对向有球一侧移动的队员要积极协防，同时向篮下回缩，加强篮下的防守，还要随时抢断对方的"越区"长传球。当进攻队员在篮下接到球时，临近的防守队员要协助包夹篮下持球进攻队员，当球传到外围时，防守队要根据球的位置及时回撤，合理调整防守队形和布局。

3.围守、夹击中锋

区域联防的防守是有侧重的，应做到先内线后外围，以对篮下的防守为主。在对对方外线持球队员防守时，要干扰和破坏其向内线传球，其他队员要兼顾防守篮下。防守对方中锋的队员，可采用侧前或绕前的方法，切断其接球路线。对对方有球的中锋，特别是攻击能力强的高大中锋，采取围守、夹击的方法。必要时，在对方接球前，就采取围守、夹击的方法，隔断其与传球者的联系。就是说，首先不让其接球，一旦接到球，也要逼迫其将球再传出去。

4、限制对方穿插移动

对方穿插移动时，采用"卡堵、护送、交接、回位"的方法限制其移动路线，跟、送、交接要相互呼应。远离球区域的防守队员，在"人、球、区兼顾"的原则下，向有球一侧回收，同时要特别留意本区对方进攻队员的穿插移动，对于向球、球篮切入的对方进攻队员，要及时堵截其移动路径。

（三）区域联防战术的优点及运用

1.区域联防战术的优点

（1）防守队员在相对固定区域内活动，分工明确，节省体力。

（2）抑制对方的跑动和穿插移动。

（3）发挥集体的防守优势，弥补个人防守能力的不足。

（4）防守位置的相对固定为抢篮板球和抢断球提供了有利条件。

2.区域联防的运用

（1）对方内线进攻威胁较大，而外围投篮不准时。

（2）对方运球突破能力较强，或为了避免本队队员过多的犯规和保存本队的体力时。

（3）为了更有组织地拼抢篮板球，发动快攻时。

（4）为了弥补本队篮下防守的弱点和遏制对方进攻的速度时。

（5）对方不善于进攻区域联防时。

（四）区域联防队形的变化

随着现代篮球运动竞技水平的发展，目前在比赛中，任何单一的、固定形式的联防都已不能适应现代篮球竞技比赛的需要，因为任何一种固定形式的联防，由于队员的场上分布受一定区域的限制，在防守中都存在一定的薄弱地区。进攻队总是企图采用相应的进攻队形，占据这些薄弱区域，在局部地区造成人员上的优势，以多打少，使防守方处于被动局面。

当代篮球运动的发展，推动联防战术向协同性、攻击性等方向发展，突出了防守中的积极主动。其压迫对方有球队员，造成对方主动失误，防守中"有所为，有所不为"，逼迫对手跟着自己的战术预设行进，制造防守陷阱，联防中大量出现围守中锋、底线夹击、轮转换位等配合，还出现了把人盯人防守的方法和原则与区域联防相融合的综合性联防战术，即在联防中，根据进攻队球员的特点与落位部署，有目的、有意识地进行阵形变换，形成一对一的对位联防，加强了防守的针对性与攻击性，避免了固定阵形薄弱区域的被动，是区域联防战术的发展趋势与方向。对位区域联防是当进攻队的阵形变化时，防守队相应地改变防守阵势，与进攻队员基本形成一对一的形式。防守中采用对位人盯人与守区相结合，既守区又守人，并始终保持"一人一区、一区一人"，本区无进攻队员，要去控制附近区域的一名进攻队员，近球区跟防，远球区补位，前后不换位，高个不离篮。既使区域联防的位置部署不致被打乱，又使每个队员的特长与特点在集体防守中得到发挥和体现。

（五）区域联防教学与训练要点

1. 教学与训练建议

（1）区域联防要有个人防守和人盯人防守的基础，所以应在攻防人盯人全队战术之后安排以"2—1—2"区域联防作为教学的重点内容，在此基础上学习其他形式的联防阵形，并把区域联防教学训练与快攻和进攻区域联防有机结合起来。

（2）首先应简明扼要地讲明区域联防战术的特点、战术意义和运用时机，要重点分析"2—1—2"区域联防协同配合的具体方法，明确防守队员的职责与位置要求。在讲解时充分利用挂图、战术沙盘、录像剪辑等直观教具，以便使队员获得全面而完整的战术概念。

（3）在掌握战术原理，明确防守阵形、战术特点与应用时机之后，进行分区、局部的分解练习，待局部配合熟练后，逐渐过渡为完整的战术配合。在完整战术配合练习中，要把抢篮板球和快攻反击纳入区域联防的战术训练中，提高队员完整的战术意识和攻守转换能力。

（4）在练习过程中，一般首先是对区域分工的练习，即要求队员随球移动选位，该练习要限制进攻队员的行动，使其只能传球，不能突破和投篮。

（5）在队员基本掌握球在不同区域时自己的位置分配后，再练习在球动、人动的情况下的防守配合，该练习的指向为提高防守无球队员的背插、溜底线、"关门"与对内线队员围守的能力。

（6）最后在攻防的正常状态下，练习全队集体防守配合，通过教学比赛巩固与提高战术质量。

2. 教学要点

（1）区域分工与职责。守区防人、随球移动是区域联防战术的基本特征。任何形式的区域联防都是每个防守队员各守一定的区域，并以防守该区域的进攻队员为基础进行的分工配合，进而在此基础上演变为不同的防守阵形。每一区域的防守队员都有具体的职责和任务，要求其在积极控制自己区域对手的同时，与同伴协同防守，做到防球为主，人球兼顾。在教学中首先应该使队员明确和掌握不同防守阵形中各个区域的分工和职责。

（2）以球为主，人、球、区兼顾，协同配合。区域联防使用一定的阵形，充分利用区域的布置，防守队员随球移动，随着球的转移不断调整位置，形成在强侧防守时人数上的优势。要求队员不仅对本区的人和球进行防守，还要对其他区域进行协防，每一名防守队员在负责自己区域的前提下，积极主动地与同伴协同配合，发挥全队的整体防守优势。

三、全场区域紧逼防守

由于现代篮球技术、战术水平的迅速发展，运动员个人进攻能力的不断提高，特别是连续穿插移动进攻战术的出现，迫使防守必须加强集体性和攻击性。区域紧逼防守战术是按区域紧逼人盯人，不断组织封堵夹击并以争夺球为目的的积极防守战术。这种防守战术，既根据球的位置，又根据进攻队员的分布情况，有组织地破坏对方的进攻配合，积极创造近球区防守人数优势，以多防少，进行夹击围守和抢断球。因此，这种防守战术更能体现防守队的主动性、攻击性和集体性原则。

（一）全场区域紧逼防守战术的特点

1.综合性防守的特点

由于此战术既包含了区域联防，又要积极地进行人盯人防守，从而达到最大限度地发挥区域联防和人盯人两种防守战术的优点。同时，由于在战术运用过程中，可以根据进攻情况采用不同的防守阵式，往往使进攻队分辨不清是何种防守，难以组织有针对性的进攻而陷于被动。

2.针对性强的特点

区域紧逼是一种比较机动、变化比较灵活的防守战术。由于其防守形式的多变，可以根据进攻的方法和特点采用不同的防守形式，有针对性地破坏进攻的传、接球路线和配合。

3.攻击性强的特点

区域紧逼防守战术是在全场与进攻方展开激烈争夺，可以利用面积大、空间广等条件，充分发挥队员本身的速度和灵活性优点，积极采取夹击围守攻击性手段，有组织地在有球一侧形成防守人数优势，对持球对手施加更大压力，迫使其失去控球权。另外，还可以利用5秒、10秒规则给对方造成时间上的紧迫感，使其仓促传球或投篮，创造更多抢断球机会，加强防守的攻击性。

（二）全场区域紧逼防守战术的基本要求

（1）在由攻转守时，打破固定看人的界限，迅速按分工防区落位，在自己负责的防区就近进行盯人防守。

（2）要根据球的移动，积极移动调整位置，全队要体现"以球为主、人球兼顾、向球移动、积极堵截、控制中区、逼向边角，近球多防少，积极围守夹击，远球少防多，准备补防和断球"的防守原则。

（3）防运球要贯彻"放边堵中"的策略，迫使运球人在有利围守夹击的地方停球，以创造抢断球的机会。

（4）以球到死角为信号，临近球的防守人立即对持球人形成围守夹击。围守夹击的目的是封堵传球和突破，迫使对方高传球，且不可急于从对方手中抢球，以免造成犯规。

（5）夹击即是抢断球的信号。在夹击形成时，其他防守人要迅速调整防守位置，积极准备抢断球或补防。

（6）当球超越防区或漏防时，要坚决追防，做到后追前堵、熟练运用各种防守配合。

（7）后线防守队员要随时观察和判断前线情况，大胆运用错位防守，充分发挥以少防多的技巧，随时准备堵截、夹击和抢断球。

（三）全场区域紧逼防守战术的方法

1. 全场区域紧逼防守战术形式

全场区域紧逼防守时，一般把球场划分为前、中、后三个区域。由攻转守时，根据防守队员在各个区域落位的人数不同，全场区域紧逼的主要形式可分为"1—2—1—1""2—2—1""2—1—2""3—1—1"等几种。其中较常用的是"1—2—1—1"。不同形式的防守，有着不同的防守侧重点。也就是说不同形式的防守，有着不同的目的。

"1—2—1—1"形式的争夺侧重点在前场和中场。运用这种形式一般从对方发端线球时即开始积极争夺，控制对手接球。它的防守前场中区较强，即使前场争夺不成功，中场仍可继续组织争抢。

"2—1—2"形式的防守侧重点在于两侧，它既加强前场争夺，又重视后场防守。它要求中间位置的防守人要快速灵活、判断能力强，补防和夹击意识较好。

"2—2—1"形式防守侧重点在前场和中场。它加强了前场和两翼的防守，但中区空档明显，往往容易被对方策应所击破。

不管哪种形式的区域紧逼防守都具有其优点和不足，因此在运用时，要根据本队情况和进攻队的特点考虑。另外，不管采用哪种防守形式，都只是开始防守时的队员落位，当球进场后，战局情况千变万化。防守要主动地有所变化，可不受其形式的约束，及时变换防守阵式。

2. 全场区域紧逼防守的组织实施

由于全场区域紧逼防守是在由攻转守时运用，因此，一般是按前场、中场和后场进行落位的，而在实施防守时，也分为前场争夺、中场争夺和后场争夺。

（1）前场争夺的分工配合。球在前场时，防守首先以"造势"为主，"以势夺人"，积极采用封堵的办法，增加对方传球的困难，迫使其不能从容观察情况，为中场的围守夹击创造条件。

（2）中场争夺的分工配合。中场争夺的主要任务是进行夹击和抢断球反击，在此要充分利用边线和中线夹角的有利条件和回场球规则进行对持球对手的夹击防守。防守的重点是迎堵对方运球队员，迫使其在理想位置停球，要特别注意封堵中路突破和传切。

（3）后场的争夺与分工配合。球进入后场以后，防守的主要任务是抢断球和补漏并且不失时机地继续进行夹击。要封堵近篮的投篮角度，合理运用假动作，延误其进攻时间，为同伴退守争取时间。

（四）区域紧逼防守战术的教学与训练要点

（1）要全面提高身体训练水平。全场区域紧逼防守战术是在全场内与进攻方展开激烈争夺，因此，对运动员的速度、灵活性和耐力水平要求都很高。如果没有良好的身体素质，队员很难高质量地完成防守战术要求。

（2）根据"以小打大""以矮制高"的指导思想，在教学与训练中，要注意培养队员勇敢、顽强、敢打敢拼的战斗作风和意志品质。

（3）教学训练要遵循由易到难、由简到繁的教学原则。首先向队员讲清完整战术概貌，使队员完全了解全队布阵、基本路线、基本配合方法和时机。要先进行分解练习，再进行各区域之间的衔接练习，最后进行全场配合训练。进攻则由慢到快，进攻法则从简单的固定配合到多变配合，逐步提高防守质量。

（4）在掌握战术套路（形式数量）与主要战术（形式质量）关系时，应先练好防守的基本形式，然后再过渡到各种形式的变换。

（5）在教学与训练中，要不断总结，善于总结。战术是一个不断升华的过程，训练和比赛后应通过总结不断改进和完善战术，逐步形成本队独特的防守战术风格。

第三节　进攻人盯人、区域联防及区域紧逼的教学

一、进攻人盯人

（一）进攻人盯人防守的概念和特点

人盯人防守战术就是每个防守队员守住一个进攻队员，在防住自己对手的基础上相互协作的全队防守战术。其特点是防守分工明确，能有效地抑制对手的中远距离投篮。但同时对个人防守能力和体力的要求较高，内线防守相对较弱。

（二）进攻人盯人防守的分类与进攻方法

篮球比赛进攻时，根据防守的区域可分为进攻全场人盯人防守和进攻半场人盯人防守。

1.进攻全场人盯人防守

在进攻全场人盯人防守的时候，首先要了解全场人盯人防守战术的规律和特点。在全场人盯人防守中，存在个人防守面积大，攻守转换时找人不及时，补防、协防机会少等问题。那么在进攻对方采用全场人盯人防守的时候，可以根据此防守战术的弱点进行有针对性的攻击。进攻全场人盯人防守的基本战术方法有如下几种。

（1）长传偷袭法：全场人盯人防守一般都是在本方进球或在后场掷界外球的时候采用，此时全队要思想统一。发球队员要尽量以最快的速度去发球，接应队员要及时接应，让一至两名队员快下，发球人可以直接把球长传给快下的队员，打破对方的防守。

（2）短传快攻法：如果长传偷袭不行，那么则应快速地发球给接应人，接应人再及时传球给插入空位的同伴，利用快速传球向前推进，打破对方的防守。

（3）发球队员掩护法：发球队员发球给接应队员后，接应队员无法传给其他同伴时，利用发球人的掩护果断突破对方，运球到前场，打破对方的防守阵型。

2. 进攻半场人盯人防守

它是根据半场人盯人防守（缩小或扩大）战术特点，从每个队员的具体实际出发，综合运用传接球、投篮、运球、突破等个人技术动作和传切、掩护、策应等几个人之间的战术配合所组成的一种全队进攻战术。采用进攻半场人盯人的战术时，应根据全队，特别是中锋的身体技术条件来确定。战术打法的基础是两三个人的进攻配合，常见的战术方法有：通过中锋进攻、无固定中锋进攻、综合性进攻和移动进攻等。

一般战术都由准备、发动、结束三个阶段组成，这三个阶段是相互联系、紧密衔接的完整过程。准备阶段：即推进前场，快速落位做好进攻部署阶段。当由防转攻时，由于半场人盯人防守放弃前场的争夺，进攻队能顺利地推进到前场。在球推到前场后，应及时传球展开阵地进攻，要避免在中场附近停球，造成前后脱节。发动阶段：即运用战术配合展开攻击的阶段。发动战术配合一般是在正面罚球圈和球篮45°靠近边线一带以及禁区附近区域。但战术配合的发动区域，不宜固定不变，应结合本队打法，不断加以变化。结束阶段：完成配合投篮攻击阶段。投篮攻击时，应有组织地进行前场篮板球的争夺和及时调整位置保持攻守平衡。

（1）单中锋进攻法。准备阶段：进攻队员获球后迅速进入前场，中锋站在罚球线后或限制区旁，背向球篮。这时中锋应该选择随时都能接球的位置，前锋分布在场角附近，准备向任何方向跑动，随时准备接球。两名后卫相互传球或运球向前推进，直到越过中线，所有队员按"2—1—2"队形分布准备开始进攻。发动阶段：这个阶段的任务是将球传给中锋，外围四个人要根据预定的战术线路进行传球、接球、跑动和交换位置，并借助假动作传球给中锋。在这个阶段，每个队员都要注意中锋的位置，当找到传球机会时就迅速传球给中锋，球给中锋后就开始直接进攻。结束阶段：中锋接球后可以创造出许多投篮机会，首先是中锋在投篮的有利位置上，接到球后应果断进行投篮，其他队员协同行动。两个前锋插到篮下准备冲抢篮板球，一个后卫到罚球线附近，另一个后卫留在后面准备退守。中锋接球后，如果对方防得很紧，可运用转身运球突破投篮，运球上篮受阻时把球传给移动接应的前锋。另外，也可以通过中锋策应传球给后卫投篮。

（2）双中锋进攻法。双中锋进攻法是根据通过中锋进攻法的原则，利用两个中锋在限制区附近活动而组织的一种进攻法。这种进攻法的特点是加强篮下攻击力和篮板球的争夺力量。但是它对外围队员在控制、支配球和中远距离的投篮能力以及传接球技巧方面都要求较高。第一，两个中锋分别站在限制区两侧。这种进攻方法是在前锋身材较高、中锋比较灵活，为了增强篮下威胁时采用的，队员按"2—1—2"队形站位。第二，两个中锋内外站位，一个中锋站在限制区的腰侧，一个站在罚球线附近，这种站法要求中锋不仅善于投篮和抢篮板球，而且要能熟练掌握策应传球和转身进攻的能力。第三，两个中锋在罚球区附近重叠站位。这种站法对外围队员切入的影响较小，并给外围队员运用定位掩护进攻提供了有利的条件。但这种站法要求至少有一个中锋移动灵活，技术全面，另外在外围传球和中锋移动的时间配合上要求较高。

（3）"8"字进攻法。"8"字进攻法是因为队员跑动的路线所组成的图形像个"8"字，故称为"8"字进攻法。"8"字进攻法有两种进攻形式：第一，小"8"字结合中锋进攻；第二，底线"8"字进攻。

3.进攻盯人防守战术的基本要求

（1）从实际出发，合理组织阵型，充分发挥本队进攻特点和个人的技术特长，利用基础配合组成全队的进攻战术。

（2）在移动中做到相互配合，有目的地连续穿插掩护换位，侧重于主要的攻击区域和攻击点，点面结合、内外结合，强调进攻中的灵活性和机动性，注意攻守平衡。

（3）积极冲抢前场篮板球，提高攻守转换速度。

（4）进攻中抓住对方防守的薄弱环节，实施强攻。

二、进攻区域联防

（一）进攻区域联防概述

伴随着区域联防战术的发展，进攻区域联防的战术方法和手段也得到了丰富和完善。进攻区域联防是篮球竞赛进攻战术体系的重要组成部分，由于区域联防战术运用的普遍性，进攻区域联防已成为各级球队必须掌握的一项全队进攻战术方法，也是篮球战术教学的重要内容。进攻区域联防是针对区域联防的特点，抓住其防守中的薄弱环节，在个人与两三个人配合的进攻策略与方法的基础上发展起来的全队进攻战术。

进攻区域联防是在掌握区域联防的特点和规律的基础上，针对防守阵形的薄弱环节，结合本队的具体情况所组织的具有针对性的进攻战术配合。进攻区域联防战术的特点是采用与防守队相对应的进攻队形，占据其薄弱环节，明确攻击的原则和重点，有组织地展开针对性进攻。经常采用"球动""人动"来调动防守，打乱防守阵形，在局部地区创造以多打少的进攻机会。因此，要多利用策应、溜底线、背插、掩护、突分等个人或集体配合来破坏对方防守的整体布局，创造好的投篮机会。同时，注意内外结合，提高中远距离投篮命中率，扩大进攻区域，增加攻击点，迫使对方拉大防区，趁机组织中区策应，破坏对方防守的整体性。强化队员对篮板球重要性的认识，积极组织拼抢前场篮板球，力争补篮或者组织二次进攻。

（二）进攻区域联防战术队形

　　进攻区域联防战术的使用是基于联防防守阵形而定的，常用的形式有"2—1—2""2—3""3—2""1—3—1""1—2—2"。我们可以依据突前防守队员的人数把前两种阵形称为"偶数联防"，后三种阵形称为"奇数联防"。相应的，进攻联防战术也可以根据上述两类防守阵形来划分。

　　对于"2—1—2"与"2—3"两种"偶数联防"来说，虽然在防守阵形上有区别，但在实际运用之中是很难明确区分开的。"2—3"联防在篮下和底线加强了防守力量，但在高位和两翼的外线却是防守的薄弱环节；"2—1—2"联防虽然阵形均匀、位置均衡，但高位和两翼的外线同样是容易被对手攻破的薄弱区域。两种阵形共有的特点是防区后面的队员一旦轮转换位到别的区域，那么低位区域就很容易被对手攻击。针对其防区的弱点，进攻"偶数联防"采用的攻击阵形主要有"1—2—2"与"1—3—1"。

　　"3—2"与"1—3—1"联防虽然加强了正面和发球区的防守力量，有利于对外线投篮和限制区两侧进攻的限制，但篮下和场角的防守是其薄弱环节。因此，在面对这类联防时，采用的进攻阵形是"2—2—1"与"2—1—2"，进攻的重点是两个场角和篮下的限制区附近。

　　总之，进攻区域联防的战术队形是针对区域联防队形而采用的相应进攻队形，其基本要求是进攻队员不要与防守队员一对一站位，应占据防守的薄弱区域，在局部地区形成以多打少的优势，根据队员的身体与技术特点及专长，合理地部署队员并保持队形的攻守平衡。

（三）进攻区域联防战术要点

（1）根据防守阵形与本队队员的身体、技术特点与专长，采用有利的针对性的进攻队形。要充分利用防守队员之间的空隙，在两名防守队员之间要有人站位，占据联防的薄弱区域，在局部地区集中优势兵力，形成以多打少的有利局面。

（2）快攻是进攻区域联防最积极有效的办法，由守转攻时，在联防防守阵形尚未布置好之前的快速攻击，会使联防的整体性不能得到有效发挥。因此，攻守转换时，在对方尚未完全退到后场或者没有组织好防守阵形之前即展开攻击。

（3）以人位移动调动防守，占据有利位置。通过人的有序移动，让队员特别是外线队员在防区内反复穿插，给防守造成局部负担过重，在局部区域形成以多打少的局面。区域联防防守队员有着相对固定的防守区域与责任划分，进攻队可以通过有目的地移动在某一区域集中相对较多的人员，使防守方在该区域的防守负担过重，从而造成人员上的优势，形成以多打少的局面。

（4）通过有目的地转移球，配以人的有序移动，迫使对方不断调整防守阵形。利用反向回传球或突然改变方向的转移球来"拉扯"防守队员，调动防守，形成防守空隙。在进攻区域联防的过程中，球的转移与人的移动所体现出的这种时空变化的有机性与合理性，对进攻的有效性的影响至关重要。

（5）内外结合是进攻区域联防的重要原则。低位的大个队员要站在整个防守阵形的后面，在进攻时要保持连续移动，高位采取换位向球移动。内线队员积极抢占位置，居中策应，外线队员采用溜底线或底线运球突破，弱侧队员背插到篮下，造成防守方人球兼顾的困难，外线队员适时而果断地中远距离投篮。一般情况下，进攻区域联防每队均具有 1 ~ 2 名优秀的投手，在不同的距离，在薄弱环节，甚至在防守阵形之外实施中远距离攻击是进攻区域联防的有效手段。大胆应用"突破分球—三分球"的进攻模式，运用突破的目的是压迫防区，利用连续突分压缩防区，给外线投手创造三分投篮的机会。

（6）在进攻区域联防时，进攻队员要积极拼抢篮板球，争取补篮或重新组织进攻。在注意保持攻守平衡、攻守转化的同时，要迅速退守并有组织地封堵、破坏对方的快攻。

（四）进攻区域联防教学与训练要点

（1）应通过多种方法与途径清楚、准确、全面地阐述全队进攻区域联防战术阵形与配合方法，使学生建立完整的战术概念。

（2）进攻区域联防战术教学应安排在攻防人盯人战术之后进行，此时，学生具备了一定的整体战术意识与基础战术配合的能力，能较为容易地根据区域联防战术的特点，运用基本战术配合和穿插移动组成全队战术行为。进攻区域联防战术教学还应与区域联防防守战术教学相结合，使进攻战术教学更有针对性，实现学用结合，巩固提高。

（3）教学内容应以"1—3—1"阵形落位进攻"2—1—2"区域联防为重点，在此基础上学习其他配合方法。

（4）进攻区域联防战术教学步骤一般是根据本队确定的进攻战术队形和队员的位置分工，先在不设防的情况下，进行全队的战术跑位练习，以便熟悉配合路线和配合方法，再进行分区、分位练习，逐步提高配合质量和能力，然后进行全队完整的战术配合。全队练习首先应在无防守或者限制条件防守的情况下进行，逐渐过渡到积极对抗防守条件下的练习，最后在教学比赛中巩固提高。

（5）在进行全队完整战术教学训练时，先练习传球调动防守，创造以少打多的机会，再练习溜底、穿插移动，最后练习球动与人动的配合。在有针对性强化中远距离投篮的基础上，重点练习背插、溜底线突分、策应等进攻战术基础配合。

三、进攻区域紧逼

（一）进攻区域紧逼的原则和要求

（1）进攻队员无球时，应有目的、有组织地移动，摆脱对手的紧逼。同伴之间要注意保持一定的距离，不要去给有球队员做掩护，这样虽然使对手难以防守但也不便于夹击。

（2）进攻队员持球时，在没有运球突破的可能时，不要盲目运球，更不应在边线与中线附近和场角处停球，以防被对方夹击。运球中一旦停球，应快传、快投。

（3）在掷界外球时要快，场内接应点要多。球掷进场后，应注意合理运用传切、突分、掩护、策应配合突破对方的防线，创造以多攻少的机会。

（4）进攻中应注意尽量少用长传球，应多用快速的短传和中距离的传球及运球中的传球等。传球要快速、及时、准确、到位，积极破坏对方的防守配合，从而获得较好的进攻机会。

（5）进攻中一旦被对方夹击，要注意降低重心，利用跨步、转身保护球，寻找传球时机或造成对方犯规。

（二）进攻区域紧逼的战术举例

1. 进攻半场区域紧逼

（1）应根据球的不同位置和攻、守队员的变化而有组织地移动与配合。

（2）向有球一侧纵插或横插策应获球进攻。

（3）利用快速传球，使球转移到防守较薄弱的区域进攻。

（4）根据对方的打法采用相应的进攻战术。

2. 进攻全场区域紧逼

对不同的防守队形可采用不同的进攻战术，但应遵循进攻区域紧逼的特点、原则、要求。

（三）教学步骤与练习方法

（1）完善进攻战术的讲解、示范与试练，使学生初步明确落位、配合方法与要求。

（2）在防守的配合下练习进攻落位及配合，对攻与守均提出要求。

（3）分解练习

①一对一的摆脱接球或一对一运球突破练习。

②二夹一的摆脱接球或一人运球突破二人防守的练习。

③三防二的摆脱接球及二攻三的有球进攻练习。

④在快速中练习运球、运球与传球结合、运球急停后传球、行进间传球、策应等技术。

⑤传切、突分、掩护、策应配合练习及基本技术练习。

⑥局部进攻战术的练习及配合方法的练习。

（4）局部战术的衔接练习。如果是练进攻全场区域紧逼，可进行使球由后场进入前场的衔接配合练习等。

（5）整体战术练习，由进攻半场或全场区域紧逼在消极防守条件下的练习，逐渐过渡到在积极防守条件下的练习。

（6）通过教学比赛或分开比赛，检查教学质量，提高教学效果。

（四）进攻区域紧逼教学训练建议

（1）注意培养和提高学生或队员积极防守的思想和敢打敢拼的战斗作风，以及沉着冷静、快速果断、密切协作的素质。

（2）多组织个人防守与进攻的脚步动作、技术动作与协作配合的练习。提高防守的积极性、攻击性和进攻的主动性、威胁性。

（3）重视进攻与防守战术基础配合的训练，借以提高全队的战术质量。

（4）注意重视对学生身体素质和观察判断能力的培养和提高，以适应战术特点的需要。

（5）区域紧逼与进攻应在区域联防与进攻和人盯人防守与进攻教学之后进行。区域紧逼与进攻的教学训练可结合进行，但有主次之分。要对进攻与防守训练提出不同的要求，使之互相促进，共同提高。

第七章 高校篮球教学中的风险防范及处理

第一节 篮球教学中的准备活动

篮球教学中的准备活动是篮球教学的重要组成部分，准备活动分为专项准备活动和一般准备活动两部分。一般准备活动的目的是促进新陈代谢、呼吸和血液循环能力，使神经中枢和运动器官的兴奋性逐步进入工作状态。专项准备活动的目的在于调整运动器官和植物性器官之间的关系，为熟练掌握专项动作技能做好准备。

一、一般性准备活动

一般准备活动通常采用慢跑、球性练习、跳绳或篮球操等活动来逐步提高心率，增加肌肉血流量，使自己的身体发热，深层肌肉温度上升，呼吸频率提高，关节黏滞性下降。这一阶段可以占用 10 ～ 15 分钟的时间，直至身体开始出汗，适当发热。

在该阶段采用的练习内容和时间一般是被动静力性拉伸运动（或称静力拉伸运动），如向前或向后慢跑、折返跑、交叉步跑（4 ～ 5 分钟）；跳绳，即双脚、右脚、左脚等（6 ～ 10 分钟）。该阶段的牵拉练习包括运动员可独立进行的牵拉和需要同伴协助完成的牵拉两部分内容，时间一般是 10 ～ 15 分钟。

二、专项准备活动

篮球专项课的准备活动，在进行一般准备活动的基础上，应采取如运球、耍球、抢球及专项游戏等方法来调动学生的积极性。准备活动的形式、方法和内容应与课的基本内容密切结合，以有利于对基本部分教材内容的学习和掌握。

（一）脚上的基本功练习

脚上的基本功指转移身体重心、变换身体速度和方向时脚步的控制能力。其表现为篮球转移时的蹬地、转身、变速、变方向技巧等熟练程度和爆发力。脚上基本功的练习目的是提高学生的脚步动作灵活性和协调性，使脚步动作规格化。

具体方法：学生站在端线外侧准备，然后依次进行冲刺、侧滑步（左）、转身、侧滑步（右）、曲线跑、后转身、横滑步、前滑步（攻击步）、围绕滑步、后撤步、横滑步、转身、变向跑、断球时侧跳步、后退跑变侧身跑。上述活动为一圈，由慢到快进行，可连续做两圈，规定时间每人一圈为90秒，根据要求还可压缩为70秒。动作要正确连贯、协调、注意抬头。

（二）篮球的手上基本功练习

手上基本功指手对球的感应能力，控制球的能力和手指手腕的集中爆发用力能力。其表现在接、传、投以及运球时手指、手腕抖腕拨球的技巧熟练程度。

1.单手托球向上伸臂练习

准备姿势：双手胸前持球后，将球移至右肩上，右手托球。右手上举，臂伸至最高点；右手回收的同时，将球放在左肩上左手托球；左手举臂伸至最高点；左手回收至右肩上，同时将球交于右手。

2.单手托球向前伸臂练习

准备姿势：由右臂、右手持球于右肩上。右掌心将球向前平推出，臂伸直的同时，手腕向左移动至掌心向上，用手指将球控制住；右手指将球拉回，曲臂将球拉至左臂，交于左手；然后交换，用左手将球推出收回。

179

3. 双手向上伸臂左右拍球练习

双手持球于身前，举球向前伸臂，五指自然分开，用指根以上部分拍击球，由慢到快进行拍击。要求：用手腕、手指的柔和力量拍击，防止掉球。

4. 身前两手相互传、接球练习

直立，两臂伸直，两手持球于身前，用手指和指端将球从一手传向另一手。要求：传、接球时，两臂始终伸直，随时改变球和两臂的高度，随时改变传、接球的速度。

5. 单手体前抛球击掌接球练习

右手竖直上抛球，双手胸前击掌一次，左手单手接球，然后交换，左手抛球，右手接球。要求：球由手指抛出，抛球的高度超过头顶，接球时手指放松，指端先触球。

6. 腿部、腰部球绕环练习

准备姿势：双手持球于胸前，两脚并拢。前抬右腿，将球移至右手，用右手将球从外向内，从右腿由下至上绕环一周，经左手再呈双手持球；将球移至右手，用右手持球从身后绕腰一周经左手再呈双手持球；前抬左腿，从左侧重复上述的绕腿、绕腰动作。

7. 球在两腿绕"8"字练习

两脚单行开立，开始从一个方向从两条腿间进行"8"字围绕，然后改变绕的方向。要求：做动作时要抬头，不用眼睛监视球。

8. 胯下抛接球倒手练习

两脚平行开立，两手持球在两腿之间，右手在前，左手在后，很快变换两手握球的位置，但不要让球落地。在两手变换位置之前，手对球要有向上抛的小动作，随着练习程度的提高，逐步加快两只手倒球的动作。

9. 持球 180° 转身练习

准备姿势：双手胸前持球，两腿平行开立。左脚为轴，向左前转身180°；左脚为轴，向右前转身180°；右脚为轴，向右前转身180°；右脚为轴，向左前转180°。要求：转身时以脚为轴辗地，腰部带动上体转动，重心平稳，上下不起伏。

10. 单手投篮与双手传球练习

准备姿势：持球于胸前，两脚平行站立，五指自然分开。两腿平行站立变前后步站立，持球于胸前，五指自然分开，做单手肩上投篮动作变两脚平行，两脚平行变两脚前后，做双手胸前投篮动作变两脚平行。要求：持球姿势动作正确，身体协调自然连贯。

11.换手变向运球练习

右手将球在右脚外侧运球 3 次后，拍至左脚外侧；左手将球在左脚外侧运球 3 次再拍至右脚外侧。要求：交球时重心降低，上体前倾，腿微屈，弯腰含胸，另一臂自然弯曲护球。

12.横跨步运球抄球练习

左脚向左横跨半步，左手持球至右脚外侧运球一下，待球向上反弹时，立即用左手将球抄至腹前成双手持球，做准备姿势；右脚向右横跨步，用右手做抄球动作。要求：单手运球，单手抄球，球反弹向上时手贴在球上，利用球的反弹力量翻腕抄球。

13.体侧运球背后换手练习

右手在右脚侧运球两次；右手持球将球从背后腰部交给左手；左手在左脚外侧运球两次；左手持球将球从背后腰部交给右手；其后依次同上。

14.运球左右腿跨过练习

右手原地体侧运球一次；右腿抬起，右手将球从其下拍至左侧；右手体前拍球一次至右侧；左腿抬起，右手将球从其下拍至左侧；左侧原地体侧运球一次；左腿抬起，左手将球从其下拍至右侧；右手体前拍球一次至左侧；右腿抬起，左手将球从其下拍至右侧。

15.原地高低运球练习

右手高运球；右手低运球；左手高运球；左手低运球。要求：运球按拍，动作连贯，重心要低，抬头，身体放松。

（三）学习半场人盯人防守战术和半场攻守区域联防战术准备活动

开始可以做脚上的基本功练习，然后安排半场人盯人防守游戏。攻守区域联防，可采用拉渔网游戏、传球触人游戏。

1.盯人游戏

将学生分两组，人数均等，一组为进攻组但不要投篮，另一组为防守组，进攻组面对球篮，防守组背对球篮；防守队员各盯一人，要求与进攻人员保持半臂距离。进攻队一人持球，队员之间相互传球、跑动掩护，尽力将防守队员摆脱掉。防守队员可以采用各种步法和技术盯住自己的对手，听教师的哨声，停止后不动，看防守队员与进攻队员的距离，如果符合要求，说明防守者胜利，反之则防守者失败，然后交换防守。

2.拉渔网游戏

令全体学生分散在球场上，首先由两人手拉手作渔网状捉篮球场上的人，被捉者组成渔网，直至全部捉到为止。

3.传球触人游戏

先拉两人为引导者，做传球触人，其余参加游戏者，在半场自由活动，引导者利用传球去用球触及其他人，被触及者，即参加传球触人练习，直到把全部人员触及为止。参加者只能在篮球场活动不能运球，不能持球跑，触及对方后球落地时，不算触到。

以上各节练习都要从慢到快进行，可根据具体情况加上教师示范讲解，直至学生达到要求为止。这样不仅达到了准备活动的目的，而且使学生感到有兴趣，从而促进学生掌握本课的内容。

根据课程的任务及内容，篮球基本技术和战术，特别是基本手法、步法，应当在准备活动中天天出现，这样有利于提高教学质量和学生的技术水平。安排篮球教学中的准备活动时应注意：根据课程的内容和学生的具体情况安排准备活动；专项准备活动与一般准备活动相结合；篮球的准备活动应与课程的基本内容紧密结合；防止出现学生伤害事故。

第二节 篮球教学中损伤的应急处理

篮球运动是一项结合速度、力量、灵活性、协调性的运动，其基本技术动作包括了各种跑、跳、急停、转身以及一些高难度的空中对抗等，需要不断地进行高速度进攻以及攻守的转换，如此一来，篮球运动员就不免会发生这样或者那样的运动损伤，而在这些运动损伤中，有一些损伤是可以预防或者完全避免的。

一、运动损伤产生的主要原因

（一）一般原因

1.思想原因

运动损伤的发生往往与体育教师、教练员和体育运动参加者对运动损伤的忽略有关，如有些体育教师或教练员认为运动损伤是医务人员的事，与己无关。有些体育教师或教练员思想上麻痹大意，不注意科学的锻炼方法，忽视循序渐进和量力而行的原则，急于求成，不顾主客观条件，盲目地或冒失地进行锻炼指导，这些都会使运动员发生运动损伤。有些体育运动参加者在练习中对难度较大或不熟悉的动作，产生畏难和害怕心理，动作犹豫，过分紧张；或是做熟悉的动作时，随随便便，疏忽大意，这样也容易发生损伤。

2.准备活动不当

缺乏准备活动或准备活动不合理，是造成运动损伤的主要原因之一。因准备活动问题致伤的情况，常见的有以下四种。

（1）不做准备活动或准备活动不充分。在神经系统和其他器官系统的功能尚未充分动员起来的情况下，就进行紧张激烈的运动或比赛，此时因身体存在惰性、缺乏必要的协调性，肌肉温度没有提高，力量、弹性和伸展性不够，容易发生肌肉或韧带损伤。

（2）准备活动的内容与课的基本内容结合得不恰当，或者说缺乏专项的准备活动，使运动时身体负担较重部位的功能没有得到改善，也容易造成局部损伤。

（3）准备活动的量过大。由于准备活动的量过大，到进入正式运动时，身体功能已经下降或身体已经疲劳，在这种情况下运动也容易发生损伤。

（4）准备活动离正式运动的时间太长，当身体进入正式运动时，准备活动的作用已经减弱或消失，等于没有做准备活动，这种现象多见于比赛或替补队员临时上场时等。

3.身体素质差

运动员力量、速度、耐力与灵敏等素质差，致使其肌肉力量和弹性差，关节的灵活性和稳定性不够，反应迟钝，这些都可成为其损伤的原因。

4.技术动作的缺点和错误

如果技术动作违反了人体结构与功能特点及运动时的力学原理，运动员就容易受伤，这是运动员刚参加系统训练或学习新动作时发生损伤的主要原因。例如在传接球的动作中，手形不正确易造成挫伤和手指关节扭伤。

5.带伤训练和疲劳状态下训练

在患病或伤病初愈阶段或睡眠不足、休息不好及过度疲劳的情况下，运动员的生理功能和运动能力都相对下降，这时若参加剧烈活动，可能因肌肉力量弱、反应较迟钝、身体协调性差而导致损伤。

6.心理状态不良

如运动员心情不舒畅，情绪不高，对训练或比赛缺乏自觉性和积极性，思想不集中，急躁、胆怯、犹豫等，都容易导致动作失常而造成损伤。

7.教学、训练和比赛的组织方法有缺点

没有根据运动者的生理特点安排运动量，使运动量超过其所能承受的生理负担，尤其是局部负担量过大；缺乏必要的保护措施及自我保护的能力；允许有伤病者或身体不合格者参加运动等。所有这些因素都可能导致损伤。

8.气候不良与场地不适应

气温过高、湿度过大，容易发生疲劳和中暑，或因大量出汗，造成体内水盐代谢失去平衡，易发生肌肉痉挛或虚脱；气温过低或潮湿，容易发生冻伤或肌肉拉伤；场地不平，易引起踝关节扭伤等。这些原因都可引起运动损伤。

（二）潜在原因

潜在原因所造成的损伤，具有一定的规律和特点，为预防运动损伤采取必要的措施提供了重要的依据。它只有在一般原因的作用下，才能成为致伤的原因。

1.运动项目本身的技术特点

各项目运动的技术特点和要求，对人体各部位所要承受的负担量有所不同，因此，各项运动在人体上都有它自己的易伤部分，如篮球最易伤膝。篮球运动的基本技术动作如滑步、急停、转身、变向跑和起跳上篮等，都要求膝关节处于半蹲位进行屈伸和扭转，其负担量较大，而且容易发生"不合槽"的错动、捻转和撞击，故易发生髌骨劳损。

2. 人体某些部位的解制生理特点

在篮球运动的损伤部位中占首位的是膝部，踝部和腰部分别居第二、第三位。例如膝关节在半蹲位发力时，关节周围几乎没有肌肉的保护，只能依靠内侧和外侧切带、十字韧带及髌骨来维持关节的稳定，因此，关节的稳定性较差，容易发生"不合槽"的活动而受伤：由于踝关节的距骨上关节面前大后小，外侧韧带弱于内侧韧带，外踝尖低于内踝尖等解剖结构的原因，踝关节在跖屈时容易引起足内翻，进而造成胫腓前韧带的拉伤。

二、如何控制运动损伤

参加体育锻炼的目的，是增强体质、促进身心健康。体育运动中发生的各种伤害事故，轻者影响学习、工作和健康，重者可造成残废甚至危及生命。因此，要注意做好运动损伤的预防，以免发生各类伤害事故。造成运动损伤的原因是多方面的，预防措施也必须是综合性的。只有采取切实有效的综合措施，努力消除各种致伤因素，才能达到以防为主、防患于未然的目的。下面从七个方面谈谈预防的方法。

（一）思想重视

体育锻炼的目的是促进身体的生长和发育，增强体质，提高健康水平。体育运动参加者要明确体育运动的目的，在思想上重视对运动损伤的预防和懂得如何进行预防。

（二）做好准备活动

准备活动要充分、有针对性，既要做一般准备活动，也要做专项准备活动。准备活动的最后一部分内容，应与即将进行的运动紧密联系。对运动中负担较大和易伤的部位，尤其要做好准备活动。在运动间歇时间较长时，也应在运动前再次做好准备活动。准备活动的内容与量应依训练内容、比赛情况、个人机体状况、气象条件等判定。机体兴奋性较低时，或气温较低、肌肉韧带较僵硬时，准备活动要充分些。对于有伤的部位，做准备活动时要小心谨慎。

（三）加强易伤部位的训练

有针对性地加强易伤和相对薄弱部位的肌肉力量和伸展性练习，提高它们的功能，是积极预防运动损伤的一种有效手段。例如预防膝关节损伤，必须加强大腿肌肉力量的训练，不仅要注意股四头肌，也要注意大腿后面的肌群，它们对增强膝关节的稳定性和保护膝关节有重要作用。在发展肌肉力量的同时，要注意发展肌肉的伸展性，这样可以防止肌肉拉伤。预防关节扭伤，要加强关节周围的肌肉和韧带的锻炼，以提高关节的稳定性。

（四）科学训练，防止疲劳状态下大运动量训练

运动量、运动强度和动作难度必须与身体状况和训练水平相适应，要遵守循序渐进和区别对待的原则。学习动作时，要从简到繁，由易到难，从分解动作到完整动作。合理安排运动量，尤其要注意局部负担量和伤后的体育锻炼问题。教练员要注意大运动量训练后，应有所调整，及时观察运动员的训练反应，发现有疲劳状态产生时，要及时调整量和强度的安排，以防损伤的出现。

（五）有伤要及时治疗

许多运动员在出现轻度运动损伤后仍照常训练，以致出现新的损伤，或形成劳损。当然，损伤不严重的时候，是可以坚持训练的，但要注意积极配合治疗，边治边练，也可以通过按摩的方法做一些理疗。同时，在伤后的训练过程中，应使用支持带和护膝等保护装置，这样可以减小受伤部位所承受的负担。

（六）加强保护和自我保护

运动员要学会自我保护的方法，防止损伤的出现。例如在重心不稳而快摔倒后的一瞬间，要立即低头、屈肘、团身，以肩背部着地，顺势滚翻，绝不可用手直臂撑地，以免发生腕部或前臂骨及肘关节脱位等。在进行力量器械练习时，应有懂得保护方法的人或教练员在旁进行保护，以防意外事故的发生。

（七）加强医务监督并注意设备的安全与适用性

经常参加体育运动的人要定期进行详细的体格检查。在参加大型比赛的前后，还要进行补充检查和复查，以便教练员等根据体育锻炼者的身体功能状况，提出合理的建议。伤病初愈的人参加体育锻炼时，应根据医生的意见进行锻炼。

在进行体育运动的过程中要做好自我监督，随时注意自己的身体有无疲劳征象（如头晕、疲乏感等），特别要注意运动器官的局部反映（如局部肌肉有无酸痛、僵硬，关节有无疼痛等）。当有不良反应时，要及时调整运动量。要经常认真地对运动场地设备进行安全检查，不应在不合要求的场地上或穿着不合适的服装及鞋子进行运动。

三、常见篮球运动损伤类型

（一）踝关节扭伤

1.损伤原因

在运动中，由于场地不平以及跳起落地时身体失去平衡或过度疲劳等原因，使踝关节发生过度内翻（旋后），引起外侧韧带的过度牵扯，使其部分断裂或完全断裂。

2.症状与诊断

（1）有踝跖屈内翻的外伤史。

（2）踝部关节外侧、踝尖前下方疼痛，走路和活动关节时最明显。

（3）局部肿痛。肿痛迅速出现，皮下可见淤血。

（4）功能障碍。因组织断裂、关节积血或撕裂的韧带嵌入关节内，而行走疼痛，出现跛行。

（5）局部明显压痛。压痛多在外踝前下方，则是单纯韧带损伤，压痛若多在外踝或踝尖部，则可诊断是否并有撕脱骨折。

（6）内翻痛。握住患肢前足，使足被动内翻，在踝关节外侧的损伤部位出现疼痛，即为内翻痛。如内翻运动超出正常范围，外侧关节间隙增宽，距骨在两踝之间旋转角度增大，表示外侧韧带已完全断裂。

3.处理方法

（1）在现场急救时，立即用拇指压迫痛点止血，同时做强迫内翻试验，检查韧带是否完全断裂，并立即给予冷敷，局部加压包扎，休息时应抬高患肢。

（2）较轻的韧带挫伤以粘膏支持带固定，并应在以弹力绷带包扎后，立即敦促其活动，必要时可于第二日外敷止血、活血化瘀的药物，但一般认为用支持带及早期活动是最好的方法。

（3）较重的外侧韧带拉伤、肿胀及肌肉痉挛较明显时，消除肿胀是首先应考虑的问题，且压迫包扎非常重要。24小时以后，根据伤情可选用新伤药外敷、理疗、针灸、按摩、药物痛点注射及支持带固定等，并应及早锻炼踝关节功能。

（4）严重的韧带撕裂，应及时送医院治疗。

（二）膝半月板损伤

1.损伤原因

在篮球运动中，落地不稳、转身跳起、跨步移动、进攻受阻等技术方面的问题，膝部负荷过大、过于集中或膝关节周围各肌肉群力量发展不均衡、膝关节稳定性差等原因易造成膝半月板损伤，这是膝关节较多见的运动损伤之一。其急性伤多为间接外力引起。半月板损伤多有并发损伤，如内侧副韧带断裂、十字切带断裂、滑膜和关节囊损伤等。

2.症状与诊断

（1）伤后剧痛，呈牵扯样、撕裂样持续痛。其疼痛特点是早期范围大，随病情发展而缩小并逐渐集中在局部，因而临床上表现为疼痛剧烈、痛点集中。

（2）半月板损伤后的异常活动刺激滑膜，久之，出现无菌性炎症反应，使分泌增多、渗出增加，造成关节内积液、积血，出现瘀血和肿胀。

（3）出现伤后膝关节屈伸活动严重受限的功能障碍。

（4）膝伤后，出现做膝屈伸活动时突觉有异物"卡"住而不能活动的绞锁现象。多数人经主动或被动活动后可自行"解锁"。

（5）膝关节活动时有关节响声。这是因半月板破裂后，膝关节活动时股骨与距骨彼此间摩擦、弹动而产生的，可发生在一定角度上。

3. 处理方法

（1）对急性损伤者，早期处理方法是局部冷敷，用厚棉花垫于膝部做加压包扎固定和抬高伤肢。

（2）24 小时后，若出血停止，则可进行热敷、理疗、按摩等，或外敷消肿、散瘀的中药。

（3）若关节肿胀剧烈（尤其是关节积血），应及早去医院做关节穿刺，抽取积血和积液。

（4）如确诊有半月板撕裂，尤其是经常发生关节绞锁现象的患者还是以手术切除半月板为好。

（三）膝内侧副韧带损伤

1. 损伤原因

在篮球运动中，场地、技术（如跳起投篮、抢篮板球后落地姿势不佳，或在运球突破时，遭防守队员阻挡，使膝关节出现强迫"外翻"，造成膝内侧副韧带损伤）、关节稳定性、身体机能状况、准备活动、对抗能力与自我保护能力等方面的原因，会导致小腿突然内收内旋，或小腿及足固定，大腿突然外展外旋，造成膝关节内翻，引起外侧副韧带损伤。

2. 症状与诊断

（1）伤后出现痉挛性疼痛。

（2）膝内侧压痛、肿胀、皮下瘀血、小腿外展或膝伸时疼痛并存在功能障碍。

（3）关节内积血是严重的联合损伤的信号，意味着关节内韧带损伤，半月板可能撕裂。

（4）膝关节侧板试验呈阳性。

3. 处理方法

（1）现场立即冷敷、加压包扎、制动，减少出血、止痛，以避免并发症。

（2）伤后 24 小时左右可视伤情采取中药外敷或内服、按摩、理疗、康复训练等手段，促进淋巴和血液循环，加速渗出液和积血的吸收。

（3）膝内侧副韧带不完全断裂的早期治疗，主要是防止创伤部继续出血，并适当固定。

（4）膝内侧副韧带完全断裂的最好的治疗方法是手术缝合。

（四）大腿后部屈肌拉伤

1. 损伤原因

在跳起上篮、跳起拦截或蹬跨移动等动作中，当肌肉主动收缩或被动拉长超出其所能承担的能力时，可引起大腿部肌肉的急性拉伤。准备活动不充分、不当地使用猛力、疲劳或负荷过度、技术动作有缺点、气温过低、场地不良是常见的致伤原因。该肌群训练不足，肌肉弹性、伸展性差，肌力弱是发生损伤的内在因素。肌肉拉伤轻者，可能仅有少许肌纤维撕裂或肌膜破裂；肌肉拉伤重者，可造成肌肉大部或完全断裂。

2. 症状与诊断

（1）有明显受伤动作和受伤过程。

（2）局部疼痛，伴有肌肉紧张、僵硬，肿胀处可能伴有瘀血。

（3）患者做肌肉主动收缩和被动牵伸动作时，局部有明显压痛，受伤肢体有功能障碍。

（4）发生肌肉断裂者，在肌肉断裂部可触摸到凹陷或出现一端异常膨大，或呈"双峰"畸形。

3. 处理方法

（1）肌肉微细损伤或伴有少量肌纤维撕裂者，伤后应立即给予冷敷，局部加压包扎，休息时应抬高患肢。

（2）24~48小时后可开始理疗和按摩，按摩时手法宜轻柔，伤部仅能做些轻推摩，伤部周围可做揉、捏、搓等动作，同时配合点压穴位（宜取伤周穴位）。

（3）肌肉大部或完全断裂者，在局部加压包扎并适当固定患肢后，应立即送往医院诊治。

（五）股四头肌损伤

1. 损伤原因

股四头肌是全身最大的肌肉，位于大腿的前面和外侧的皮下。在篮球运动中，在攻守双方队员对抗、身体相互碰撞或运动员奔跑中与场地周围障碍物碰撞时常会导致股四头肌挫伤。股四头肌挫伤是由外力冲撞所致，属于直接暴力作用于人体所造成的肌肉组织挫伤，往往伤后第二天早晨才发现明显肿胀，约48小时后症状才趋稳定。严重的股四头肌挫伤，常可继发骨化性肌炎。

2. 症状与诊断

（1）股四头肌挫伤后，出现不同程度的红、肿、热、痛与功能障碍。

（2）轻度挫伤时，压痛较明显，活动受局限，膝关节可以屈至90°位，出现轻度跛行。

（3）中度挫伤时，局部明显肿胀，可以触到肿块，膝关节不能屈至90°位，患者跛行，上楼或起立时都疼痛。

（4）重度挫伤时，广泛肿胀，摸不出股四头肌的轮廓，膝关节不能屈至135°位，患者明显跛行，只有使用拐杖才能走路，有时膝关节有积液。

3. 处理方法

（1）伤后立即冷敷，加压包扎，抬高伤肢，令患者休息，以减少出血和肿胀，切忌按摩、热疗和膝关节的屈伸活动。

（2）症状较轻的伤员在24小时后或症状较重的伤员在48小时后，可做股四头肌的"抽动"活动，也可以外敷清热、消炎止痛的中草药。

（六）腰部肌肉筋膜炎（腰肌劳损）

1. 损伤原因

腰肌筋膜炎，其病理变化是多种多样的，包括神经、筋膜、肌肉、血管、脂肪及肌腱的附着区等不同组织的变化。一般多系急性扭伤腰部后，治疗不彻底即参加运动，逐渐劳损所致。另外，锻炼中出汗受凉也是此损伤的重要成因之一。

2. 症状与分析

（1）有局部酸疼发沉等自发性疼痛，最常见的疼痛部位是腰椎两侧骶棘肌鞘部，不少患者同时感觉有疼麻放射到臀部或大腿外侧。疼痛于坐、站较久或走路多时加重，清晨3~4点钟时加重，更换体位、按摩或叩打可减轻症状。

（2）大部分伤者尚能坚持中小运动量的锻炼，往往表现为练习前后疼痛。

（3）在脊柱活动中，特别是前屈时常在某一角度内出现腰痛。腰背痛的局部可能有硬结或骶棘肌痉挛。一般患者腰背部均可触到明显的压痛点，有的还有放射痛。

3. 处理方法

可采用理疗、按摩、针灸、封闭、口服药物、用保护带（围腰）及加强背肌练习等非手术治疗手段，对顽固病例可手术治疗。

（七）手指挫伤

1. 损伤原因

在篮球运动中，由于准备活动不足或自我保护能力差等原因，手指向侧方偏曲或过伸性扭伤时常常引起韧带损伤、关节囊撕裂，严重者可产生关节脱位。手指挫伤是篮球运动中常见的损伤。

2. 症状与诊断

（1）手指关节肿胀明显，且经久不易消肿。

（2）若韧带撕裂，则其撕裂处必定疼痛且肿胀严重。

（3）关节囊前壁或腱板断裂者，关节背伸范围加大。

（4）如有撕脱骨片，活动时常有轻的骨摩擦音。

3. 处理方法

（1）单纯关节扭挫伤，可用粘膏支持带保护固定，48小时后开始屈伸活动。如中指指间关节的尺侧副韧带损伤，可将环指与中指用两条粘膏固定在一起。这样，环指起到夹板的作用，既可避免再伤又可进行早期活动并参加锻炼。

（2）指间关节稍有肿胀及侧方活动时，宜采用铝制夹板将指屈固定3周，然后练习活动。

（3）陈旧性侧副韧带撕裂损伤并有关节松弛不稳时，采用手术治疗。

（八）面部损伤

1. 损伤原因

篮球比赛中，在争球、上篮、抢篮板球时，常易造成被他人头、肘顶撞而挫伤，甚至发生眉区裂伤等面部损伤。

2. 症状与诊断

（1）临床上有急性外伤史。

（2）挫伤，局部有轻度肿胀，且逐渐加重。

（3）若眼眶挫伤、眉区裂伤，伤后 2~3 天肿胀明显，眼裂变小，甚至眼睛不易睁开。

3. 处理方法

（1）凡挫伤，24 小时内局部冷敷，24 小时后热敷，促进消肿和皮下瘀斑的吸收。

（2）凡裂伤，伤后 6 小时内清创缝合，伤后 24 小时内用破伤风抗霉素，预防破伤风杆菌感染。

（3）骨折、牙齿断裂者，需去专科医院诊治。

四、篮球运动损伤的处理

应正确判断损伤性质，针对损伤性质采取不同处理方法。骨折、原因不明的脊柱损伤、脑损伤不能轻易搬动。常见软组织损伤的处理方法应注意以下事项。

（一）开放性软组织损伤的处理

1. 擦伤

创口浅、面积小的擦伤，先洗净创口、消毒，创口上涂抹红药水或紫药水，待干即可，无须包扎。创口内若有煤渣、细沙等异物，要先冲洗干净、消毒、撒上消炎粉，再用消毒敷料覆盖并包扎。

2. 撕裂伤

皮肤撕裂伤多发生于头部，尤以额部和面部较多见，若撕裂伤口小，经止血、消毒处理后可用粘膏黏合，若伤口较大则需要缝合，必要时使用抗生素治疗。

（二）闭合性软组织损伤的处理

1. 急性损伤

早期（伤后 24~48 小时内）：伤后立即冷敷、加压包扎并抬高伤肢，局部休息。

中期（受伤 24~48 小时后）：采用热疗、按摩、针灸等方法治疗，并尽早进行功能锻炼。

晚期：恢复和增强肌肉、关节功能，以按摩、理疗和功能锻炼为主。

以上三期的辨证施治，适用于较严重的急性闭合性软组织损伤。若损伤程度较轻，病程较短，修复也较快，可把中、后两期的治疗结合起来进行。

2.慢性损伤

处理原则是改善伤部的血液循环和新陈代谢，合理安排局部负担量。处理方法与急性损伤中、后期治疗基本相同。

五、篮球运动常见的生理反应与处理

由于运动使人体生理活动过程的有序性受到暂时性破坏，人体在运动后常常出现某种生理反应，称为运动生理反应。运动生理反应虽然不属于运动损伤，但它会造成机体的不适应。

（一）肌肉酸痛

1.原因

首先，与乳酸供能系统有关；其次，延迟性肌肉酸痛症是由自由基损伤所致。

2.症状

局部肌肉疼痛、发胀、发硬。

3.处理方法

采用按摩或热敷，以放松肌肉，促进局部肌肉血液循环及代谢，有助于损伤组织的修复和缓解酸痛。

（二）肌肉痉挛

肌肉痉挛俗称抽筋，是篮球运动中最常见的病症之一，常发生在小腿、大腿及足底。

1.原因

（1）电解质丢失过多。进行长时间的剧烈运动后，特别是夏天大量排汗时，会使大量电解质从汗液中丢失，造成电解质过低，引起肌肉兴奋性增高，导致肌肉痉挛。

（2）肌肉连续过快地收缩。在训练和比赛中肌肉连续过快地收缩，而放松的时间太短，会导致肌肉收缩与放松的协调性发生紊乱，引起肌肉痉挛。

（3）运动时身体疲劳过度。运动时身体疲劳会直接影响肌肉的功能，特别是局部肌肉疲劳时仍进行运动，或做一些突发性的用力动作，容易发生肌肉痉挛。

2. 症状

发病部位的肌肉剧烈挛缩发硬，疼痛难忍，使运动员不能坚持参加运动和比赛，且此疼痛一时难以缓解。

3. 处理方法

肌肉痉挛发作时，应向肌肉痉挛的相反方向缓缓牵引痉挛的肌肉，促使肌肉放松。如腓肠肌痉挛，可伸直膝关节，用力将踝关节背伸，拉长痉挛的腓肠肌；如蹞长伸肌和趾长屈肌痉挛，可将足及足趾背伸，同时在痉挛肌肉部位做按摩，手法以揉捏为主，或针刺、掐点穴位，如委中、承山、涌泉、合谷等。

（三）运动性昏厥

1. 原因

运动性昏厥是剧烈运动或长时间运动，大量血液积聚在下肢，回心血量减少，脑供血不足所致。另外有些学生不吃早饭上体育课，空腹运动，血糖含量较低，也容易造成能量供应不足，引起头晕。

2. 症状

全身无力、眼冒金星、头昏耳鸣、脸色苍白、失去知觉、突然昏倒、手足发凉、脉搏慢而弱、血压降低、呼吸缓慢等。

3. 处理方法

立即使患者平卧，使足部略高于头部，由小腿向大腿、心脏方向按摩，同时指点人中、合谷等穴位。在患者醒后给以热饮料，并要求其注意保暖和休息。对低血糖者，可适当补充加糖开水。轻者由同伴搀扶慢慢走一走，帮助深呼吸，症状即可消失，重者则应及时送医院治疗。

六、篮球运动中应注意的问题

篮球运动是对抗性强、体力消耗较大的运动，鉴于篮球项目运动损伤患病率较高的现状，体育教师或教练员应重视加强对运动损伤的防治工作，尤应注意平时训练中对损伤的预防，加强组织管理，严格训练规章、制度，加强各方面的医务监督，这是保证运动员身体健康和预防运动损伤的重要措施。

膝部损伤、髌骨劳损等损伤是篮球运动损伤防治工作的重点，这是由篮球项目技、战术特点对人体的特殊要求和膝关节部位自身存在的解剖生理弱点所共同决定的。因此，应重视改进传统的训练方法、手段，在日常训练中应特别注意对膝、腰等部位局部负担量的合理安排和及时调整。在比赛训练结束后，运动员要注意膝关节的积极性休息。

应重视对运动员身体素质、专项素质（包括应变能力、对抗能力、自我保护能力、耐力等方面）的培养；增加平衡、协调、柔韧等方面的身体练习比重；在身体训练中要加强股四头肌和大腿屈肌力量的练习。

运动员在学习训练过程中要按正确的技术动作进行练习，若技术动作错误要及时予以纠正。患者应在伤后根据不同情况，积极遵医嘱进行医疗和体疗，合理地安排伤后体育运动。实践证明，伤后恰当地进行功能锻炼或体育活动，可以促进伤肢的血液循环，改善伤部组织的代谢，加速瘀血和渗出液的吸收，促进损伤组织的修复，同时又可防止或减轻肌肉发生废用性萎缩和受伤组织的松弛，加强关节的稳定性和适应性。尤其是运动员，合理安排伤后训练，还可保持已获得的良好训练状态，伤愈后即可投入正常的训练，防止因伤后停止训练而引起各种疾病。软组织严重损伤的早期，伤部可暂停活动，但其他部位的功能锻炼应继续进行，如上肢损伤活动下肢，下肢损伤活动上肢等。随着伤情的逐渐好转，功能锻炼或体育活动应随之逐步加强。由于运动损伤尤其是慢性小损伤与运动的技术动作有关，在治疗时应停止或减少这些动作的练习。运动员在伤后再参加运动时，可用支持带对伤区加以保护，以防发生劳损和再伤。

第三节　篮球教学中的放松方法及意义

一、运动疲劳产生的原因

引起疲劳的原因很多，如体内能源物质消耗过多会引起疲劳；肌肉运动收缩时产生的某些代谢产物的积聚会引起疲劳；长时间运动时出汗过多，体内水、盐代谢紊乱及内环境稳定性失调等也会引起疲劳。通过研究，生理学家发现运动疲劳是一个综合性的复杂过程，它与人体多方面的因素及生理变化有关。运动疲劳产生的直接原因主要有以下几个方面。

（一）运动能力与身体素质的变化

人体的运动能力和身体素质与身体各器官、系统功能紧密相关。各器官功能下降，运动能力与身体素质便会受到影响。

（二）体内能源储备的减少和身体各器官功能的降低

研究发现，运动导致疲劳时体内能源物质往往消耗较多。如快速运动2~3分钟至非常疲劳时，肌肉内的磷酸肌酸可降至接近最低点；而在长时间的持续运动中，由于糖的大量消耗，肌糖原及血糖含量均大幅度下降。能源储备的消耗与减少，会引起各器官功能的降低，再加上肌肉活动时代谢产物的堆积及水、盐代谢变化等影响，机体工作能力就会下降，进而出现疲劳。

（三）精神意志因素

当身体产生一定程度的疲劳时，往往主观上会出现疲劳感觉，这种疲劳感也可以说是疲劳的主观信号。运动中人体各器官、系统的活动都是在神经系统的指挥下完成的，神经系统功能的降低、神经细胞抑制过程的加强都会使疲劳加深。此时，人的情绪意志状态与人体功能潜力的充分动员关系极大。事实上人体在感到疲劳时，机体往往尚有很大功能潜力，良好的情绪意志因素可起到挖掘动员机体潜力、推迟疲劳发生的作用。

二、篮球课程运动疲劳的放松措施

运动疲劳是体内多种因素综合变化的结果，要想使其恢复的速度和效果都更为理想，就要采用多种科学手段，否则往往达不到预期的效果。高校篮球课程运动疲劳放松的措施有很多，其中，最主要的有以下几大类，即运动性疗法、传统康复治疗、睡眠、中医药疗法、营养性疗法、物理疗法、心理放松疗法。

（一）运动性疗法

运动性疗法是以运动学和神经生理学为基础，利用人体肌肉关节的运动，达到防治疾病、促进身心功能恢复和发展的方法。它是康复医疗的重要措施之一，要想达到较为理想的恢复效果，就要以运动员的实际情况为主要依据，以运动处方的形式来有针对性地选择适合的运动方法，从而能够确定适当的运动量。具体来说，运动性疗法的措施主要有以下两种形式。

1. 积极性休息

用变换活动部位和调整运动强度的方式来消除疲劳的方法，就是积极性休息。谢切诺夫在 1903 年进行的测力描记实验中发现，右手握测力器工作到疲劳后，以左手继续工作来代替安静休息，能使右手恢复得更迅速、更完全。其认为，在休息期来自左手肌肉收缩时的传入冲动，会加深支配右手的神经中枢的抑制过程，并使右手血流量增加。大量研究也充分证明，与安静休息相比较，活动性休息可使乳酸的消除快一倍。积极性休息是运动疲劳恢复的重要措施之一，运用也较为广泛，其恢复效果也较为理想。

2. 整理活动

整理活动是指在正式练习后所做的一些加速机体功能恢复的较轻松的身体练习，是消除疲劳、促进体力恢复的好方法，应给予足够重视。如果一个人跑到终点后站立不动，血液会大量集中在下肢扩张的血管内，使静脉回心血量减少，因而心输出量下降，致使血压降低，造成暂时性脑贫血，进而引起一系列不适感觉，甚至出现"重力性休克"。而在剧烈运动后进行整理活动的主要意义在于，其不仅能够使心血管系统、呼吸系统仍保持在较高水平，而且对于乳酸的排除也有非常积极的促进作用。

一般整理活动应包括慢跑、深呼吸、体操、肌肉放松练习、静力牵伸练习等内容。肌肉静力牵伸练习对缓解运动后的肌肉紧张、放松肌肉、预防延迟性肌肉酸痛、消除肌肉疲劳、保持和改善肌肉质量都有良好的作用。总地来说，整理活动具有及时放松肌肉，避免因局部循环障碍而影响代谢过程，进而延长恢复过程的重要作用。但是，为了能够保证理想的恢复效果，在做整理活动时需要注意，量不要大，要尽量缓和、放松，使身体逐渐恢复到安静状态。

（二）传统康复治疗

传统康复治疗技术主要包括针灸、拔罐、推拿按摩等疗法，这种治疗方法主要是通过调整人体的阴阳平衡、调节脏腑功能、疏通经络、调和气血、升降气机，达到消除疲劳、祛除致病因素、修复损伤、增强抗病能力和强壮脏腑功能等目的。

在传统康复治疗的措施中，运用较为广泛的是气功。气功是一种自我调节、自我控制的锻炼形式。气功练习对于运动疲劳的恢复作用主要表现在以下几个方面。

（1）气功练习能够使人体抵抗能力有所增强。

（2）气功练习能帮助放松，消除紧张状态，使交感神经系统的活动减弱，使血管紧张素分泌系统发生变化，调节血压，使血运加快、皮温升高、红细胞和血红蛋白有所增加，白细胞吞噬能力提高，血皮质醇减少。

（3）通过脑电图检查证实，气功练习对大脑皮层起到保护性抑制作用。

（4）气功可使骨骼肌放松，心跳减慢，耗氧量减少。

现代的康复往往采用多种形式的、积极的治疗和训练，因为严重的残障常以复合的形式表现，累及多种功能，所以必须进行全方位、多种类的康复治疗和训练。即使是较单纯或程度不太大的损伤，如能积极采取多项治疗方法，其功能改善的效果也会更好。

（三）睡眠

睡眠是消除运动疲劳、恢复机能最好的治疗方法。人在睡眠时感觉减退、意识逐渐消失，肌体与环境的主动联系大大减弱，失去了对环境变化的精确适应能力，使全身肌肉处于放松状态。人可通过睡眠使精神和体力得到恢复，通常情况下，成年人每天需要睡 7 ～ 9 小时，儿童、少年大约需要 10 小时。对于存在运动疲劳的运动员，睡眠时间可能需要更多一些，但并不是越多越好，应根据他们的疲劳程度确定适当的睡眠时间。

（四）中医药疗法

中医药疗法对于运动疲劳的恢复具有积极的辅助作用。具体来说，这一疗法的形式主要有三种，即汤剂内服、内服外洗、药剂熏洗。

1. 汤剂内服

采取内服中药消除运动疲劳的方法主要分为服用复方中药和服用单味中药两种，前者居多。按照中医基础理论，用于消除运动疲劳和促进体力恢复的复方中药是以"补益"和"调理"为主要治则进行组方的。使用"补益"和"调理"为主要组方的复方中药进补，都是以平衡机体阴阳为宗旨，强调"阴阳互根""孤阴不生""独阳不长""善补阳者，必于阴中求阳""善补阴者，必于阳中求阴"。在治疗效果上多表现为双向调节、适应原样作用。

通过现代的大量研究可以得出，许多中药的活性成分都具有抗疲劳作用，如多糖，它能够有效提高抗氧化酶活性、消除自由基、抑制脂质过氧化，从而对生物膜产生一定的保护作用。怀山药多糖、魔芋多糖、枸杞多糖、猴头菇多糖、黄芪多糖、螺旋藻多糖、当归多糖等都是常用的多糖，具体应用于疲劳的恢复中时，要根据实际情况进行有针对性的选择，做到有的放矢。

但根据李国莉、苏全生等人的研究发现，单纯采用中药的提取物或有效成分可使中药的某些方面的作用比较突出，但这样的用法并不十分符合中医理论，因此复方中药是必不可少的。复方中药是一个复杂的体系，其优点在于强调辨证施治，其促进和消除疲劳的作用很可能是改善运动能力的基础。

2. 内服外洗

对于延迟性肌肉酸痛的局部病机，中医的主要观点是筋、骨、肉形体运动负荷过大，筋脉不舒，营血瘀滞，经脉受阻致疲，不通则酸困疼痛，筋肉发僵不舒。由此可以得出，舒筋活血、行气止痛、温通经络，是确定局部外治的法则。但是，中医十分强调整体观念，根据中医基础理论，肌肉与多种脏腑功能均有关系，包括肝主筋，主疏泄，主藏血；肺主气，主宣发与肃降，主行水；心主身之血脉；肾主藏精，主水，主纳气；脾主肌肉，与肌肉发育和肌肉功能关系最为密切等。脾气充盛，则肌肉强健有力；脾病则"气日以衰，脉道不利，筋骨肌肉，皆无气以生"，故虚弱而不用，"邪在脾胃，则病肌肉痛"等。除此之外，中医还提出了五劳致伤，形劳而倦或劳累过度则能耗气而虚的观点。[①] 因此，在研究运动性肌肉疲劳以及延迟性肌肉酸痛

---

① 刘根福，马兰军，毛雁. 中药消除运动性疲劳方法学的研究 [J]. 第四军医大学学报，2007, 28(5)：477-479.

时，要想达到较为理想的恢复效果，就应该充分考虑对脾的调理，并与外治相结合，否则就会事倍功半，影响运动疲劳的恢复。

3. 药剂熏洗

对于延迟性肌肉酸痛，现代医学总体上的观点是，它不是一种损伤，而是骨骼肌疲劳的一种表现。通过无创伤性超声对延迟性肌肉酸痛的诊断，可以显示延迟性肌肉酸痛时的肌肉水肿、炎症及肌肉厚度的变化。根据中医理论分析，延迟性肌肉酸痛的局部病机辨证是筋、骨、肉等形体运动局部负荷过大，筋脉不舒，血瘀滞，经脉不通导致疲劳，不通则酸困疼痛，筋肉发僵不舒。中药熏洗和推拿的主要作用就是能够较为明显地恢复延迟性肌肉酸痛的肌肉组织结构、代谢和功能改变，并且消除延迟性肌肉酸痛。

（五）营养性疗法

恢复机体的能量贮备是运动疲劳恢复的关键，主要包括的内容如下：肌肉及肝脏的糖原储备、微量元素平衡、关键酶的活性、细胞膜的完整性等。其中，补充营养是恢复的物质基础。糖类在运动过程中起着非常重要的能量供应功能，只有糖类的贮备充足，才能够使肌体的机能逐渐恢复到正常水平。因此，补糖是营养补充的重点，人体感到疲劳或大运动量训练后补糖，可恢复血糖水平，增加肝糖原的储存，并且有加速消除血乳酸的作用。对耐力类项目而言，被耗尽的能量储备，特别是碳水化合物，必须系统地通过富含碳水化合物的营养物质重新予以弥补。在一般混合饮食情况下，约 72 小时后方能得以弥补，但是如果补充富含碳水化合物的食物，那么糖原储备在负荷结束后的 24 小时即能恢复原有水平。除此之外，要想更快、更好地恢复运动疲劳，还少不了在膳食中补充优质蛋白质和适量的脂肪。

在补充运动中消耗的热量时，一般按照蛋白质、脂肪、糖三者的比例均衡进补。但是，不同类型的运动项目，所需营养成分的比例也是不相同的，需要根据运动项目的特点进行适当的调整，这样才能够取得更好的恢复效果。除了糖、脂肪、蛋白质等能源物质的供应要保证充足外，维生素也要进行适量的补充。维生素的营养作用也非常重要，它不仅为人体正常代谢和生理机能所必需，而且还对人体的运动能力有直接的影响。大负荷训练后，人体对维生素 B 族和 C、E 的需要量将提高一倍，尤其在碳水化合物消耗量增加之后，特别要增加维生素 B 的补充量。

综上所述，训练后合理、及时的营养补充对缓解运动疲劳来说非常重要。对运动员的膳食的要求是应富含营养，易于消化，并应尽量多吃新鲜蔬菜、水果等碱性食物。

（六）物理疗法

应用天然的或人工的物理因子，如光、电、声、磁、热、冷等作用于人体，引起局部或全身的生理效应，从而起到康复和提高机能的治疗方法，就是所谓的物理疗法。物理疗法的形式有很多种，比如常见的电疗、光疗、水疗、冷疗、蜡疗、超声波疗、热疗、磁疗以及生物反馈等治疗。

蜡疗的运用范围较为广泛，以此为例，来介绍物理疗法。蜡疗的主要特点：热容量大，导热性小，几乎无对流现象。石蜡有很高的蓄热性能，在冷却过程中可释放大量热能。石蜡用于治疗的作用主要表现为两个方面：一个是温热作用，皮肤能耐受 60~70℃的石蜡而不被烫伤；另一个则是机械压迫作用，对肌腱挛缩有软化、松解作用。因此，蜡疗的主要作用为防止淋巴液渗出、减少水肿、促进渗出液吸收、扩张毛细血管和增加血管弹性。

消除肌肉疲劳的一种最简单的方法，就是沐浴。沐浴能够对血管扩张产生刺激，对血液循环和新陈代谢起到积极的促进作用，使代谢产物排出的速度加快，神经肌肉的营养得到进一步的改善。温水浴水温以 42℃左右为宜，时间为 10~15 分钟，每天 1~2 次。训练结束 30 分钟后可进行温水浴。但是，在应用温水浴时需要注意，为了保证理想的清除疲劳的效果，不能入浴时间过长、次数过频，水的温度也不能过高，否则就会起到相反的作用，加重疲劳。冷热水浴可交替性地刺激血管的收缩和舒张，更有效地促进血液循环。进行冷热水浴时，热水温度 40℃，冷水温度 15℃，冷水浴时间为 1 分钟，热水浴时间为 3 分钟，交替 3 次。

（七）心理放松疗法

应用心理学的理论、原则和技术，对康复对象的各种心理、精神、情绪和行为障碍等进行矫治的特殊治疗手段，就是所谓的心理放松疗法。行为疗法和合理情绪疗法是常见的两种心理放松疗法，这两种疗法各具特点，作用也有一定的区别。行为疗法又称行为矫正疗法，是 20 世纪 50 年代迅速发展起来的一种重要的心理学的理论和治疗技术，它是按照一定的程序，采取正负强化的奖惩方式，对个体进行反复训练，以消除或矫正适应不良行为的一种心理疗法。合理情绪疗法是以认知理论为基础，结合行为疗法的某些技术，以矫正人们认知系统中非理性的信念，促使心理障碍得以消除的心理疗法。

在训练和比赛之后，采用心理调整放松疗法，能够达到较好的消除疲劳的效果，具体表现：使精神的紧张程度有所降低，心理的压抑状态得到一定程度的缓解，使神经系统的恢复速度多有加快，这样就能够更好地促进身体其他器官、系统机能的恢复。对身体起作用的心理放松手段很多，其中，暗示性睡眠、休息、肌肉放松、心理调整训练、各种消遣和娱乐性活动等，是最主要的几种手段。

音乐疗法是心理放松疗法中应用较为广泛的方法之一。从生理角度看，音乐作为一种声音刺激，可通过机体的反射作用迅速产生一系列生理和心理反应。音乐的性质不同、表现形式不同，其对人体的作用也就有一定的差别，具体来说，主要表现在以下几个方面：节奏快而有力的音乐的主要作用是增强心脏功能，改善血液循环；节奏鲜明的音乐的主要作用是使人的精神振奋，心跳加快，心肌张力增加；节奏缓慢、单调重复的音乐的主要作用是使人松弛，并有催眠镇静的作用；旋律优美的音乐的主要作用是使人的心情愉快、平静，有助于消除运动员的情绪紧张及焦虑。除此之外，音乐的作用还表现为改善注意力、增强记忆力、提高人们对环境的适应力。

第八章 高校篮球教学改革背景和理论依据

第一节 高校篮球教学改革的背景

在素质教育的号召下，在我国体育课程面临着重大改革的新形势下，高校篮球课程的改革显得尤为迫切。篮球作为三大球类之一，多年以来被各大高校置于体育教学内容的首要位置。新形势下，学校体育以"健康第一"为指导思想，而利用篮球这项运动使学生能够长久地从事体育运动，从而实现"终身体育"的目标，是我国各大高校为之奋斗的主要任务。

一、时代发展的需求

教育是推动人类社会文化繁荣发展的原动力之一。在《资本论》一书中，马克思指出："它（教育）不仅是提高社会生产的一种方法，而且是造就全面发展的人的唯一方法。"体育作为教育的重要构成要素，在促进社会政治、经济、科技、文化等各方面的进步上都发挥着不可或缺的作用。体育事业的核心构成是人才，人才可以说是体育事业进步的核心推动力。纵观当前发展形势不难发现，我国正处于从体育大国向体育强国转变的关键时期，在这一关键时期，竞技体育、群众体育与学校体育正向一体化进程迈进。事实证明，无论是改革创新、强国进步，还是政治经济、科技文化的不断前进，都需要体育人才的支持，这从质和量两方面对体育人才都提出了更多、更高的要求。但是，与之相对应的，我国高校体育人才培养模式却偏于陈旧单调，可见，高校体育教学改革是时代发展的客观需求。此外，高校体育教育课程的质量水平，培养出的体育人才的技、战术水准，也在很大程度上影响着中小学篮球后备人才的培养。归纳来说，在社会政治、经济、科技、文化高速发展的形势下，人才需求的标准有了大幅度提高，传统教学理念、教学模式等已不能同马克思所倡导的人的全面发展相适应，因此体育工作者们需要开创全新视角，对我国高校篮球教学进行重新审视，创新发展。

二、解决现实困境的出路

高校体育教育专业篮球教学的创新改革研究，离不开其所属的社会环境，因此必然受到社会发展及市场人才需求的制约和影响。信息时代有着显著特征，爆炸式的科技发展，使社会信息流动呈几何式增多，篮球教学价值已经在单纯的"双基"（基础技能、基本知识）传授基础上有了更多内涵，即必须培养具备过硬创新能力的人才，使学生能够在竞争激烈的人才市场中顺利实现自身价值。

篮球教学在开展专业技术、理论知识教学之外，更要重视引导学生构建终身学习精神、养成在实践中解决难题的能力，培养学生创新探索的精神和能力。但是调查研究显示，高校篮球教学在目标、内容、方法以及教学评价等方面都存在故步自封的现象，大多数都沿用老旧、传统的教学模式，这造成高校篮球教学和市场人才需求之间的矛盾更为凸显。篮球教学培养出的大批人才，在之后真正投身于篮球教学工作的屈指可数。究其原因，一方面是教育教学培养出的人才在综合素质上无法满足用人单位的需求；另一方面是学生进入工作中后，发现大学期间所学的专业知识、技能无法有效发挥，无法与社会、人才市场发展相适应。现实状况显示，"教"和"学"矛盾逐渐凸显，高校篮球教学无法与社会需求相适应，当前的教学思想、模式、方法以及所做出的创新改革未能从根本上提高篮球专业人才培养的质量，不能够真正与社会发展现实相适应，不能完成人才培养同社会需求间的对接。这势必对高校篮球教学培养的人才质量造成消极影响，不利于学生的综合发展。

三、现代教育理念的冲击

（一）以人为本的教学理念

"以人为本"的发展观对体育教学具有重要的指导意义，其重点强调的是人的发展。人既是教育的出发点、教育的中心，又是教育的最终归宿。人的发展是教育的终极目标。此外，教育也是以人为基础、以人为根本的活动。所有的教育都必须贯彻以人为本的理念，这是现代教育发展的基本要求。

金钱是无法衡量现代人的自我价值和自我尊严的，教育实际上也是人的自我实现、自我理解以及自我确认的过程。"以人为本"的发展观要求在教育过程中将人的自由、幸福、和谐、全面发展以及终极价值的实现重视起来，要求体育教育突破机械的教育模式，真正转变为人的教育。对此，我们必须以现代人的视野培养现代人，以全面发展的观念培养全面型人才。人要获得全面发展，有一个最重要的基础，即拥有健康的体魄，健康、长寿才是人类发展的基本标志。在 21 世纪的体育教学中贯彻以人为本的教育理念是人类社会协调、可持续发展以及体育教育改革的基本要求。

在篮球运动教学中，人是"技术"的实施者，这就明确了人的主体性以及人与技术的关系。篮球运动训练的过程就是教育的过程，教育重视的是发展学生的内在动力，而行动力则是由内在动力引导而来的。在运动训练中强调人文操作，能够摆脱金钱对体育运动的束缚，实现公平竞争，弘扬体育道德，培养人性，挖掘人的潜能。除此之外，情感、责任感、态度、信念等都在很大程度上决定着学生的体能水平的发展，具有非常重要的现实意义。

（二）终身体育教学理念

"终身体育"既是指人从生命开始至终结，在整个过程中都要参加体育锻炼，使体育成为日常生活中必不可少的内容；又是指以正确的体育观与方法论指导人在不同时期、不同生活领域中参加体育活动的实践过程。终身体育思想的形成是人类自身和社会发展的必然要求。

随着社会发展，知识更新换代越来越快，从而要求人们对知识的学习要不断跟进。在这种社会条件下，终身学习的理念逐渐产生。终身学习是现代信息化社会的重要理念，对人才的发展、社会的建设起着重要的作用。可以说，终身体育就是为终身学习提供条件和空间的。在学校中开展体育教育，并向学生灌输终身体育的理念，对学生的成长及其对社会的适应都具有重要的作用。

终身体育理念是社会发展到一定阶段的产物和现象。终身体育理念的形成和社会发展有关，但其是多因素共同作用的结果。具体分析来看，其形成有外部社会客观因素的作用，也有教育内部的一些主观因素的影响。外部因素提出了终身体育的要求，内部因素为终身体育的形成提供了理论和基础，二者结合，最终形成"终身体育"。

（三）快乐体育教学理念

快乐体育理念是指将终身体育和个性和谐发展的需要作为出发点，将运动当成学生今后的生活内容来教授学生，促使学生从根本上感受运动带来的乐趣，以此有效增强学生参与体育运动的主动性的体育教学思想体系。分析快乐体育理念可知，其充分尊重学生的主体地位，将促使学生对体育运动产生兴趣摆在关键位置，同时指出体育教学过程原本就是快乐而富有趣味的事情。快乐体育理念把人和运动之间的联系放在合理水平，对运动的实质、运动对个体的深远影响进行了深入剖析和认识，能够让学生充分感受运动带来的快乐，进而更加积极地参与运动以及享受运动，推动体育运动逐步发展成学生日常生活中的一部分。

快乐体育理念是一种体育教学思想，其要求教师不仅要向学生传授体育锻炼手段，还要促使学生熟练掌握体育基础知识以及技能，始终把学生当成主体、把快乐当成中心，在学生身体处于愉悦状态的情况下开展互动活动。快乐体育教学法寓教于乐，不仅能增加体育教学的娱乐性，还能有效提升学生的主动性，推动体育教学互动，实现体育教学形神兼备的高度统一。快乐体育教学拥有传统教学模式没有的优势，原因在于其具备扎实的科学基础。很多领域的理论成果均能为快乐体育教学提供合理的解释与分析，因而促使其拥有不可摧毁的理论说服力。"以人为本"是快乐体育教学理念的核心内容，该理念将人性化摆在重要位置，对个体情感以及思想进行了重点关注。快乐体育理念对体育教学营造出教师主动教、学生主动学的氛围有积极作用。快乐体育教学将教学目标定位成发展学生个性、培养学生兴趣、促使学生形成良好习惯和特长、推动学生树立终身体育观念。快乐体育教学采取的教学方法有启发式教学、目标学习、发现学习、创造情境学习以及小集体学习等。快乐体育教学通过教学目标和教学方法两方面的作用，有效诱导学生积极参与到体育教学活动中，在身心愉悦的状态下达到发展目标，同时把体育过程的娱乐性摆在突出位置。

快乐体育理念反复强调，在体育教学的整个过程中，应当把快乐学习情感体验贯彻到所有身体练习过程中，从而促使学生在运动行为与体育学习两方面都产生快乐感以及喜悦感，最终实现学生喜爱体育运动、主动学习体育、个性良好发展、形成良好生活态度的多方面目标。快乐体育理念打破了以往体育教学的单向传授，消除了教与学过程中产生的乏味感。它彻底打破了单一、无趣、教师单项掌控教学的状况，认真遵循了学生在生理发展和心理发展两方面的客观规律，和体育运动本质特征十分吻合，不仅有利于学生对体育运动产生浓厚兴趣，也有利于促使学生形成主动学习的体育动机，还能够有效发展学生个性，使学生的体育能力获得大幅度提升。快乐体育教学已经演变成体育教育的发展走向，对于篮球教学来说同样如此。我国的体育教学领域，现已以快乐体育理念为指导，在篮球教学过程中自觉运用快乐体育的思想和手段。

第二节　篮球教学改革研究的理论依据

一、哲学理论依据

（一）理论基础与现实依据

从内在宗旨及过程角度来看，哲学与高校篮球教学的宗旨及过程有着内在的统一性，在苏格拉底、柏拉图的哲学思想中，可以发现这种内在统一性。柏拉图在其著作中，大都将苏格拉底作为主角，采取对话表现形式对其学说进行展示。柏拉图提出："人应当通过理性，把纷然杂陈的感官知觉集纳成一个统一体，从而认识理念。这就是一种回忆，回忆到我们的灵魂随着神灵游历时所见到的一切；那时它高瞻远瞩，超出我们误以为真实的东西，抬头望见了那真正的本体。"柏拉图构建起的教育哲学立场，对后来的西方教育家以及广大理性主义教学论专家产生了长久而深远的影响，使其重视理念更甚于经验，鼓励站在知识传授整体上，系统地总结并把握其中不变的本质、本体，此类教学理念直到现在依旧是理解各类理性主义教学流派的关键。

赫尔巴特作为由康德哲学延展出的教育哲学代表，也是近现代西方理性主义教学派别的典范。他用思维之间的深度吸引与高尚的精神生活使教学境界得到了质的突破。他曾说："我们精神生活的核心不能卓有成效地通过经验与交际来培养。而教学一定能较深入地渗透到思维工场中去。想一想每一种宗教教义的威力！想一想一种哲学讲演的支配力，它是如此轻而易举甚至不知不觉地掌握一个聚精会神的听众的！此外，还可想一想小说读物的惊人力量，因为这一切都属于教学，不管是好的还是坏的教学。"赫尔巴特则在带有浓厚教育性质的各种活动同教学之间建立了普遍联系，发现了教学和精神生活的紧密相关性，并通过这一方式使教学的品质有了极大提高。

　　以卢梭、杜威等为代表的自然主义和经验、实用主义教育哲学传统是同西方理性主义传统不同的另一教学哲学发展方向。"卢梭基本上是个自然神论者，他反对用理性方法论证神的存在，主张从人的良心、感情出发，确信神的存在。因为在人的内心深处，总是相信有个至善至美的神。"其站在这一教育哲学角度审视并深刻批判了西方理性主义教育哲学理论和相关实践，与此同时，凭借丰富的教育哲学想象力，卢梭对爱弥儿在美妙自然状态下的学习和成长过程做出了描绘，构建了前所未有的教育教学理想。

　　杜威对卢梭的教育哲学理念进行了继承和发扬，在此基础上对这一教育理念做出了开创性的实践。杜威将教育教学实践活动视为对哲学真假及有效性的检验方式，指出"如果我们愿意把教育看作是塑造人们对于自然和人类的基本理智的和情感的倾向的过程，哲学甚至可以解释为教育的一般理论"[1]。

　　　　他认为：如果我们从和哲学上的争论相应的心理倾向出发，或者从这些争论在教育实践中所引起的分歧出发来研究哲学问题，那就不难看到哲学问题所表述的生活情境。如果一种哲学理论对教育上的努力毫无影响，这种理论必然是矫揉造作的。这种教育观点使我们能够做到：哲学问题在哪里产生和泛滥，就在哪里研究它们；哲学问题在哪里立足安家，就在哪里研究它们；对哲学问题的承认或否认在哪里产生了实际影响，就在哪里研究它们。[2]

①　约翰·杜威.民主主义与教育[M].王承绪，译.北京：人民教育出版社，2001：344.
②　约翰·杜威.民主主义与教育[M].王承绪，译.北京：人民教育出版社，2001：344.

在其看来，教学具有实践性，而以"行动—经验—效果"的理性过程为基础的实用主义哲学是可以被其检验的。哲学的性质能够被教育检验，也理应在教育中开展哲学研究，因此，教育是检验哲学问题有效性的良好途径。

> 杜威认为："教育哲学"并非把现成的观念从外面应用于起源与目的根本不同的实践体系：教育哲学不过是就当代社会生活的种种困难，明确地表述培养正确的理智的习惯和道德的习惯的问题。所以，我们能给哲学下的最深刻的定义就是，哲学就是教育的最一般方面的理论。[①]

（二）对教学事实的阐释

无论是教育研究者还是广大一线教师，都要经历、积累海量的教学实践、教学经验，同时理解并挖掘其中的教学事实，这是在理解教学实践深处蕴含着的教育哲学观念以及研究的基础上才能实现的，否则，教学实践将无法展现其价值。站在哲学角度进行审视，无论何种教学理论，都有与之相关的哲学理论起到理论支持作用。对于篮球教学来说，教师的教学理念、观点同其教学实践行为从本质上看都或多或少地被其接受的教育哲学观影响着。认同苏格拉底与柏拉图哲学理念的教师，在其教学理念上倾向于将认识视为潜藏于潜意识中对既定观念的回忆，其在教学实践行为上，更接受苏格拉底式的对话，更倾向于采用提问、对话等方式来刺激学生意识的产生，并借此引导出学生潜意识下内心深处的思想观点。认同亚里士多德、裴斯泰洛齐唯实论哲学观点的教师，在其教学理念上倾向于将认识视为是个体对物体感觉的映射，认为只有将感觉材料抽象化，才能在意识中构建起对应现实物体的概念。相应地，在教学实践活动中，这一类教师则更倾向于突出直观性原则，喜欢运用不同方式使学生感官得到刺激并产生活动。受杜威实用主义哲学影响较深的很多教师认为，知识、经验是受个体和环境相互作用而最终产生的，与此对应，这类教师在教学实践当中更乐于推动学生参与实践活动以解决现实问题，并主张教学活动应同受教者的社会生活建立更加紧密的联系。

---

① 约翰·杜威.民主主义与教育[M].王承绪，译.北京：人民教育出版社，2001：347.

站在哲学价值角度来看，大学体育篮球教学的哲学基础可以说涉及教学论的各个不同层面。站在教学内容设置角度可以发现，"什么知识最有价值"是与哲学密切相关的问题。站在更高层次来看，篮球教学是师生之间的实践活动，与"什么样的生活最有价值，最值得师生追求"的哲学问题紧密相关。受唯名论或永恒主义教学理论影响的教育者认为，教育价值最高的是诸多经典作品，即使是古典学科等在当前时代环境下不再具有实用功能的学科，依旧不能否认其在训练思维上的价值。而在教育学领域，思维训练价值至高无上，因此可以说，抛去实用主义目的的纯粹理性生活具有高尚性，可把"为将来任何时候做准备"的高校篮球教学活动理解成为师生间的、持久且不失活力的精神活动。受唯实论或经验主义影响的教育者认为，教育价值最高的是系统化、组织性的科学知识、儿童经验等，系统化的科学知识都经过了验证，能够明确有切实推动人类社会发展的积极效用，学生经验在教育学上有着特殊意义，在教师与学生的教学活动中，以学生经验为基础开展知识教学与创新探究具有极高的必要性和价值。

站在哲学认识论角度来看，哲学能够促使高校篮球教学创新发展在理论思维层次上得到有效提高。从"教"的角度看，哲学是对思维训练的阐述，从"学"的角度看，哲学则是对思维历练的阐述。当前高校篮球教学中出现的矛盾与问题，涵盖教学事实问题、概念命题乃至体系等多个方面。发现并收集、整理事实，寻找并确认问题，教学理念的创新和检验等，都是在哲学思维支持下才能最终实现的。因此可以说，哲学是教学创新后的成果，同时也存在于教学创新过程中。

二、社会学理论依据

高校篮球教学是一种教学活动，而教学活动从本质上看属于社会文化传承发展的外在现象，可见课程及教学离不开社会学、文化学。教学论的研究是建立在教育社会学基础上的。不能否认，教育社会学流派对篮球教学课程有着十分重要的影响。

（一）功能理论

功能理论也被称为"结构功能主义"。功能理论持如下基本观点：社会是一种相对稳定持久的结构，由各种不同部分共同构成，在社会整体中，社会结构各部分起着不同作用；社会整合的基础建立在价值共识上，整体中任何部分的变化都可能对整体结构造成影响，然而其不能对社会结构的协调及平衡造成消极影响，这主要是因为社会统一价值观与社会观的存在；社会变迁客观且长久存在，但并不能改变这种稳定和谐的存在状态。

在教育功能的研究上，法国社会学家迪尔凯姆认为，以本质上看教育具有社会性，教育最主要的功能并不在于个体能力、潜能的挖掘上，而在于对社会和谐稳定的保障和促进。以迪尔凯姆教育功能论为基础来看，使学生构建起统一的价值观、社会观，在社会规范及认知结构方面对学生进行弥补，推动学生个体向社会化方向发展，最终实现社会的和谐稳定，是课程教学的任务。

著名功能论学者帕森斯提出如下观点：家庭与学校班级是社会体系的重要组成部分，社会体系的核心在于由全体社会成员共同分享的统一价值观。若这一价值观被大部分成员反对，则社会体系将不再存在。可见，社会体系的客观存在，需要以主要价值观念的统一作为必要条件。帕森斯指出，"角色"在社会体系中有着重要功能。社会机构就是由不同个体承担各种角色聚集而成的，在此基础上，由社会机构最终决定社会成员的生活方式。举例来说，在高校篮球教学中，校长、一线篮球教师、受教学生各自承担的角色就是由社会教育机构决定的，男、女发挥的功能在社会结构中有一定区别，各自角色也有所差异，因此，高校篮球课程的教学也必然各有不同。由此类推，进步速度快的学生与相对而言进步速度偏慢的学生应该在学习课程计划上有所区别，其各自采取的教学方法应更加具有针对性，更有利于受教学生在其之后的社会机构中获得更适合的位置，更好地发挥自身才能。总之，对于学校课程教学来说，其出发点和最终目标是引导学生从自然人发展转变为社会人，使学生对于其在社会中的角色定位有更加明确和清晰的认识。

（二）解释理论

解释理论由现象学、拟剧论、知识社会学、符号互动论、俗民方法论等社会学术思潮共同组成。知识社会学与篮球教学有紧密联系，符号互动论与高校篮球教学密切相关。解释理论在高校篮球教学方面，基本要点如下：关注高校篮球教学活动中篮球教师与学生构造、阐述及控制教学过程的问题，关注教师和受教学生的人际互动过程。

从解释理论角度来看，篮球教学需要关注教师与学生的双主体作用，阐述教师与学生在篮球教学过程中所扮演的角色以及教学行为，重视教师与学生在教学过程中的沟通与对话，提出需要借助理解和解释的方式去深入分析教师与学生的教学观念及行为表现。在对高校篮球教学情境进行分析时，常涉及以下概念。首先是符号，语言是高校篮球教学中最基本的符号，在教学过程中要借助语言才能顺利实现师生之间的沟通。其次是自我概念，在社会交往过程中，学生在持续的自我反思中逐渐构建并发展包括"物质、社会及精神"在内的自我观念。再次是情境定义，即学生对其所处的社会情境的理解。在高校篮球教学过程中，教师和学生对课堂情境的理解有所区别，这种区别极大地影响了课堂教学成效。最后是社会活动，社会活动代指一种交互活动或反映过程，发生在人与人、群体与群体之间。各种具有不同外在表现形式的互动同时充斥在高校篮球教学中，对课程教学秩序、教学成效有着直接的影响。

对高校篮球教学创新发展影响最深远的是符号互动论。符号互动论由美国的社会学家米德提出，该理论兴起于20世纪初，并在第二次世界大战以后得到了迅猛发展，其主要通过如下方式被应用于课堂教学中：首先，从社会学角度解释了课堂情境，提出对教师和学生来说，同一情境有各自不同的意义，出于这一原因，有师生参与的课堂教学活动具有了丰富与复杂的特性；其次，提出高校篮球教学的过程可以被视为人际互动的过程，因此，要加强对教学对话与交往、阐释教学、教学协商等方面的关注，指出教学过程具有社会控制的功能；再次，篮球实践教学过程是由师生共同参与的情境，教师和学生各自的定位和角色不同，但教师与全体学生和课堂共同构成了教学情境，一线篮球教师应当灵活使用各种方式保证教学秩序，科学适当地将相关"印象管理"技巧、方式渗透其中；最后，高校篮球教学过程中有非语言性交流内容，需要综合使用动态、静态等方式保证教学顺利实现。

对于当前高校篮球教学创新改革来说，符号互动论在课堂教学的社会化研究中，有较大价值。同时，社会文化是一种课程教学资源，文化的类别、生态、模式、交流变迁以及主流文化、亚文化等，都影响着课程和教学。可以推知，高校篮球教学创新发展问题的研究，必须涉及对社会文化在结构与形态、发展与演变以及创新等方面的研究。与此同时，高校篮球教学具有传播、发展社会文化的功能，高校篮球教学在实施这一功能的同时，又难以避免地会被社会意识形态制约。所以，对高校篮球教学问题的研究必须建立在对社会学流派思想观念研究的基础之上。

三、心理学理论依据

根据教育学基本理论可知，课程及相关各种教学活动在很大程度上受学生心理发展水平的影响和制约，可以说，心理学理论是高校篮球教学的基础之一。最早在教学理论中使用心理学基础的为亚里士多德，然而事实上是著名教育学家赫尔巴特真正在心理学基础上构建了系列化的教学理论，其心理学研究成果令人惊叹。19世纪末20世纪初的心理学主要流派包括构造主义心理学、格式塔心理学、精神分析学派、机能主义心理学、行为主义心理学等，是现代心理学发展的重要支持与动力。20世纪30年代之后，心理学各派之间出现了新的发展趋势，开始相互影响、借鉴补充。第二次世界大战之后心理学发展迅猛，逐渐发展出多种研究取向，其中具有代表性的有生理心理学的取向、行为主义的取向、精神分析的取向、认知心理学的取向以及人本主义的取向等。收集整理相关数据资料后可以发现，近20年来，高校篮球教学的理论基础较多涉及行为主义心理学、认知心理学和多元智能理论。

（一）认知心理学

当代认知心理学有如下观点：大脑以信息为对象，开展的提取编码、输入、输出、储存的加工过程即为认知过程。从本质上看，认知过程是系统性加工过程。大脑通过其内在的"执行的控制过程"来控制认知过程，其中，控制系统可以被分为目的、策略、计划和监控四个不同部分，各个部分分工协作，对信息加工的执行产生了深远影响。同时，元认知理论也是由当代认知主义心理学提出的，该理论解释了个体对自身的认知过程。认知心理学认为头脑中的知识结构可看作认知结构，它涉及三个方面：知识的表征、知识的类型和知识的组织。

1. 知识的表征

知识的表征是各种知识在大脑中的一种表现方式，它是通过双重编码和情节记忆的表征来形成的。在高校篮球教学中教师要在帮助学生理解知识的同时，充分唤醒学生视觉表征能力。直观教具和直接的经验是引起视觉表征的主要刺激，想象的发挥也是视觉表征产生的有效途径。其次，教师要创设情节记忆情境。在教学中，要形成全方位的师生互动空间，使学生能够真正地投入，成为学习的主人，对学习过程有兴趣和激情，并产生深刻的主观感受和情绪体验。这就要求教师设计出一系列能够吸引学生积极参与的课堂活动，包括围绕教学重点和难点的设疑，提出问题，甚至引导学生自己质疑；组织学生对问题进行讨论；对学生的回答和讨论进行反馈，及时给予鼓励等等。

2. 知识的类型

知识的类型即为语义记忆类型，而语义知识可分为三种：从属于事实性知识的描述性知识，主要描述"是什么、怎么样"等问题；程序性知识，即系列化的操作程序或是计算步骤；策略性知识，即有关设计方法的知识，内容有"如何学习、思考"，以及"运用知识解决问题的一般方法"等。对比来看，现代认知主义心理学更加关注在策略性知识上的教学。

根据语义知识分类理论，高校篮球教学内容的安排能够结合不同学生的具体特点更有针对性地进行，其采取的教学方法也能更加有效，从而其能够最终取得良好的教学成效。认知主义心理学认为策略性知识教学的现实意义较大，因此应该对其更加重视。策略性知识教学的关键在于引导学生掌握自主学习与思考的方式，因此，更新转变高校篮球教学理念是极为重要的，必须将教学中心从知识传授、技能锻炼转移到引导学生掌握自主学习思考、自主创新发展的能力上。

3. 知识的组织

近十年来，认知心理学与神经科学有了更多联系，并进一步推动了认知神经科学的产生，其主要研究认知功能的脑机制、认知与神经系统活动的关系，以及大脑发育和认知功能发展等。科学家们相信，21 世纪中，认知神经科学的研究是心理学发展的主流。知识的组织代指长时间记忆中知识的组织，涉及图式理论、群集研究、层次网络模型、流程图等方面。上述理论突出知识的系统化、结构化，对课程编制以及教会学生如何有效掌握知识有着较强的应用价值。

认知心理学与行为主义心理学对立，对于行为主义心理学忽视个体内在心理活动的立场，认知心理学是持反对态度的。认知心理学更倾向于从研究个体头脑内部着手关注其心理活动，尤其是其认知过程，认为个体行为及其当前认知活动主要由原本的认知结构所决定，并进一步认为学习的本质是由个体经验开始的发生在内部认知结构上的成型与重构，而非"刺激—反应"之间联系的构建或淡化消失。

（二）多元智能理论

1983 年，美国心理学家加德纳正式创立多元智能理论。1905 年，法国比奈创造了智商测试及结果，这一测试在第一次世界大战期间被应用于测试100 万名以上的新兵，实践检验证明其极具科学性和使用价值。智商测试的价值体现在其能够使智能定量化，借助这种定量化制定统一智能尺度，并应用到对个体的衡量上，就可对处于发展阶段的个体进行卓有成就或平平庸庸的预测。加德纳教授又强调了智商测试方法与结果的片面性，他质疑了智商概念以及智能一元化理念，提出从"统一观点"上会衍生出与之相呼应的、标准统一的学校，在由此产生的学校教育中，每个受教者需要接受统一的核心课程教育，因此其教育选择权受到了极大限制。智商测试以及根据智商测试结果筛选学生的方式，仅对英才教育有利。在此基础上，他进一步提出了智能多元化理念，提出"智能是解决问题或制造产品的能力"。他认为智能的中心位置是逻辑和语言智能，但也不能否认身体运动技巧也同样为智能的一种，认为智能与才能有着相同的意义。同时，他指出一个学生存在着许多不同的、相互独立的认知能力，不同学生具有不同的认知能力和认知方式。当一个人中风或脑受伤后，有些能力可能受损，有些能力可能因为与受损能力没有联系而保留下来。从脑伤病人中得到的有力证据说明，人类的神经系统经过一百多万年的演变，已经形成了互不相干的多种智能。

对于教学价值，加德纳提出教育需要将个体全面发展作为最终目的，教育的价值在于发现学生的多元智能并促使其成长。因此，学校需要将学生的长远发展作为实践中心，严格以学生多元智能发展为出发点开展教育培养互动、保障、促使其多元智能借助教育引导的方式得到更好的发展和发挥。同之前提出的统一教育教学、应试教育模式有较大不同，这种教学理念有利于促使学生在认知等多方面的智能都获得更充分的挖掘。这种教学理念要求从学生的个性特质、智能特点出发，灵活设置课程并及时调整，制定各不相同的教学目标、内容、方法、评价等，其最终目的在于更好地为学生个体多元智能发展服务。

高校篮球教学中浓缩了加德纳理论中提出的几种多元智能，因此，如何在教学过程中发现并推动受教育学生的多元智能发展，是高校篮球教育工作者们必须予以重视的新课题。

四、科学技术飞速发展

网络信息技术在人类社会逐渐得到普及后，及至当下，已成为信息社会生产流程中不可或缺的基本生产工具，对整个世界的基本面貌做出了深刻改变。不难发现，现代信息技术的迅猛进步正在给教育领域注入全新的动力和生命力，所起到的深远影响力远远超过预期。在现代信息社会，信息技术的飞速发展，长远而深刻地改变了教育思想内容、目标方法、环境评价等各个方面。网络凭借其高效便利、即时互动的特性获得了广大师生的认可与拥护，现代信息技术的存在使教育有了更为广阔的平台和更加丰富的资源，其公平性有所提高，在较短时间内，远程教学、多媒体辅助教学等融入现代技术的新兴教学方式，以前所未有的方式迅速融入学生学习过程中，已成为一种无可逆转的全新教学趋势。

（一）社会环境高度信息化

电子技术以及现代通信技术的迅猛进步推动人类社会向着信息化时代飞速发展。诸如可视电话、全球定位系统以及国际互联网、复印机传真机等的发明使电子办公逐渐得到了普及应用。全球化信息高速通道使社会成员的交往、学习工作、娱乐购物等各种活动向数字化方向转变成了现实。在信息化程度较高的社会环境下，信息量逐渐增加，信息传播速度逐渐加快，信息传播方式更加多样，社会成员在信息获得、信息处理等方面的方式及能力与过去相比较发生了很大改变，而上述所有都使学校教育教学的创新改革不得不面对更多全新的挑战。

当前，以网络信息技术为代表的现代科技已经融入社会经济的各个方面，执行着信息管理、生产过程管理及设计等基本职能，成为各个行业的重要生产工具。以邮电、建筑、传媒、交通、机械制造等为代表的众多行业中，网络信息技术占据着不可取代的作用。从上述不可逆转的趋势可以发现，信息技术对人类社会主要行业及各部门团体的影响势必逐渐更加深远广大。对于高校篮球的教学来说，信息技术的影响主要有如下方面的表现。首先，学生要真正加入社会劳动中就必须首先将信息技术作为其掌握的基础知识技能，有关信息技术的知识将成为高等教育的重要内容，受此影响，学校及一线篮球教师将在课程制定、教学内容安排等方面做出适当调整。学校、各教育机构及教师等将利用内部改革的方式对传统篮球教育教学进行改造，用以与信息时代社会变化相适应。其次，现代化信息技术的发展势必在全球范围内引发各个行业的变革，行业变革将导致市场竞争方式改变，进而对高校分化重组产生影响，信息技术在我国各个高校中的普及将引发教学内容及方式等的多种变化。

（二）实用软件大量涌现

计算机硬件技术的进步推动了大量实用软件的开发，也应用到了社会生产生活的各个方面并起到了巨大的积极效用，人类社会的发展进程因此得到了明显推动。当前，在传统文化基础之上，网络信息技术将发展出一种辉煌的新文化，随着历史的发展，这种新文化必将成为人类文明不可取代的重要组成。以实用软件的出现为例，其创造和应用使篮球教育教学即科学科研工作拥有了更加先进的工具，大学体育篮球教学理应紧紧把握伴随现代化而来的众多机遇。在当今形势下，有能力将教学、科研与网络信息技术结合到一起，则表示拥有了全人类先进生产力的支持与推动，有更多的可能性步入更高层的发展阶段。站在教学改革的立场上，大量实用软件使教学改革发展具备了取之不尽、用之不竭的海量内容。早在 1980 年，Basic 语言便是当时众多师生教学中应用的重要内容，当前，较之 Basic 更加优秀的软件逐代涌现，无论是哪一层级的学校、哪一学科，都能够用轻松简便的方式获取与其自身相适合的信息技术资源。

（三）多媒体的广泛应用

多媒体技术使文字图像、视频信息、动画声音等不同性质的信息的有机融合成为可能。现代信息技术推动了声音信息压缩技术、大规模集成电路、触摸屏技术、语音识别技术等多项技术的进步，多媒体技术使学校教育发生了深刻改变。在传统教学中使用的录音、录像、幻灯、投影等技术，都能够通过多媒体技术展现出来，与此同时，借助多媒体技术能够较为容易地开展设计加工、制作演示，其强劲功能不容小觑。

多媒体技术对于高校篮球教学的影响不仅表现在技术层面上，是图文、声画的有机结合，更重要的是有机融合了不同的学科（例如自然科学、社会科学等）。从更高层面上看，其将众多不同社会行业，如通信、影视娱乐、出版印刷等有机融合到了一起，给广大教育科研工作者、一线教师及学生构建了无限的创造空间与新的发展机遇。

（四）虚拟现实技术构建科幻世界

除多媒体技术之外，虚拟现实技术的出现同样为教育带来了革命性的改变。虚拟现实代指在计算机硬件以及传感器共同支持下构建而成的多维信息交互系统。参与者投入其中，类似进入拟真环境，能够产生身临其境的感受，并具备一定真实环境的功能，实现人与人、人与事之间相互交流信息的目的。借助特定工具，学习者能够进入虚拟现实世界，观察感受人创世界中的各种虚拟对象，在工具帮助下对虚拟世界中各种物体进行感知和操作。借助虚拟现实环境，学习者能够观察和接触到在现实世界中无法观看和感知的事物，例如高分子结构变化、蔚蓝地球的壮丽景观、热带丛林中各种动植物的生长变化。

在某些学校教育领域中，虚拟现实技术能够产生超出想象的教学成效。举例来说，由休斯敦大学与美国国家航空航天局共同开发了"虚拟物理实验室系统"，学习研究者们能够在系统中以生动、直观的方式观察和探讨重力、惯性等抽象物理现象，直接感知在现实世界无法感知的物理现象，产生更为直观、生动和深刻的理解。由北卡罗来纳大学创制的虚拟现实系统，使用者能够手动操作控制分子运动，以简便方式加深对分子结构的研究。在某些国内研究创制的虚拟篮球游戏中，使用者能够在其中进行角色扮演，享受篮球运动的乐趣。

（五）现代教学开始进入网络时代

当今时代，网络对普通民众而言已经不再陌生，相关统计结果显示，全球范围内的上网人口已超过20亿，各式各样的互联网活动网页痕迹高达1万亿页，且在按照日平均300万页的速度不断增加。网络教育卓然兴起，数据显示，当前网上教育相关的网址数量超过5000万，网络上发布的教师教案超过100万例。数据表明，信息技术使多媒体教学、虚拟大学及远程教育等新兴教学方式得到了蓬勃发展。

网络信息时代环境下，全球范围内的信息交流数量迅速增加，从根本上转变了广大民众的生活与学习方式。沟通是人类文明的起源，通信科技将全球紧密联系到了一起，刺激了人类世界现代文明的产生，可见，互联网必将对未来文明起主导作用。网络平台上海量、无限增长的信息资源都会成为教学和科研资源。以学校、社会机构等为来源构建的信息库，将高校教学活动纳入电子信息空间，跨地区、跨国家的合作性教学研究活动成为易事。现代信息技术的价值不仅在于其能够作为教学辅助工具或手段，还是构建良好学习环境必不可少的信息来源。可以明确，在未来教育教学中，任何课程如果没有互联网技术的支持和参与，都意味着失去了基础信息资源的动力。

五、教育学理论依据

教育学是一种以培养人为主要研究内容的社会科学，高校篮球教学理论相关研究同样被包含在其中。在教育科学体系中，教育学属于一级学科、基础学科，由此推之，教育学的基本原理也是教育科学体系中其他各门学科的理论基础。

（一）教育本质论

教育的本质是对人才的培养。教育是一国强盛的根本。当前世界各国在经济实力、科学技术、国防力量等各方面的竞争，本质上都可被视为是人才方面的竞争。教育的最根本任务是人才培养，教育是人才产生的根源，由此可知，要想使综合国力在世界上占据优势地位，根本取胜点依旧在教育教学发展上。教育在一定程度上决定了国家兴亡。

对教育本质的探讨，还能够站在教育同社会发展的纵、横向关系的立场上进行。

纵向即时间走向。教育开始于原始社会，在古代与现代社会得到了快速发展。纵观教育事业发展历程，其经历了由简单到复杂的漫长过程，教育理论也随之逐渐深化并完善。对于高校篮球教学来说，教育方法和技术手段也是从产生到落后再到先进逐渐发展的。教育的漫长曲折历程，在不同社会发展阶段或不同的历史发展时期，都有着各自的特点，显示出了较强的历史性。在阶级社会中，其特点是通过阶级性表现出来的。在其整个发展历程中，教育发展大致可被分为原始、古代与现代三种具体社会形态，无论何种社会形态都和当时的生产力、经济与科技发展水平密切相关。同时，从整体上看。在这一发展过程中，教育显示出了相对独立性与继承性。

横向即在社会环境中综合考虑教育同社会生产力、生产关系之间的制约关系，几者之间相互影响、相互制约并相互促进。尤其需要强调的是，人才培养的质量、数量决定了当时社会环境下的生产力和经济发展程度。当代人力资本理论提出，个体具备的例如知识技能或其他工作能力本质上是资本的外在表现形态，是个体在未来的薪水源泉。人力资本在现代经济增长中占据着重要地位，甚至可以说是推动经济增长的首要因素。

教育和政治、经济制度存在辩证统一的关系，政治、经济制度决定了教育的存在性质，这表现在其对人才培养服务类型的决定性上。不能否认，教育也可能对政治、经济制度起到反作用。除此之外，教育同科学文化之间也存在相辅相成的关系，教育能够有效推动文化和科学技术的进步，反之，文化、科学技术的进步又能够使教育教学内容得到极大丰富。作为社会现象的一种，教育与其他社会现象之间有着密不可分的联系。

教育本质论从教育和社会二者之间的关系出发，对教育功能、教育性质作出了详尽解释，有利于使体育教育工作者明确体育教育和社会的矛盾关系，确定体育教育教学的发展改革方向，并能够使其深刻领会到高校篮球教学以及教育改革对社会发展的重要价值。因此，高校篮球教学的改革发展需要将上述关系、因素以及各种要求纳入考虑范围之内，换而言之，需要充分重视社会制约性。

（二）教育目的论

对于人类社会来说，教育是具有目的性和意识性的社会活动。教育目的从本质上可以说是人才培养的质量、规格及标准，是教育工作的起点与前进方向。社会发展需求及个体身心发展规律都影响和制约着教育目的。仅从社会发展需要出发定位教育目的，会过度强调其社会价值，即教育目的的社会本位论；仅从个体本性、本能需求或个体身心发展规律出发来定位教育目的，会过度关注教育在个体发展价值上的实现，即教育目的的个人本位论。上述两种理论均有不足之处。教育的促进和推动作用无论是对社会发展还是某个社会成员的个体发展都是有效的，两种不同性质的功能有着密不可分的联系。可以说，教育目的的价值取向包含社会发展与社会成员个体发展两个不同方面，且两个方面存在有机统一的关系。

除此之外，还必须提及教育生活论及教育谋生论。教育生活论观点认为，在青少年生活中教育是不可或缺的重要组成，强调"教育即生活""教育即生长"。教育谋生论观点认为，教育是青少年未来人生的谋生准备，接受教育是为了学生以后的人生能够幸福。例如，中国古代社会对"学而优则仕"的强调，以及近代社会对"读书、上学的目的是找个好职业"的宣扬，类似观点都属于教育谋生论。

在我国，高校教育目的是建立在马克思列宁主义、毛泽东思想、邓小平理论、"三个代表"重要思想、科学发展观以及习近平新时代中国特色社会主义思想理论依据基础上的，是从国家、社会发展对人才需求角度出发制定的，是将我国社会主义现代化建设实际情况作为客观依据的。高校教育目标基点在于德、智、体、美、劳全面综合发展的社会主义新型复合人才的培养。要实现前面所述社会主义建设人才的培养，达成我国现阶段教育目的，开展高校篮球教学的创新发展研究是必由之路。

从教育目的论中可以明确，高校篮球教学在推动个体发展上有着不可或缺的价值。根据教育与个体发展相互制约的客观规律来看，高校篮球教学是重要的教育活动与过程，同受教学生的身心发展有着密不可分的联系，两者呈现出相互制约的关系。因此，在高校篮球教学过程中，必须将受教学生身心发展的客观规律考虑进来，确保教学活动的针对性和实效性。主要可从如下方面着手：充分考虑学生身心发展客观规律，保证篮球技、战术教学能够遵循其发展规律逐渐开展，确保学生在其不同年龄段学习、接受与其自身发展水平相适应的战术知识；综合考虑不同受教学生的各种差异，发现其中的共同点与不同之处，按照求同存异原则，在制订课程教学方法时，确保每个受教学生都能学有所得、获得发展；对于具体教学方法的制订，要综合考虑受教学生身心发展的多变性与相对不变性，最大限度地保证教学方法的灵活性和针对性；要着重考虑学生身心发展的个性化和差异性，高校篮球教学的实施要具体灵活、因人而异，要有所明确，违反规律的篮球教学课程设计以及相关教学实践活动会造成事倍功半的后果并产生消极影响。

第九章　高校篮球教学改革的实施路径

第一节　高校篮球教学目标的创新

一、高校篮球教学目标的特点

（一）对立统一性

在高校体育篮球教学过程中，不同教学目标的实现要借助不同条件，因此，教学目标呈现出了对立统一的特性。这种对立统一的特性通过篮球教学内容的选择及设置、不同教学内容的资源分配等方面表现出来。高校篮球教学实践活动的各个环节都设置有不同的具体教学效果目标。然而，在具体实践过程中，不同的具体教学效果目标并不能被同等对待和处理，篮球教学的各个目标遵循着不同的发展规律并表现出了不同的特性。因此，课堂教学过程中必然出现各个教学目标的对立，如知识传播与技术学习、技术掌握与身体素质关注等。换而言之，假设教师将学生身体素质发展作为教学目标，要实现这一目标就必须给予一定的时间安排足量的相关身体素质练习。时间是教学目标实现的基础条件，每一阶段的教学时间有限，素质练习占用比例增加，其他教学内容所占课堂时间比例必然相应减少，则其他教学目标的实现过程必然受到限制，反之同样如此。

需要注意的是，高校篮球教学目标的实现在显示出对立性的同时，存在着统一的特征。举例来说，加强学生集体主义观念，能够相应提高其自主学习积极性与组织纪律性，学生若能够做到严谨自律、积极主动、团结协作，一方面能够确保正常教学秩序，另一方面无疑也能够对其他教学目标的最终实现有所帮助。提高学生在篮球上的理论知识水平，则其在身体练习中的质量也会得到相应提高。篮球运动是按照既定理论指导来开展身体练习的，学习、理解、掌握科学的篮球锻炼的理论知识与方法，有利于帮助实现篮球训练、篮球教学目标，保证教学成效。改善身体并提高综合素质能力，能够帮助学生学习并掌握篮球理论知识以及各种运动技能。篮球运动的抽象理论知识以及各种实践技术技能的创造、形成和发展，都必须以良好的身体条件作为基础，基础条件越优秀，对篮球理论知识以及技术技能的掌握就越高质高效。提高篮球运动的技术能力能够帮助学习者增强体质。学生只有具备了篮球运动技术，才能更好地展示其身心上的协调能力及运动技术能力的发展，才能使其自身的体质、心智得到培养。

篮球教学各目标是统一的整体，彼此之间相互促进、相辅相成。因此，对高校篮球教学目标的研究与制定，要立足当下，紧紧把握高校篮球教学目标体现出的主要特性，顺应时间先后顺序，使各种目标相辅相成，在彼此的相互作用中获得统一。

（二）指向性

高校篮球教学目标对于教学的最终发展方向起着导向和制约的作用。根据系统科学相关理论，不管何种系统，即使其输入没有确定，其输出也有着或多或少的指向性。换而言之，高校篮球教学系统在融入人为、主观条件前，其目标也体现着指向性。并且，上面所述指向性有多种不同的发展可能，即可能发展成为多种目标。举例来说：第一，促进学生的理论知识水平和实践能力水平，保证学生发展全面、健康，激发学生产生积极学习态度；第二，推动学生在篮球运动上的裁判实践能力增长，引导学生理解并掌握执裁的尺度，锻炼并使学生掌握编排组织竞赛的能力；第三，树立学生的篮球运动意识，逐渐建立其健康运动的良好习惯，为其将来就业和终身篮球意识奠定良好的基础；第四，培养学生养成遵纪守法、关爱他人、团队协作、服从组织、顽强拼搏、勇于创新、乐于助人、团结友爱的优良品质；第五，从时代需求出发，培养有创新意识、创新能力，全面综合发展的篮球人才。

在足够的积极条件下，高校篮球教学系统的正确、科学的运作将会产生上述积极成效。理解并充分掌握高校篮球教学系统的各种功能，提高系统具体成效，就实现高校篮球教学目标来说意义深远。

（三）制约性

从高校篮球教学系统的整体功能来看，篮球的教学目标是通过各级教学目标逐渐实现并最终完成的，因此其受输入条件制约，有着制约性特点。

首先，制定高校篮球教学目标是建立在正确、客观认识篮球教学工作规律基础上的，篮球教学的目标映射了某限定范围内社会或团体在人才培养方面的渴求。而与此同时，社会政治体制及经济发展状况也不可避免地影响和制约了高校篮球教学目标的实现。由此可知，正确、深入地认识篮球教学规律是确定高校篮球教学目标的前提和必要基础，要从时代特点出发，不能越过时代发展规律超前进行，但也必须能够适应当代高校篮球教学发展总趋势。

其次，高校篮球教学作为学校教育工作的重要组成内容，与学校教育系统协同合作，在推动学生全面综合发展方面起到了巨大作用，是帮助提高人才培养质量的重要因素。制定高校篮球教学目标是顺利实现学校教学总目标的必要条件，高校篮球教学工作目标的实现实际上是服务于学校教育目标的，两者呈现出高低从属、上下递进的关系。从逻辑关系上看，学校教育对其下属校内体育有着制约作用，学校体育教育对体育教学、体育教学对高校篮球教学都有着制约作用，而从整体功能上判断，学校教育大于其所属各组成部分之和。因此能够明确得知，制定篮球教学目标要综合考虑其具体位置、层次划分、教育系统的制约作用以及体育系统的制约作用等，否则，不考虑制约性特点而制定的高校篮球教学目标必将是片面的。

最后，高校篮球教学目标即教师和学生要通过教学实践活动努力实现的目标，与现实环境息息相关。高校篮球教学目标同样受教学资源数量质量、教学地点及季节的特点、教学时长等客观现实因素的制约，因此，制定高校篮球教学目标不能过高也不可过低，应将已有经验和当前具备的条件综合起来，科学分析教学目标的高效性、可行性。

（四）前瞻性

目标是一种预期,是努力的方向，是目前还没有获得的。可以说，篮球教学目标不是已经存在的现实，而是对未来事物的预测。因此，在制定篮球教学目标时，要根据学校教学实际和学生的具体情况而定。篮球教学目标的设定一般要高于学生的现有水平、能力等，不能使学生轻易达到，而学生要想达到目标就必须付出不懈的努力。当然,这些目标也不能定得太高,不能脱离学生的实际情况，这需要通过多年的教学实践来对这个度进行较好的把握。

二、高校篮球教学目标创新的原则

高校篮球教学目标要实现顺应时代发展的创新，不能随意实施，必须按照要求进行，换而言之，需要以科学原则为指导，以确保目标创新进行得高效、顺利。客观分析高校篮球教学目标的内容及落实方式，可以得出如下结论：高校篮球教学目标的创新应在科学性、主体性、系统性和多元化四个原则指导下进行。下面对这四个原则进行详细分析。

（一）科学性原则

设置高校篮球教学目标，应首先遵循科学性的基础原则。高校篮球教学目标制定的创新，只有严格以科学性原则为指导，保证自身科学性，才能真正体现出其价值。缺乏科学的基础保障，高校篮球教学目标就将同教学实践相脱离，真正的教学目标创新和发展更是无从提及。

首先，坚持科学性原则要从联系社会生活出发，要能够满足社会的人才需求。教育教学的核心价值是为社会发展服务，这一价值是借助培养社会所需要的人才转变为现实的。高校篮球教学必须承担教育职责，实现教育价值。因此，高校篮球教学需要从实现小目标开始，循序渐进，最终实现社会需求的核心目标。

其次，坚持科学性原则要充分考虑受教学生的实际情况，科学选择教学内容。高校篮球教学目标的具体制定也需要从教学内容性质出发，如团队协作能力培养的教学目标，需要与教师技、战术设置以及学生领悟战术意识的内容相配合，引导学生感受教学目标的生成过程。

再次，坚持科学性原则要关注学生身心全面协调发展，要兼顾学生认识态度、情感性格等特征及其变化。教学目标的制定要适时适度，以学生"最近发展区"为参考标准来确定，如果目标水平太低而使其达成难度太小，则学生很难获得学习成就感；如果目标水平太高而使达成难度太大，则学生的学习积极性容易遭受打击，进而产生厌学心理。上述两种情况都不适合学生发展，需要避免。

最后，坚持科学性原则要确保目标的高度可操作性。在实际教学中，部分篮球教师较为容易出现失误，如将教学目标设置过高，导致其抽象广泛，学生必须对其"仰视可见"，从而产生了不必要的敬畏感，并在很大程度上削弱了操作性，这实际上是对其操作意义的忽视。这对于高校篮球教学目标的创新设置是十分不利的，需要认识到，实践性本身对于顺利实现教学实践活动来说是不可或缺的重要元素。因此，对于高校篮球教学的目标创新来说，实践性同样是保证其良性发展的重要元素。

（二）系统性原则

高校篮球教学目标是有机化、整体性的系统，包括课程、单元和课时目标三个组成部分，每个组成部分之间在横向上彼此联系，且在垂直纵向上彼此相关，有机结合在系统整体中，不可分割。可以说，高校篮球教学目标的创新本质上是目标系统的整体性创新，而随着整体创新的进行，各组成部分、目标要素也必须改变，发生创新改革，以各系统要素相互之间的和谐有序来对整个系统起到支撑作用，这样才能确保整个系统的正常发展运作。

从纵向上观察可以发现，从课时目标到单元目标再到课程目标，三个组成部分之间呈现层层递进的上下级关系。换而言之，课程目标对于单元目标的确定与具体实施起着一定程度上的决定性和制约作用，同样，单元目标又对课时目标的确定与具体实施起着一定程度上的决定性和制约作用。在整个系统中，下级目标在上级目标的指导下逐步具体化，并最终通过教育教学过程转变为现实。

从横向上观察可以发现，坚持系统性原则意味着篮球教学需要建立在与其他学科的优势整合上，与其他学科保持紧密联系，而不能将其机械地分离。例如，不能将计算机部分的学习内容等同于教会学生如何使用计算机、如何利用所学知识应对考试，这样做反而忽视了学习的本质。要借助计算机部分的学习内容培养学生的逻辑思维能力，确保学生掌握知识和技能，能够自主运用计算机技术来解决篮球学习中的各种问题，能够站在信息技术角度审视篮球运动学习并从中发现与信息技术相通的博大智慧，产生篮球学习兴趣，促进自身心智发展。总之，教师需要尽力将"知识与技能、过程与方法、情感态度与价值观"的三维目标同高校篮球教学每个阶段的具体教学目标融合起来，促使学生将知识顺利内化并融会贯通，各方面的能力都获得发展。

高校篮球教学目标的创新发展，要时刻坚持系统性原则，站在系统化、整体角度对高校篮球教学目标的改革进行审视，使学生能够对学习目标的任务及发展方向有更加清晰、明确的把控。在此基础上，学生能够借助高校篮球教学目标的导向性及时调整其个性化学习目标，对学习进度做出准确掌控。学生通过这种方式拥有了更多的学习主动权，而非完全在授课老师掌控之下、按教师意愿开展学习活动。如此便可循序渐进地把被动学习转化为主动学习，把主动学习转化为创新学习，将学习、训练切实转化为推动学生个体发展的必要方式，而非为应对考试不得不承担的负担。

（三）主体性原则

在高校篮球教学中，教师和学生都是主体，教学目标的构建也是围绕促进学生身心全面发展这一中心实施的。因此，教学要坚持突出学生作为教学主体的存在，着重激发学生在教学过程中的主观能动性与创新创造力。当然，主体性是相对而言的，传统高校篮球教学将教师与课堂书本作为系统中心，而实际教学活动过程中，往往极易出现学生这一教学主体缺失的现象。因此，教学创新需要坚持主体性原则，其目的在于更好地激发学生参与教学的积极性，引导学生在主观层面对高校篮球教学产生积极情感，更好地完成促进学生身心全面发展以及以人为本的教育目的。这里需要强调，主体性原则强调学生在教学过程中的主体地位，但教学主体不等同于学生主体，同时需要将教师主体包括在内，不能与传统教学同样陷入局限性误区，即肯定一方而否定另一方，坚持非此即彼，而是需要明确并肯定教师以及学生的双主体地位，从而更好地提高高校篮球教学活动的品质。

高校篮球教学旨在培养学生知识技能、情感态度及价值观等，作为教学创新的重要组成部分，必须有受教学生的参与。高校篮球教学目标的改革必须坚持主体性原则，保证学生能够参与教学全过程的每个不同环节，如教学目标的制定到实施再到评价等。

根据大学体育教学目标的内容，篮球教学目标的制定要体现创新性发展，应始终贯彻主体性原则，要做到兼顾学生共性以及其个性，保证学生个性和共性共同发展，真正实现将学生发展作为立足点。以大部分学生共性为立足点，要科学、合理地制定稳定、具体、处于大部分学生最近发展区的篮球教学目标；以受教学生个性为立足点，一线授课教师要做到胸有成竹、未雨绸缪，能够对教学目标全面掌控、灵活调整，使全部学生都能在共性得到发展的基础上，展现出与众不同的个性，实现学生全面、个性化发展。

（四）多元化

社会发展对人才需求的多元转变，也决定了高校篮球教学目标必须向多元化转变。

首先，要将高校篮球教学的教育、发展和实质三方面目标有机融合起来，保证其能够落到实处。教育方面目标代指通过高校篮球教学开展面对学生的全面性教育，使其构建起正确且积极的世界观、人生观和价值观；发展方面目标代指通过高校篮球教学使学生身心健康得到培养；实质方面目标代指通过高校篮球教学引导学生掌握篮球知识与相关技能。

其次，要将高校篮球教学同学生生活实际有机融合起来，严禁教学和生活之间产生割裂。大量教学现状证明，当前很大一部分学校因循守旧，固守传统篮球教学模式，未能充分认识到学生生活、兴趣对于学习的意义。学习本质上来说是推动学生社会化发展的重要途径，将教学和生活分割开来，无疑不利于学生的社会化发展。因此，要重视教学和受教学生生活的有效联系，使学生能够在篮球运动的技能、知识方面学有所得，同时能够在社会生活上获得一定发展，培养与社会生活相适应的多元人才。

最后，要将科学主义与人文主义有机融合起来，确保学生在习得篮球技、战术的同时，有机会在全面性、多元化的空间中得到发展，实现各方面能力的增强。保证科学主义意味着学生所学技能、知识的真理性，其学习内容属于人类认知中基本确定的正确的部分；保证人文主义意味着重视学生的学习主体地位，确保学生全面、健康发展，在知识技能、生活情感、人格审美、自我实现等诸多方面得到培养。

三、高校篮球教学目标的创新方法

（一）坚持以学生为本

坚持以学生为本，即将高校篮球教学的根本任务落在学生的全面发展上，以学生为本的策略在当前高校体育教育课程创新改革中处于核心地位。在教学过程中，以学生为本的策略要求必须重视学生在教学全过程中的主体作用。授课教师要始终坚持把满足学生学习需求与多元化人才培养需求当作一切教学活动的出发点，使课堂归属于学生。在教学活动中，教师要开放思想，根据实际教学条件创设具有启发性的教学情境，引导学生积极融入教学情境中，开展与老师及其他同学的交流协作，勇于质疑、探究教学内容和学习方法，由以往的被动接受真正转变为主动探索。高校篮球教学要实现创新改革，必须首先坚持"以学生发展为本"的基本理念，将包括创新精神、实践能力等在内的学生多方面的综合素质的提高作为教学重任，牢记学生同样是高校篮球教学目标的实践主体，教学的最终目标需要落实到学生的全面发展上来。

坚持以学生为本也就意味着必须在高校篮球教学活动中将学生的主体地位充分体现出来。在篮球教学中，学生对教学各个环节的广泛参与是实现其主体性地位的最主要方式。因此，在课程正式展开之前，教师必须精心设计各个教学活动、教学环节，根据学生的实际发展情况科学制定教学方法、明确教学内容。作为一线篮球教师要着重注意如下方面：首先，必须严格在教学大纲的指导下，依照规定的教学要求及内容，寻找并明确与当前形势最适合的教学模式，站在受教者"学"的视角上审视并设计教学。其次，教师需要在篮球课堂上创建相对民主的氛围，为学生提供时间和空间上的相对自主性。高校篮球教学各个环节的设计，要始终坚持围绕学生的教学主体地位进行，通过提供时间、空间上相对自由的发展空间，刺激学生产生对教学活动参与的积极性。高校篮球教学设计的创新改革，能够通过以学生为中心的教学活动的改革得到充分体现，而教师的角色地位及其所起到的作用也需要伴随学生学习活动的改变而相应地有所调整。举例来说，教学课程正式开展前，篮球教师需要在准备活动中为学生进行正确示范，用适当引导确定学习方向，在课程进行过程中要不停地巡视，观察学生各自的学习情况，对学生出现的学习困难提供适当帮助，对学生的学习错误予以及时纠正。教学活动完成之后，篮球教师要认真检查教学活动完成状况，站在整体角度总结教学过程中出现的主要问题，解答学生的学习疑惑，充分发挥教师在教学过程中的主导作用，突出学生在教学过程中的主体性作用。

坚持以学生为本，最大限度地推动学生的充分发展，需要从主观层面出发，使学生产生主体情感，构建主体发展的学习氛围。首先，授课教师要重视学生的情感，在具体的教学活动中，建造并灵活更换教学情境，创造轻松愉悦的教学氛围，为学生创造积极的学习情感体验。从教学实践角度上来讲，课堂中学生的情绪受教师主导，良好教学氛围的构建需要教师保持积极向上的教学心态，并在此基础上为学生带来积极的情绪影响。其次，篮球教师应转变传统观念，改变传统教学中教师的权威形象，积极拉近与学生之间的距离，消除师生之间的陌生感，充分尊重学生，构建积极活跃、平等交流的学习氛围。与此同时，在教学过程中，教师要关注学生的进步，及时予以表扬，坚持引导和鼓励，让学生能够切身获得成功的体验，从中产生更多的学习动力，同时增强自主探索学习的自信心，在内在层面以主动、积极的情感对教学活动产生认同感。

坚持以学生为本，意味着在关注学生身心全面发展的同时，要重视学生的创新能力、创新精神等方面的提高。在具体教学过程中，要以具体的创新型目标为指引。篮球一线教师需要从学生课堂表现及变化出发，有目的性、针对性地进行灵活掌控，保证对学生的严格管理，同时适当创造自由空间，使学生有更多对高校篮球教学的自主探索机会，引导其养成自主发现问题、解决问题的良好学习习惯，适当鼓励学生创新思维方式、用独创的思想观点解决学习中的各种问题，为学生创新思想的培养及提高创造积极影响。以学生为本的策略在教学目标的创新中极为重要，在明确教学目标的内容、具体制定教学目标以及实施教学目标中，都要坚持以学生为本的策略，这样才能最大限度地保证高校篮球教学创新改革的顺利实施，确保教师教学活动的实效性，推动教学目标顺利转化为学生学习目标，使学生真正认识到学习对自身发展的价值，将学习当作人生乐趣。

（二）老师与学生同步转变

在体育教学改革进行过程中，对于篮球教学来说，无论是教师还是受教学生，都需要明确认识到自身在教学过程中的角色的作用，顺应时代需要对旧有角色认知进行更新与转变。篮球教师要从教学主导者、掌控者转变为教学引导者，丰富在传统教学中教授理论知识、技能的单一职能，成为学生学习进程的参与者及促进者。学生要转变在传统教学过程中被动接受知识的地位，成为教学的主动参与者与学习的创新开拓者。在高校篮球教学活动中，每个不同环节，都必须由教师与学生互动协作、共同参与、协同实现。高校篮球教学目标的创新改进，需要对传统意义上教学目标的制定做出改变，不能由教师依照既定的教学大纲单独决定。教学目标的制定要适当增加开放性，引导学生参与其中，以便丰富、充实教学目标。事实表明，使学生参与到教学目标的确定过程中，能给学生根据自身发展需求适当调整教学内容的机会，使学生在主观层面上的被重视感受有所增强，树立学生的主人翁意识和学习主体意识。

（三）突出整体

在传统教学模式中，和众多其他学科的教学相同，高校篮球教学也具有或多或少的应试性目的，尽管为适应时代发展，篮球教学提出了对学生在情感智商、技能及精神意志等方面培养的新目标，但在教学实践过程中却往往难以将其落实到位。在学习过程中，学生更习惯于将学习重点放在知识掌握和技能强化等与考试规定相关的内容上，换而言之，当前学生的篮球学习大都将考试作为终极目标。所以，要实现篮球教学目标的创新发展，切实提高教学质量，就要打破传统教学的限制，使学生明确其发展所需，有能力在整体层面上对学习目标有明确认识。这种方式，一方面可以让学生对即将接触到的学习内容预先把握、整体感知，有准备地接受教学，从实际教学内容中总结出与自己相适合的科学学习方法，掌握自主发现问题和解决问题的能力；另一方面能够充分发挥教学目标的导向作用与激励作用，以明确学习目标为基础，不断增强自身学习动力，这样学习目标的完成效果也就得到了相应的提高。

整体来看，不同层级的高校篮球教学目标需要采取不同的呈现方式。总目标大都适合在开学之初、课程正式开展前向学生展现，可由教务处或一线篮球授课教师将教学目标绘制成简洁、生动的表格、图示等直接呈现给受教学生。借由这一呈现内容，学生能够对篮球教学课程特点、框架以及整体结构做出全面化、系统性掌控，对篮球课程和将要学习的内容以及将要培养的能力作出预判。单元目标适合在单元讲授前向学生展现，可由一线篮球教师将教学目标制成目标图的形式呈现给学生，为学生预习提供指导借鉴。课时目标为高校篮球教学各个课时实施的具体目标，其呈现方式多种多样，教师可在课程正式开展前列出既定的具体目标，使学生能够站在更高一级对学习方向有更好的判断。此外，一线篮球教师也可在教学结束、开展教学总结时，再次呈现教学目标，帮助学生更好地开展阶段学习后的总结工作。

（四）强调过程

当前，教学观念已经发生了变化。教育实验研究在最新教学观念的指导下广泛开展，在总结了实验研究成果的前提下，广大教师从不同层次、不同角度对篮球教学目标的价值取向进行了积极有效的探索研究。对旧有的突出篮球基本知识、基本技能的"双基"价值取向进行了丰富和改变，在重视"双基"的基础之上，增加了对生活经验、创新思维能力、精神情感的关注，使高校篮球教学目标的价值取向同样发生了多元化的转变。其由以往只是强调单一的知识、战术的灌输性教学到强调学生认知、情感等多方面共同发展，这种转变说明了当前我国篮球工作者们认识到了促进学生全面发展的重要意义。

高校篮球教学价值取向的多元化进步，促使教与学的活动向着多样和丰富性转变。在通常情况下，"双基"教学目标有具象化特点，能够被较为容易地测量，也因其同应试教育需求的契合性，而长期受到各学校、教育工作者们的高度重视。相对来说，其他的目标无法被清晰量化，其效果取得也并不明显，然而其对于个体发展不可或缺，随着教学过程的推动和教学情境的改变、教学内容的逐渐升华，除"双基"之外的其他目标在潜移默化中逐渐形成。推断可知，在高校篮球教学中，既定的目标不能涵盖所有目标，而是在教学活动的发酵下逐渐超越其原有意义，伴随教学过程而不断生成和发展的。

通过调查篮球教学发展现实状况可以发现，教学目标已超越了传统概念，开始发生质的改变。当然，这种改变具有顺应教学发展的合理性。篮球教学的不确定因素较多，其中，主观性最强、变化性最大的因素为作为教学主体的人（教师及学生），要保证学生发展得综合全面、健康长远，教师及学生需要按照教学环境、内容及形式等其他变化因素而相应做出调整，保证整个教学系统运行的和谐，尽最大可能创造一切机会为学生提供更加健康的教育成长环境。

四、高校篮球教学目标创新的实现路径

（一）教学目标的确立

高校篮球教学目标是教育目标、目的的具象化确定，篮球授课教师要根据课程教学内容保证教学目标制定得科学合理，要考虑到学生的身体素质发展状况，也要考虑学生的情感认知发展状况。在教学实施过程中，要关注三种教学目标的产生与总结，有计划性、有针对性地将学生的注意力放在实现教学目标上，用实现学习目标激发学生参与学习的兴趣。此外，学习并掌握篮球技术和战术，必然需要时间与精力进行积累，使技术动作从分化逐渐过渡发展到自动化，这就意味着学生从初次接收到深入掌握某技、战术内容，可能要花费数节课的时间。例如，在理论知识的初步讲授阶段，陈述性或是程序性理论知识的教学重点都相同，即学生理解理论知识，相对应的，高校篮球教学目标同样是理解。在理论知识的巩固内化阶段则有所改变，这一阶段中陈述性理论知识讲授的教学重点落在长期保持理论知识上，而高校篮球教学目标为学生记忆运动理论知识。程序性理论知识讲授的教学重点落在使学生内化理论知识上，而高校篮球教学目标则为学生熟练掌握各类技能。

（二）教学目标系统的平衡

高校篮球教学目标是由包括动作目标、认知目标、情感目标等在内的各式目标集合而构成的系统。该系统庞大且复杂，且此系统时刻处于动态变化过程中，每个目标彼此作用、相互影响、此消彼长，因此需要对每节高校篮球课的教学目标进行适时把握，保证不同目标相互之间的有效促进，而非相互制约，确保目标系统的平衡。

篮球教师在每节课正式开始前，应认真研究课时中最主要和基本的教学目标，从预期教学目标出发安排教学方法、选择教学内容，力争事半功倍。举例来说，篮球教学预期目标为"能够讲解篮球运动进攻中有关挡拆战术的

基本要领与要求，并演示出来"，预期目标中包含诸多内容：掌握并能够演示挡拆战术、掌握并能够演示进攻方基本要领、掌握并能够演示防守方基本要领等。要确保预期教学目标的整体实现以及各小目标的平衡，在高校篮球教学过程中，授课教师需要从以下几方面出发作出最大限度的努力。

第一，从总教学目标出发，明确某个本节课最基本、最主要的教学目标。确保学生通过本节课的学习，至少能获取"一得"，按照"一课一得，得得相连"的规律，使学生在各个课程的点滴积累过程中，最终能够自主构建篮球学科的知识框架，形成知识体系。

第二，不能忽视教学目标的层次性。例如，就部分篮球运动规则的学习来看，概念是先决条件，教学目标的设置和完成不能主观跃进，需要坚持层层递进，逐渐实现。无论是加涅学习结果分类还是布鲁姆教育目标分类系统思想，都鲜明地强调了这一点。

第三，平衡认知领域目标和情感动作技能领域目标。举例来说，在篮球运动裁判规则的课堂教学过程中，部分学生乐于充当裁判角色，因此对这一部分的学习表现出浓厚兴趣，他们积极听讲，认真实践，在知识技能和实践能力上进步迅猛；但也有部分学生只对篮球运动技能的学习感兴趣，并不喜欢裁判规则部分内容。若高校篮球教师在教学过程中，仅关注篮球技能上的教学，而忽视学生在篮球运动中的参与性，这无疑会使其教学效果大为失色。

最后，教学目标数量、水平必须符合学习规律。心理学领域中关于注意稳定性的研究提出：过长时间保持对同一类事物的注意，易使人产生疲劳。且有关记忆的研究指出：对于难度较高的运动技能和知识材料，分散学习相对于集中学习来说得到的最终效果更好。

第二节　高校篮球教学内容的创新

一、篮球教学内容的整合优化

（一）目标引领，整合教学内容的育人功能

目标引领，整合篮球教学内容，首先在篮球教学计划的设计中体现出

来，不管目标体系是按领域划分，还是按水平划分，基本都是在描述体育与健康课程的总目标。篮球课的目标是体育与健康课程目标的具体化，各校要从本校教学实际出发对篮球课的教学目标进行制定，并以教学目标、要求为依据对相应的教学计划进行制订，对合理的教学内容与方法进行选择与实施。课程标准要求地方要对课程实施的具体方案进行制订。目标引领的理念在学校制订课程实施计划中得到了充分体现。因此，在篮球课实施计划的制订过程中，尤其是在篮球教学内容的设计中，要充分融入运动能力、健康行为和体育品德三方面的核心素养，促进篮球教学内容体系的完整化、合理化、新颖化，以更好地培养学生的综合素质。篮球教学中要树立目标引领教学内容和教学方法的思想，通过对丰富多彩的教学内容和教学方法的合理选择和优化组合，从整体上实现学习目标，促进学生体育与健康学科核心素养的形成与提升。

（二）优化练习方法，提高篮球技术的教学水平

在体育教学中，身体练习是一个非常重要的手段，学生需要经过不断的练习，才能掌握体育与健康知识、技能和方法。从体育教学过程来看，单个技术的练习方式主要有导入练习、重复练习、模仿练习、演示练习、应用练习、改进练习等。从技术技能的掌握过程来看，主要经历若干练习环节，包括体验、强化、运用、创新练习等。一节篮球课的时间十分有限，为使教学目标、要求更好地实现，必须合理优化这一系列的练习方法，适当整合相关练习方法，促进课堂教学效率和质量的提高。

篮球技术具有开放性，有机组合不同的技术，便会有新的篮球技术与技能出现，如单手肩上投篮与移动技术的结合，会形成跳步、上步、跨步、后仰等投篮技术与技能。① 此外，也可将单手肩上投篮与运球、传接球等技术组合在一起。因此，应以篮球技术与技能的形成规律与特点为依据来开发与优化篮球教学内容资源，从教学实际出发，通过设计练习系列方法，缩短学生掌握篮球技术的时间，提高技术教学水平和课堂教学效率。

---

① 黄斌 . 高中篮球选项课教学内容资源的优化与创新 [J]. 高考，2020（4）：187.

（三）借鉴经验方法，提升学生的篮球运动能力

我国体育发展多年来一直都在实行双轨制，具体表现为体育教学与训练的双轨制。我国在体育人才培养方面贯彻体教结合的原则，而且近年来取得了良好的成果，但体育教学与训练之间还是没有实现深度的融合，从教材到内容都是如此，且学校业余训练的内容、方法及整体水平与业余体校相比都有较大的差距。篮球课的主要目的是培养学生的健康体质，促进学生篮球运动技能的发展和提高，为了实现这一目标，必须在篮球教学中体现出专项化的特点。我国在实施三级训练体制的过程中积累了丰富的训练经验，通过对规则与技、战术进行简化，将难度要求降低和对场地器材进行改造而形成了丰富多彩的篮球专项化、专业化训练方法，这些方法实用有效，可以将其运用到篮球课教学中，促进学生篮球专项运动能力的提升。

二、篮球教学内容的选择的制约因素

文化知识产生于人类社会，不能与之脱离而单独存在，因此文化知识必然会受到社会中各种因素的影响。高校篮球学科课程同样如此，其存在和变化发展会被各种因素影响和制约。分析制约教学内容选择因素的问题，旨在确保教学内容选择的科学合理。

1. 教育理念

每个学校在教育实施过程中都遵守着其教育理念，按照理想的人才类型培养学生，这种教育理念最终通过教学目的表现出来。教育理念对高校篮球教学内容的选择有着极强的影响和制约作用。根据理念中对人才的定义确定培养目标，根据培养目标选择相关教学内容，才能最终将主观层面的期望转变为现实。对于坚持专才教育理念的学校来说，高校篮球教学内容需要高度专业化，避免学科内容交叉，避免其他学科在篮球教学内容中的渗透；对于坚持通才教育理念的学校来说，篮球教学内容需要同科学、艺术融合起来，即使是诸如纯技术、纯战术等专业性较高的教学内容，也需要能够蕴含有艺术美、音乐美的相关内容。可见，教育理念在教学内容的选择上有着不可忽视的重要影响。

2. 社会需求

教育的目的之一在于为社会需求培养人才，因此，高校篮球教学内容被

社会发展需求所影响具有必然性。要想更好地实现教育价值、达成教育目的，需要明确社会对高校篮球教学内容的制约作用是如何实现的。总结来看，其作用方式主要包括科学技术、人的异化、社会交流等方面。

对于高校篮球教学内容的选择而言，科学技术的迅猛发展是其首要社会制约因素。纵观当前人类社会，百分之百的机械化、自动化在工业生产领域屡见不鲜；信息化、网络社会环境已经初步形成；教育技术的信息化转变已经无可逆转。种种迹象都要求高校篮球教学内容必须保证现代化，这样培养出来的未来体育事业的接班人才能够与飞速发展的社会相适应。因此，在教学内容的选择过程中，必须合理安排科学知识的学习以及相应的能力训练，确保学生能够跟上科学技术飞速发展的时代。

人的异化同样是对高校篮球教学内容的选择起到制约性作用的社会性因素。人的异化代指在科学技术迅猛发展的环境下，随着物质生活条件极大的丰富而出现的人的自身庸俗化，乃至人性丧失，是一种不良社会现象。高校篮球教学在内容选择过程中必须突出思想道德上的教育，确保学生能够通过教育养成积极健康的道德信念，实现人性回归。

社会交流也制约着高校篮球教学内容的选择。信息技术的普及使当前人类社会产生这一现象——人与物的交往提高，同时人与人的交流降低。高校篮球教学内容的选择要注意这一点，适当增加需要教师、学生之间相互沟通交流的内容，推动教师与学生在相互交流沟通的过程中产生感情层面的沟通，增加篮球教学的人文色彩，使篮球教学内容适应当前时代发展的需求。

3. 学生心理

高校篮球教学的内容选择必须重视大学生的心理因素，受教者的心理发展水平在很大程度上决定了篮球教学内容的数量多少和难度深浅。高校篮球教学内容要同受教学生心理发展相适应，以学生心理发展条件为参考，作出适时调整。大学生心理和认知特征并不是固定不变的，而是渐趋发展成熟的动态变化的，要保证学生心理能够健康成长，篮球课教学内容的选择就要重视时代性、针对性和兴趣性。从已有科学知识体系中选取的材料包括经典的与新创造的两种，为满足学生好奇心，激发其学习和探索的欲望，就不能一味注重经典性，也需要适当加入新颖的、当前时代环境下的新内容。根据大学生心理特点，教学内容不能千篇一律，要选择有针对性的知识及相应的能力训练，穿插部分隐性内容，在潜移默化中影响学生，引导学生向适合自身的个性化方向发展。而所有教学内容的最终确定，都必须充分考虑学生兴趣，要时刻关注学生兴趣所在，避免教学内容选择过于僵化，避免学生产生厌学心理。年龄与所处环境对学生心理发展都有着影响和制约作用，各年龄段学生的心理个性各不相同，因此对教学内容提出了不同要求，选择教学内容及按照教学进展适时开展调整时必须将学生心理状态以及发展潜力考虑在内。除年龄因素的作用之外，学生心智功能的发展程度同时也在很大程度上受外界环境的影响。高校篮球教学的内容选择必须将此类因素考虑在内。部分教育专家认为，若仅考虑知识讲授、思维和行为训练，而忽视学生自身内部条件、心理发展水平，选择的教学内容必然不合理。这类评估有重要的教学指导价值，其重点是对广大教育工作者的提醒，即重视高校篮球教学中受教学生的心理特征，这对高校篮球教学的内容选择和组织而言影响深远。

4. 篮球运动知识的变化

篮球运动知识的变化对于篮球教学的教材内容的演变有着最直接的影响。知识更新换代、发展丰富，因此教材必须相应更新并增加新知识；旧有知识老化过时，教材也必须相应淘汰旧有知识。因此，应当从以下几个方面正确处理教学内容的选择。

（1）要将篮球运动知识的逻辑体系作为重要参考，以此为前提组织教学内容。换而言之，要站在系统论角度，选择对教学目标的实现有良好推动作用的相关内容。此外，要兼顾受教大学生身心发展水平以及教学开展所必须遵循的客观规律，用逻辑力量为框架将篮球理论知识序列系统性地组织成为和谐的整体。在此期间，随各种因素变化而必须实现的知识增减更新，都要在逻辑因素的动态制约下进行。

（2）要在逻辑系统内明确篮球知识范畴，必须认识到基础性知识在教学中无可取代的地位，使其成为教学内容中必不可少的选择。举例来说，传、运、投等基本技术在篮球运动中可以说是最重要和最具有基础性的，这部分知识不可能因为新技术的出现而失去其基础性作用和地位。时至今日，这部分知识在篮球教学各阶段中依旧都是必学的内容，对于篮球专业的受教学生而言也是必须熟练掌握的基础性技术。可见，教材编选者需要关注篮球运动知识的基本范畴，保证必要性、基础性教学内容不会被遗漏。

（3）明确篮球知识体系模块构成对教学内容的挑选有着根本上的指导意义。任何学科本质上都是不同范畴构成的模块，不同模块以逻辑力量为框架，紧密联系并最终构成完整知识体系。在高校篮球教学的内容选择过程中，最有利于保证教材内容增减的科学性和顺利实施的是明确篮球运动知识模块。纷纷涌现的新知识是信息爆炸时代给予教育发展的新挑战和新契机，面对这一挑战与契机，明确哪部分知识能够同原有知识模块相融合，哪部分知识能够发展成为新知识模块，哪部分知识应被移除到教学范围之外，哪部分知识能够被进一步简化，是众多篮球专家与教育学者们需要为之共同努力的。可见，对篮球运动知识模块构成问题的分析，对教材内容的选择有重要影响。

总而言之，高校篮球教学内容的选择受多方面因素的影响和制约，除教育理念、社会需求以及大学生心理之外，还包括篮球运动知识的变化、社会习俗、地区环境等。

三、高校篮球教学内容的组织

（一）教学内容组织原则

1. 知识的条理性

篮球运动知识体系的产生并非一蹴而就，而是经历了漫长的历史发展和演变过程，各种知识的出现是有一定先后顺序的，并且相互之间按照一定的逻辑顺序连接起来构成了篮球知识体系。坚持条理性原则即需要以某种顺序为依照，安排组织教学内容。坚持条理性原则需要以时间顺序为突破口，按照从过去到现在的顺序组织教学内容。例如，讲授篮球运动起源发展时，要遵从从篮球运动最初发明者詹姆斯·奈史密斯博士开始，按照历史进程演绎运动的发展过程，这样才能使学生的学习思路清晰明了，使教学活动事半功倍。需要强调的是，在遵守时间顺序的同时，要坚持条理性原则组织教学内容，也需要从知识的逻辑联系、知识的系统化等不同层面深化理解。

2. 知识的基础性

高校篮球教学的内容选择与组织，必须始终贯彻打好技术和战术的基础、牢牢掌握理论基础的原则。对于高校篮球教学来说，基础知识等同于其构建和发展的根基，有坚实的根基支撑，篮球学习这个系统而庞大的建筑才能屹立不倒。知识基础的最终确立必须由篮球专家进行，因为作为篮球运动知识权威，各专家对篮球运动知识构成基础有着正确、清晰的认识，其选择能最大限度地确保教学内容科学、客观。专家需要从教学规律出发，提出有关篮球教学的基本要求，用科学方式将篮球基础知识转变为篮球教学内容的基础，如若不然，篮球基础知识则不能发挥出其在教育过程中应有的基础性作用，而没有良好的基础，教学内容的组织自然也无法顺利实现。

3. 知识的关联性

高校篮球教学内容彼此之间并非是孤立存在的，包括概念事实、原理法则等在内的各方面内容是彼此紧密联系的，并通过联系构成内容整体。因此，教学内容的组织安排必须关注各部分内容彼此之间的关联性。

要关注高校篮球教学内容自身具备的逻辑关联，如教学内容彼此之间的纵向时间联系、横向逻辑发展联系等。明确不同部分知识的内在关联性，有利于确保教学内容组织的系统化。在组织高校篮球教学内容过程中，要联系学生的认知，从学生具备的知识、经验、认识出发，引出新学习课题、新研究问题，启发学生展开新探索、新思考，对其已经具备的知识经验进行丰富拓展，并通过关联性使学生扫清学习新知识、新技能的障碍，在能力培养上取得更高成效。

4. 知识的实用性

组织并确定高校篮球教学内容要确保其实用性，不能仅停留在理论层面，更要确保内容的组织对于训练、教学实践都有着积极效用，换而言之，高校篮球教学内容的组织，对于教师来说要实用，对于学生来说也要实用。

举例来说，教材的编写是在教育者主观作用下产生的，作为主编人员，必须协调知识的基础性、清晰性、关联性等问题，最大限度地实现主客观吻合，保证达到最佳效果。要确保其实用性，编写人员需要慎重考虑篮球教学内容的范围及顺序、要求等，思考做出的组织安排是否能够帮助篮球教师的教以及受教学生的学，倘若能够做到帮助启发学生思维、激发学生自主参与，那么教学内容的知识安排便遵循了实用性原则，体现了内容组织的价值，将获得师生双方的好评。

（二）教材编写准则

1. 最优系统性

篮球运动的知识构成复杂、总量庞大，但学生学习的时间和精力有限，因此，教材需要保证提供给学生的知识最为充实、系统。教材编写要确定最佳容量，这样才能保证在教学实践中，教学内容最优系统性准则能够发挥其应有的作用。

2.普遍应用性

普遍应用性原则是教材内容选择上要着重考虑的。例如，篮球运动中，跑、跳、投、运、传等内容一直是篮球教学的普遍内容，并会在将来一直延续下去，是受教学生必须学习的内容。需要特别说明的是，也存在部分内容适合少数人的教学活动，这部分内容并非不适宜被纳入教材，也并不是没有用处，对于部分专业人士来说，这些教材内容的选择同样遵循了普遍应用性原则。

3.适宜传授性

高校篮球教学内容的最终确定，同样要考虑是否适宜传授给学生同高校篮球教学不相适宜的内容。即使这些内容有很高的教育价值，教材编写者也必须考虑重新挑选。教材逻辑性需要能够和受教学生认知发展程度保持统一。详细来讲，就是教材内容中，知识逻辑性需要和受教学生的认知发展保持相同层次，即若学生技、战术发展水平处于初级阶段，则相应的教材逻辑性也需要选定在初级阶段。只有保持教学内容的逻辑性和受教学生认知水平的相互统一，教材才更易于被学生理解和接受，不会因逻辑性过强、超出学生认知而导致学生产生厌学心理，也不会因逻辑性过于简单而对学生的认知发展毫无帮助。

4.最全面发展准则

高校篮球教学教材内容的选择，不能仅局限在学生知识技能的掌握上，也要关注对学生能力发展的推动以及对学生个性发展的促进。

四、高校篮球教学内容创新的路径

（一）观念的创新

进入21世纪以来，创新逐渐在时代精神中占据重要席位。创新精神是国家和民族进步的不竭动力与坚实支撑，创新精神、意识和能力的竞争可以说在很大程度上决定了各国国力的竞争结果。"个体的创新精神、意识与能力养成的最有效途径是教育。"信息技术展现出的前所未有的发展趋势以及随之到来的知识经济时代，将掌握高新知识、具备领先技术的人，特别是有着较强创新意识与能力的篮球人才，变为能够对国家、民族的国际竞争力量起着决定性作用的重要战略资源之一。教育是新知识传播、创造和运用的主要领域，是创新人才养成的主要方式。

高校篮球教学要实现创新人才培养，必须在教学观念方式、内容手段、方式评价等各个方面做出深入改革。面对这一复杂形势，要以观念创新和内容革新为突破口着手推进。篮球教师需要紧紧把握新课程改革的难得契机，适时更新教学观念，构建教学创新观，时刻关注时代发展趋势、社会变化以及受教学生实际发展状况，在此前提下，对高校篮球教学内容进行更新重组，为学生提供最新、最具科学性的知识和理念。与此同时，在高校篮球教学实践过程中，授课教师要改变过去强制性思想灌注、压制个性化思维、排斥打击自主探索等各种不良教学行为，重视学生在教学中的主体地位，要强调对学生批判质疑、创新探索精神的培养。从某种角度上可以说，在篮球教学过程中，发生在教师同学生之间的任何交互活动都将转变为各种形式的学习内容、学习经历，并最终在学生思想意识领域中留下印记，在潜移默化之中对学生之后的发展起到长远而深刻的影响。

陶行知先生曾做出这样的告诫："你的教鞭下有瓦特，你的冷眼里有牛顿，你的讥笑中有爱迪生。"上述警醒在当前对于教育工作者们依旧有着重要意义。受传统文化观以及教学理念影响，部分篮球教师仍因循守旧，坚持维护自己在课堂中的绝对权威地位，对学生的新异想法挖苦讽刺，对所谓"喜出风头"的学生更是不断打压，未能认识到所谓"异想天开""喜出风头"有可能正是创新意识的外在表现，昭示了学生的创造潜力和发展前途，未能发现能够获得创造性成果的人往往有着"与众不同""异想天开""喜出风头"的特征。高校篮球授课教师必须有意识地建立起教学创新意识理念，对学生的"奇思妙想"要持尊重鼓励态度，而非一味否定打击，要关注学生的好奇心、探索欲，要从当时、当地的情景出发，因势利导，通过潜移默化的方式培养学生的创新观念意识，使学生的创新精神和能力得到强化。

（二）教材内容的创新

高校篮球教学内容的主要来源是教材，教材也是篮球教学不可或缺的重要组成部分。在我国篮球学科中，教材是在一定标准指导下，由众多专家、学者等精心选择并组织而成的经验体系（包括直接与间接经验），其科学性、权威性毋庸置疑。然而社会的发展进步从未停止，科学知识数量及水平不断上升，而被纳入教材的知识必然有限，除此之外，从教材编写到出版，再到正式投入使用，需要很长周期才能实现，可以推断，高校篮球教材在内容方面难以避免地会落后于当前社会、科技发展水平，这在客观上提出了高校篮球教材内容改革的必然要求。创新改造高校篮球教材内容的工作，主要借助如下两方面实现：首先是高校篮球教材编写上的创新，其次是教师教学上的创新。从教材编写上来看，编写活动必须以课程标准基本思想的正确领会与充分掌握为前提，要在教材之中反映出来，同时专家、学者需要发挥创新精神，使教材编制多元化，用不同特色、风格的教材满足不同发展水平、个性特征的受教学生的学习需求，具体来说，创新教材内容可通过如下方面展现出来。

1.确定更加基础实用的内容，确保学生的高效学习

高校篮球教学内容无论如何创新，都必须从基础做起，而篮球基础知识、基本技能始终是必须首要考虑的内容。当前，教育学专家和学者们就基础知识和基本技能的定义与范畴问题尚未达成共识，但毫无疑问，教材内容的创新确定必须从被普遍认可的、能够帮助学生技术和战术学习的、有利于学生未来就业发展的理论知识与实践技能中选取，而不是将所有篮球知识技能作出无重点的大汇总。如何具体实施教材内容的选定仍旧是需要进一步探讨与研究的复杂问题。

2.选择能够映射现代社会生活与科技发展水平、具有时代代表性的内容

传统高校篮球教材的更新相对偏慢，内容普遍陈旧，较多都与学生实际生活脱节，这导致学习理解难度较高，学生很难产生积极参与学习的兴趣。教材创新编写要根据时代发展适时调整，适当增加诸如信息技术、脑科学、人体工程学等具有最新时代特色且能够体现现代社会生活、高新科技发展水平的内容，提高学生探索发现的兴趣，使其积极加入学习当中，通过学习理解、掌握与时代和社会紧密相关的新知识、新信息。

3.选择生动典型的明星案例帮助学生体验并理解抽象的教学内容

传统高校篮球教材的内容更强调经典知识，但过于偏重经典会导致教学内容高端而枯燥，使学生难免产生畏学心理。教材的创新编写有必要适当加入最新明星案例，选择与学生心理特点、生活经验相贴近的内容。知识来源于现实生活，知识的学习也必须最终回归到生活的应用中去。教材内容贴近

学生现实生活能够帮助学生减轻对篮球运动知识的陌生感，使其能够顺利投入到学习当中，顺利掌握知识的理解与运用，同时能够帮助学生内化所学知识，有意识地将所学知识融入现实生活，切实感受到学以致用的乐趣。此外，教材内容也可呈现出部分未能在现实中得到解决的趣味问题，为学生创造更多探索研究的空间。

4. 教材内容的选择要更加关注研究性

旧有高校篮球教材更主张为学生提供确定性、结论性强的知识内容，这从长远来看对学生探究意识、创新能力的培养并无益处。高校篮球教材内容的创新编制应适当增加部分过程性知识内容，安排阅读理解、调查讨论、实验探究等刺激学生发挥主观能动作用的环节。

5. 选择能够帮助学生培养情感态度和思想价值理念的内容

传统高校篮球教材在很大程度上忽视了这方面内容，因此教材的创新编写应适当弥补，在强调认知性目标的同时，要着重加强学生情感态度和思想价值理念的培养工作。因此，在教材内容选择过程中，需要对具有情感态度和思想价值理念因素的教学内容予以重视，在确定其教学育人价值后使之有机融合到教材之中。

6. 使教材内容多样化，富有吸引力

教材的设计可以借鉴图画书等容易被学生接受的书籍的设计经验，适当增加趣味性。教科书并不等同于教材，而仅仅是其核心组成部分。教科书的设计要从整体着眼，使其与辅助教材、文字及视听教材、社会教材、课外活动读物等能够有机结合、相互促进，发挥整体作用，促进篮球受教学生的学习发展。

7. 为篮球教师实现创造性教学提供更多机会

在传统教学模式中，对教材的设计更倾向于大量地填充知识，以期能够在最大程度上避免必要知识被不慎遗漏，然而实践表明这种教材设计方式存在较大缺陷。事实表明，即使是完美无缺的教材设计，也必须借由篮球教师的主观能动作用才能最终实现教材的设计目的，每个授课教师在认知情感、态度及价值取向等方面都有着自身的独特性，将难以避免地按照自身主观意愿开展高校篮球教学内容的传授活动。设计高校篮球教材内容必须保留一定空间，让教师的创造性得以发挥，使其体会到自身在教学过程中的价值，在教学实践中获得专业上的成长和发展。

（三）篮球课程资源的充分开发利用

1.调动一线篮球教师主动性，实现篮球课程资源最大限度地开发利用

根据笔者对部分高校篮球教师开展的调查发现，在高校篮球教学资源开发过程中，遇到的最大障碍主要体现在课程资源缺乏上，这个问题也极大地困扰着广大篮球教师。篮球课程资源缺乏的原因多种多样，其中，教师薄弱的课程意识也是引发这一问题的重要原因，即当前一线篮球授课教师普遍未能充分意识到自己也是课程资源的重要组成部分。

在传统篮球教学观念里，开发与利用课程资源是有关专家、学者的工作，与篮球授课教师无关。当前形势下，教育改革的深入要求篮球教师不得不面对挑战、应对新要求，其中极为重要的一项就是教师需要具备课程开发能力及相关专业素养。篮球教师需要认识到，其在很大程度上对鉴别课程资源、开发新资源、积累生活中的课程资源以及二次利用资源等方面起着决定性作用。举例来说，篮球教师自身的学识积累、能力技巧、经验经历等都能够与篮球教材有机融合到一起，使篮球教学课程资源得到极大丰富。可见，调动广大授课篮球教师的积极性，使其树立起课程资源开发意识，对于篮球教学资源的开发以及教学发展的推动来说有着显著的重要性和必要性。

2.以广泛调查作为参考，明确篮球课程资源的开发类型以及开发方式

社会调查要保证广泛性和代表性，要对当前社会环境下篮球人才素质的基本要求有所明确，要对当前社会环境下篮球课程资源开发利用的选择范围有所明确。要特别以学生为对象开展广泛调查，对当前学生在篮球课程资源方面提出了何种需求、对篮球课程资源表现出了何种兴趣以及何种篮球课程资源能够对学生学习发展起到帮助作用有所明确。确定了开发利用的篮球课程资源的类型后，相关人员应开展广泛调查，收集意见与建议，确定资源开发与利用的详细措施，从实践层面确保资源能够以更加高效顺利的方式切实和高校篮球教学融合到一起，全面具体地为篮球教学活动和受教学生发展服务。

3.培养独具特色的校园篮球文化

校园篮球文化本质上是教师与学生之间的传统习惯、价值取向、思维行为方式等的综合体现，是在学校、班级等特殊场所内，由校园个性化社会结构、成员共同发展目标等的支撑而产生和发展起来的。校园篮球文化作为课

程资源来说有一定的特殊性，具有非学术性、隐性课程的作用，能够潜移默化地帮助学生培养健康的人格，陶冶学生的情操。

（四）学生资源的开发利用

在传统教学观念中，课程资源的开发与利用过程中是没有教师和学生参与的，对由专家、学者安排制定的"权威、神圣"课程来说，篮球授课教师与受教学生仅仅是底层"消费者"与忠实执行者。然而实际上，篮球教师与受教学生本质上都可被视为潜在、丰富的课程资源。这里将开发、利用学生资源单独列出，而未归纳到篮球课程资源开发利用策略部分统一讨论，则是因为考虑到了学生资源本身作为课程资源的重要性与特殊性。然而，传统文化、教学观念的影响根深蒂固，导致忽视篮球受教学生资源的现象普遍存在，极难更改。开发利用学生资源，对篮球教学目标的确立与实现质量和程度、教学内容的组织以及教学实施的具体方式等都有着直接影响。

众所周知，高校篮球教学设置的出发点是学生和发展，课程变革的出发点和目的也是为帮助学生实现更好的发展，然而，无论是从我国传统篮球教学还是从当前的教学改革来看，篮球课程、篮球课程创新改革的目标人群——学生都处于严重"隐形"状态，学生在教学中的价值、意义和作用总是被忽视甚至是遗忘。作为篮球课程重要资源的学生，同样需要得到必要的重视。高校篮球教学内容的选择与组织，必须将受教学生身心发展实际状况充分考虑其中，重视学生在兴趣爱好、认知水平、情感个性等方面的差异性。同样的，教师在开发与利用学生资源的过程中，必须更新传统教育教学理念，正确认识并充分尊重学生作为独立个体的差异性，保证学生在教学活动中的平等权利，重视学生的教学主体地位，最大限度地发掘学生的内在潜能，因势利导并科学开发利用，使学生资源能够转变成高校篮球教学内容中直接形象、鲜活具体、充满生命力、个性化的教学资源。

（五）创设良好的多元化教学情境

20世纪80年代末期，建构主义思潮从西方兴起。建构主义从新视角提出了针对知识、学习、教学的解读。在建构主义看来，知识有复杂性、建构性、社会性、适应性以及情境性，知识由个体建构而成，学习并非从当前世界中发现意义的活动，而是个体借助活动、对话、交流等方式实现意义建构的过程。对应来看，高校篮球教学需要积极创设教学环境，构建"学习共同体"，引导学生切实、主动地融入教学活动中，自主探索并发现问题答案，从而实现自身知识体系、认识系统等的建构。总而言之，在建构主义理论中，对创设科学性、多元化的教学情境是极为重视的。

高校篮球教学的实现体现了教师、学生以及内容与环境的互动成果。但是，传统篮球教学观认为，教学具有确定性，是经过预设的静态知识讲授活动，认为教师必须做到"忠实传递"教材内容，即课堂教学上篮球教师的所有教学活动，其最终目的都在于能够最大限度地依照教材编写者的意图将教材中的教学内容完整传递给学生，而学生教学活动的目的也在于能够在要求下循规蹈矩地"复制""再现"教学内容，这也是教学活动中学生存在价值的全部所在。在建构主义、后现代主义和新知识观指导下，当前，教学理念产生了很大程度上的更新与转变。前面提及，多元教学观提出，教学具有非确定性和非预设性，学习是动态的知识建构和创生活动。教学过程中，篮球教师不能仅发挥"扬声器"作用，还需要帮助学生实现知识能力的构建，情感态度和价值观的培养。教师需要成为课堂上的引导者、教学活动的促进者以及学生学习活动的合作者，学生也不能成为"应声虫"，需要积极接受篮球教师的引导与帮助，发挥主观能动性，成为学习的创生者。

高校篮球教学情境创设对于教学的推动作用不言而喻。宽松和谐、平等民主、积极生动的教学情境能够帮助学生勇敢提出质疑、进行批判，不惧怕冒犯权威或犯错误。在上述学习氛围中，学生的思维活跃性能够被最大限度地激发，创新意识、能力能够得到有效提高，这对学生全面发展也更有帮助。高校篮球教学中，构建多元教学环境就需要在教学过程中适当增加教师和学生以及学生相互之间的互动教学内容。

以交流交往、对话合作为支撑构建起来的多元教学情境以及在此情景下衍生出的教学内容，也是高校篮球教学内容的重要组成部分，相对比来看，这部分内容属于隐性教学内容，对师生生存状态的改善和自身价值的实现意义深远。借此内容，教师和学生能够切身感受到教学活动的内在生命力和丰富多彩的艺术感。针对隐性教学内容的教学活动，在大部分情况下是无法以师传生受的方式开展的，只能在某些教学情境中，借助篮球授课教师和受教学生的非言语交流才能实现，可见，对篮球教学非常重要的隐性内容的教学是必须有良好教学情境作为支撑的。由此可见，良好的多元教学情境的创建对于高校篮球教学内容创新而言是不可或缺的重要策略。

（六）借助多种方式全面提高教师素质

教师素质以及其在教学过程中所能起到的作用对于高校篮球教学内容的创新而言有着关键性影响。在新课程改革大环境下，当代篮球教师对比以往篮球教师在课程意识方面有了极大程度的拓展，高校篮球教学内容也展现出了以往所不具备的开放性、不确定性和动态生成性特征，其在客观上要求篮球教师需要具有课程资源的开发能力，成为课程创新发展的推动者。种种客观要求体现了对篮球教师作为课堂教学主体的尊重，对其教学创造性能力的重视，这一方面是为篮球教师能力的发展与提高创造新机会，另一方面也是对篮球教师提出的严峻挑战。广大教师是否能够适应上述新变化，是否能够在新形势下承担起诸多重任，是否能够顺利实施预期的有效教学，都同教师素质、能力有密不可分的关系。可见，借助多种方式全面提高篮球教师素质是十分必要的。受历史以及现实因素影响，通过当前我国教师的现实教学表现来看，大部分教师依旧远不能达到转变成为课程改革者的标准，同预期目标之间尚且存在很大的距离，对于广大篮球教师来说，全面提高自身素质、承担起历史和现实赋予的育人职责依旧任重而道远。

第三节　高校篮球教学方法的创新

一、篮球教学方法的特点

（一）多元性特点

高校篮球教学内容的差异、教学情境的不同等对篮球教师的教学方法选择提出了不同的要求。即使在教学情境和教学内容完全一致的情况下，不同教学方法的应用也可能带来千差万别的教学效果。从教学实践来看，不同教学方法产生的效果各有特色，然而任何教学方法都有各自的限制性。例如，讲授教学法能够节省课堂实践步骤，有利于篮球教师控制教学过程，根据学生接受情况与教学实际灵活调整教学速度、进度、难度等，能够更好地帮助学生从整体上系统掌握知识内容，但是不利于学生长时间集中注意力，并对学生独立思考精神的树立和能力的培养存在消极作用；问答教学法在激发学生的兴趣、活跃学生的思维上有着积极效用，能够锻炼学生的思考能力，但在知识的系统性传授上不具备优势，不适用于解决高难度问题。因此，要将教学目的转变为现实，强调高校篮球教学方法的多元性特点是必要条件。

（二）双边性特点

高校篮球教学活动具有双边性的属性，由此决定了高校篮球教学方法必然具备了双边性特点。双边性特点是指，无论何种教学方法，都是由教师的教与学生的学共同融合而形成的。双边性特点决定了高校篮球教学方法必须由教师与学生相互协作才能完成，仅仅依靠教师的教但忽略学生的学是不可能有效实现教学目标的。在高校篮球教学方法的实现过程中，教师与学生二者相辅相成、缺一不可。

（三）实践性特点

高校篮球教学方法只有依靠教学实践才能最终实现，因此，教学方法具有显著的实践性特点。高校篮球教学方法的实践性特点首先是通过目标指向表现出来的，换言之，高校篮球教学方法的价值主要在其作为教学目标的实现手段上。同时，高校篮球教学方法从基础内涵到运作方式再到具体实施等各个组成部分，都是能够在实践过程中被篮球授课教师所掌控的。因此，高校篮球教学方法的实践性特点，能够直接检验篮球教师的教学水准。

（四）整体性特点

不同种类的高校篮球教学方法并非孤立存在，其作用的发挥也并不能够独立实现。在高校篮球教学方法体系中，各个教学方法都是其重要组成要素。各要素相互影响、相互作用并最终构成了系统整体，而各种要素之间的有效搭配则能帮助教学方法系统发挥一加一大于二的作用。需要注意，在教学方法体系中，各具体方法不仅能起到积极效果，也有可能产生消极作用，只有找到了可以使各种方法相互配合的科学方式才能实现取长补短，进而更加有效地达成目标。

（五）发展性特点

高校篮球教学方法体系并非固定而不发生任何改变的，在教学理论的发展以及教学实践进步的推动作用下，教学体系也必然会有所发展变化。高校篮球教学方法的发展性特点主要通过如下方面表现出来。首先，新的教学方法总是伴随时代发展与科技进步而不断出现。以近现代出现的教育教学方法为例，多媒体技术、信息技术的出现和普及，使电化教学、计算机辅助教学等新方法得到了普遍应用。其次，旧有高校篮球教学方法不断被赋予新的含义和内容。比如，当前篮球教学的传授法已不再是传统的静态串讲授法，而是更多地运用了姿态语、悬念设置等新的实施手段。最后，新出现的与旧有的多种高校篮球教学方法，相互之间影响并有机融合到一起，推动了教学模式的稳定发展。篮球教师必须关注时代发展趋势，牢牢把握时代脉络，时刻用发展的观点审视自身采用的教学方法，保持更新发展，这样才能使教学获得最佳效果。

二、高校篮球教学方法创新的原则

（一）科学性原则

1.教学方法要与教学规律相符合

同其他学科的教学相比，高校篮球教学有着突出特点：教师需要借助身体练习开展教学，学生需要借助反复练习，将身体与思维活动有机融合到一起，才能实现对篮球知识技术与技能的掌握，进而实现提高技术和战术水平、增强身体与心理素质的成效。高校篮球教学的特点要求其教学方法的选择必须遵守如下规律：

（1）动作形成规律。根据发展程度的不同，动作形成由大致掌握、改进以及巩固和运用三个阶段共同构成。第一个阶段大致掌握动作的过程有着"泛化"表现，个体的运动中枢神经抑制和兴奋呈现出扩散状态，条件反射的形成尚且不稳定，这一阶段普遍有技术动作不协调、肌肉控制能力弱、表现僵硬的主要特征。学生通过训练逐渐强化，使动作形成发展到改进的第二阶段。在这一阶段中，个体的运动中枢神经抑制和兴奋呈现出集中状态，对技术动作的把握从"泛化"逐渐发展到了分化阶段，在上一阶段出现的错误技术动作被逐渐纠正，开始形成动作定型。在最后的技术动作巩固和运用阶段，受教学生大脑皮层中运动中枢神经抑制及兴奋较之前两个阶段来说，精确性与集中性达到了最强，对技术动作的时间与空间知觉初步形成，开始巩固动作定型。这一阶段的学生动作准确熟练、省力且能做到应用自如。动作形成的不同阶段，并不是绝对存在的，三者之间有着相对的、彼此紧密的联系。学生的能力水平各有差异，教师的教学经验水平也千差万别，因此，受教学生在动作形成阶段取得的进度也有先有后。此外，不同阶段、动作技能间也可能产生相互影响、转移的现象。前一个动作的形成推动了后一个动作的掌握，这被称为积极转移；与之相反，产生了阻碍作用的则被称为消极转移。在高校篮球教学的实践过程中，篮球授课教师必须能够及时充分注意上述现象，并进行科学积极的应对。

（2）个体生理活动规律。对于篮球受教学生来说，其成长发育被多种条件影响着，归纳来看，主要可分为三方面：首先是个体因素，也就是先天遗传因素；其次是社会因素，也就是环境营养、卫生教育等因素；最后是篮球运动训练因素。合理、科学的篮球运动训练能够对个体的成长发育起到多方面积极影响。学生接受合理、科学的篮球运动训练，能够保持思维敏捷、头脑清晰；使血液循环得到促进，心肺功能有所提高；使骨骼、肌肉发育得到积极影响，更加健壮有力；使环境适应与不良因素抵抗能力得到发展。生物法则显示，缺乏运动会导致人体产生一定程度的衰弱，恰当的篮球运动训练有助于人体的生长发育，但运动过度也有可能造成身体损伤，可见篮球训练必须坚持科学性。

2. 教学方法要与教学原则相符合

（1）自觉积极性原则。贯彻自觉积极性原则需要将学习目的的传达给学生，使之深刻理解并有所明确，激发学生在高校篮球学习方面的兴趣；要将教学目的与学生实际发展情况综合考虑，保证高校篮球教学在内容与方法上的科学合理。

（2）学生全面发展原则。在贯彻学生全面发展原则时，必须考虑到不同新教材多元搭配的合理性，考虑能够推动学生身体素质全面发展的练习；要保证每个课时中教学内容的多元化，为学生全面发展提供更好的条件；保证考核项目多元化，使不同考核项目以及考核项目同教学内容合理搭配。

（3）运动负荷合理调节原则。要对篮球运动强度以及运动量进行灵活科学的调整，保证学生体能够始终充盈，最大限度避免运动损伤的发生，使教学效率得到切实提高。

（4）循序渐进原则。贯彻循序渐进原则，需要注意运用难度由低到高、内容由简到繁的方法安排篮球教学内容。学期正式开始前，对本学期篮球教学的技术和战术内容作出科学合理的整体性规划安排，确保每一个课时都有思想性、层次性，确保教学内容之间的衔接和谐有效，确保重点、难点被着重突出，使教学的系统性与有效性能够融合体现出来。

（5）巩固提高原则。在贯彻巩固提高原则时，篮球教师需要站在整体层面，全面掌握各个学生在技术和战术上的学习水平以及不同个体之间的相互差异，根据学生表现出的不同特点，有计划、有针对性地施加教学内容，选择教学方法，让学生的学习活动与其自身状况相适应，并以此为基础保持高效性。同时教师要在时机合理时安排诸如比赛等形式的检测，对学生在这一阶段中对技术、战术、理论知识等学习掌握情况要心中有数。

（6）统一要求同因材施教结合原则。在贯彻统一要求同因材施教结合原则时，篮球教师需要对学生有着全面了解，能够对学生实际情况有着清晰掌握，根据普遍情况制订统一要求，在此基础上，根据学生个别情况贯彻因材施教。

3. 教学方法要与教学目的相符合

高校篮球教学目的，即篮球教学过程中预期实现的目标，大体可分为如下方面：首先是受教学生身心的全面和谐以及健康发展；其次是受教学生在篮球技术、战术以及有关各种理论知识上的理解与掌握；最后是受教学生创新探索、关爱他人、团队合作等积极意识的养成。对于高校篮球教学来说，在推动学生发展的主要目的之外，篮球教学的目的与任务还包括使学生树立社会主义信念，接受行为教育；使学生掌握篮球知识，具备优秀的运动能力、优秀的身体素质；使学生建立对篮球运动的科学认识，养成热爱运动、科学运动的习惯；使学生具备过硬的组织及适应能力。以高校篮球教学总体目标为指导，不同课时有各自不同的教学目的。篮球教学教师需要参照各个教学目的以及具体要求，恰当选择适宜的教学方法。

4.教学方法要同教学内容要求相符合

高校篮球教学目的是篮球教学内容的选择依据。确定了教学目的，就需要针对其安排相应的教学内容。当前，教学目的的多元化发展趋势要求教学内容丰富化，对教学内容的选择提出了如下具体要求：选择五人及三人制篮球运动，要能够有利于学生身体协调发展，有利于促进学生体形匀称发展，有利于学生的身体姿势的正确培养；选择花式篮球，要能够体现出篮球的韵律、美感，能够表达丰富的情感等。要从培养学生兴趣角度考虑，同时从学生发展角度考虑，选择适宜增强其体质、运动机能与基本活动能力的练习。与之相符合的教学方法的选择，需要遵循如下几方面原则：教学方法需要能够满足所有健康受教学生的需求；教学方法的选择需要对改善学生的体质有直接帮助作用，要重视使学生能够独立从事篮球运动的教学；教学方法的选择不能仅仅适用于校内教学，而是需要在学生未来人生中都能起到积极影响。

（二）从实际出发的原则

高校篮球教学活动包括教师与学生的教与学两方面，是一种双边互动活动。因此，选择与组合应用教学方法时，要将教师与学生两方面因素都考虑在内，站在教师与学生两个立场上，考虑不同的实际情况，合理选择教学方法。学生在不同年龄、不同发展阶段，心理状态及变化都有着极大的差异性，同时，学生所选择的学科不同，表明其所需要的教育教学方法也存在极大差异性。教师需要了解学生的心理特征、认知水平和知识技术掌握情况，能够站在学生的立场上选择教学方法。学生存在年龄差异、心理发展水平差异以及发展需求的差异，因此选择教学方法时必须作出适当调整。举例来说，针对体育教育专业学生的教学选择的方法，需要与针对运动训练专业学生的教学所选择的方法加以区别，篮球授课教师必须有所明确，以此为基础适当选择教学方法。布鲁纳提出如下观点：知识根据其形成顺序与方式，至少包含三个阶段，首先是动作把握，即凭借四肢把握对象；其次是影像把握，即凭借印象把握对象；最后是符号把握，即凭借语言形式把握对象。授课教师对高校篮球教学方法的选择，需要考虑学生思维方式表现出的特点。根据皮亚杰、布鲁纳的相关理论可以得出如下结论：三种思维方式并不与年龄特征等同，其在本质上属于思维发展顺序。举例来说，部分学生尽管已经正式进入大学学习阶段，但不能进行有效的形式思维活动，其智慧发展水平仍是处于具体思维阶段，从其中可以获取如下启示：教师的教学方法选择需要将动作式、影像式以及符号式知识三者协调到最优状态。

在现代认知心理学理论中，对学生的知识体系构建及其构建方式十分重视，其关注认知结构对于新知识学习的迁移意义，强调参考学生已有的篮球知识体系选择教学方法。举例来说，若学生的认知体系中具有与新知识相关的某些观点或概念，篮球授课教师完全可以选择启发性较强的谈话法；反之，若学生对新知识并无任何了解，则谈话法就不再适用。教学方法必须能够适宜学生的认知发展程度，这并非指选择教学方法必须将其难度等控制在学生认知发展程度之下，受学生认知水平程度控制，恰恰相反，教学方法的价值体现在推动学生身心向更高一层发展上。可见，适宜学生认知发展程度的教学方法选择需要确保其意识超前。

从教学实践活动的进行来看，教学方法在其中作为工具而存在。在教学实践过程中，教学方法的选择必然受教师自身特点所影响，受其知识积累、经验形成、性格特点、思想价值乃至个人教学水平等多种因素的作用，教师常常会表现出对某些方法的偏重。篮球教师并不擅长用语言作出准确、具体、生动的描述，但他们善于运用直观教具，能够通过直观教具演示配合有效理论讲解。在叙述法和谈话法之间，部分篮球教师更倾向于使用叙述法，而非谈话法。篮球教师理解和掌握越多的教学方法，在各种不同的教学情境下就越能顺利选择最适合的教学方法。此外，教学方法的选择必须对时间因素做出着重考虑，以时间作为参考因素，恰当选择教学方法，确保教学任务能够在限定时间内完成。总而言之，在教学方法的选择过程中，篮球授课教师要充分考虑自身素养条件，做到扬长避短，使个人优势得到最大限度的发挥，选择适宜本身素养条件的教学方法。

坚持从实际情况出发的原则需要重视如下方面。首先，要深入到学生之中进行调查研究，及时、有效掌握学生具体情况。篮球教师要灵活采取各种途径与方式，对学生在高校篮球学科上的知识认识、兴趣爱好、运动基础、身体发展情况等各方面都能有所明确。要能对受教学生的普遍情况做到心中有数，同时要熟知个别学生的特殊情况，能够在教学过程中将主流及支流、现象及本质、主观及客观、积极因素及消极因素有效区别开来。其次，以学生实际情况为参考，对教学做出明确和具体的要求。若任务要求设置、教材内容选择难度过高，教学方法制定以及运动实践安排与实际脱节，超出受教学生的发展水平与接受能力，则必然会导致教学任务完成情况差，甚至可能使学生产生厌学情绪，有可能导致教学事故；若要求标准设置过低，则学生可能会因为难度过低而丧失学习兴趣、探究发展欲望，这也不利于其体质强化、身心发展。最后，将普遍情况同特色情况结合起来。以班级为教学单位，虽然大部分学生在年龄、体质、身体发展状况与篮球学科基础等方面都处于相近水平，但也不能否认，存在着少部分学生与大多数学生之间差异十分明显的现象。要保证高校篮球教学的良好成效，教师要坚持以一般要求为前提，同时不能忽视对特殊情况的应对，要将因材施教落到实处。

（三）直观性原则

1. 教师首先要明确坚持以直观性原则为指导的具体要求及目的

坚持以直观性原则为指导本质上是对视觉手段的应用，其直接目的在于教学目标的完成实效的提高。因而，在以直观性原则为指导时，要综合考虑高校篮球教学的具体目标、所使用的教材的特点以及受教学生特点等多方面因素。举例来说，在课程开始初期，视觉作用影响较大，这时教师应发挥视觉形象的教学作用，选择直接道具演示、示范等教学方法；课程进行到中后期学生实践练习阶段，肌肉感觉、身体印象等相关直观方式的影响变大，这时，要将教学方法选择的重点转移到提升运动分析能力上来，此时，可以根据课堂情况采取适当的教学方法，暂时停止诸如发挥视觉形象的教学作用等方法，使教学实效性达到最佳。

2. 教师要重视其本身在学生学习中发挥的直观作用

在高校篮球教学过程中，学生的观察信息获得主要通过感官实现，而其来源主要是篮球教师。当前高校篮球教学的直观教学，主要是由篮球授课教师做出标准示范动作来实现的。学生学习新动作，第一直观印象即为授课教师的示范。若教师示范不规范甚至出现错误，则其提供给学生的必然也是不正规，甚至错误的形象。由于处于发展阶段的大学生有着极强的模仿能力，并且在高校篮球教学中，这种特点有着进一步扩大的趋势，高校篮球教师必须对每项教学内容都有深刻理解，必须对每个动作要领都有精准的掌握，确保自身的讲解与示范不存在谬误。

3. 严格从学生实际情况出发

直观性手段的应用必须始终贯彻从学生实际情况出发的原则。无论是高出学生实际发展水平还是不能达到学生发展要求，都意味着直观性作用无法得到有效发挥。举例来说，篮球授课教师在进行动作示范时，假设难度过高，远远超出大多数学生可能实现的水平，则会导致学生望而生畏，产生学习挫败感，甚至丧失学习信心；反之，假设示范动作远远无法满足大部分学生的发展需求，则会导致学生丧失学习兴趣。以上无论哪种情况都会使直观手段丧失其在教学中的作用。可见，直观手段的运用必须适合不同年级、性别、个性的学生对每项教材所应达到的教学标准。

4. 恰当运用实物展示

教学过程中难免遇到借助讲解、示范等手段无法取得良好成效的情况，在这种情况下篮球授课教师可以借助实物来展示，如录像、模型、图片、表格等。运用实物的展示手段需要把握处理好时空因素，避免华而不实。此外，教师在教学过程中也不能不考虑具体情况而一味追求只具其表的"直观性"，不能在不需要运用实物展示时也随意使用。不科学、不恰当地运用实物展示会在很大程度上导致学生注意力分散，无法使讲解、示范取得应有成效。

5. 注意语言的生动形象

对比枯燥抽象的语言，生动形象的特点更能突出语言的直观作用。篮球授课教师在课程进行中需要保证讲解生动、富有趣味性、激情昂扬，能够有效激发学生的学习参与积极性，不能照本宣科。

6. 坚持直观性原则

篮球教师在讲解、示范动作中，都必须坚持直观性，这是坚持直观性原则的方式。然而讲解及示范等都仅仅是使学生在思想意识领域能够建立起基础概念，借助视觉、听觉获得的各种信息，达到对所学内容在表象层面的理解。需要认识到，学生的实际操练也是直观性原则的体现，只有真正掌握了动作知识才能灵活运用，这样教学过程才称得上是真正完成了。无论何种教学过程都是循环往复发展着的。站在高校篮球教学整体上看，任何课时都只是其中的有机组成部分，各部分之间保持承前启后的联系。可见，在高校篮球教学过程中贯彻直观性原则是十分必要的。

（四）坚持系统性

高校篮球教学是一个系统化的特殊过程，是有着极强的目的性、计划性、组织性和可控性的特殊过程，包含有教师、学生、教材的基本要素以及多种其他复杂因素。教学方法是高校篮球教学不可或缺的组成部分，但也可被视为相对独立的系统。从系统论观点中看，教学方法包含实体与非实体这两方面要素，两方面要素按照某种方式联系并构成了统一的整体，这一整体是相对独立运行且不断变化发展着的。对于高校篮球教学来说，所谓实体要素，即师生、篮球运动的教材和场地器材；所谓非实体要素，即教学理念思想、教师与学生的思想态度与能力。可见，由实体与非实体两方面要素构建而成的教学方法系统，并非单独要素或单独活动，也并非固定了的某种运作程式，而是在整体化、综合性、系统性地运动着的，因此可以说，教学方法系统是动态系统。表面来看，对教学方法起着明显、重要影响和制约作用的是实体因素，但是不能忽视非实体因素也在其中有着潜移默化的影响。举例来说，在教学方法的选择和应用实施过程中，教学思想发挥着导向、规定作用，其束缚、影响着教学方法的各个要素，将各个要素有机组成一体，并在此基础上促进了整体运动的形成。又比如，授课教师与学生对于课堂教学的主观态度，对教学方法整体上的功能发挥有着或积极或消极的直接影响。

（五）坚持以教学理论为指导

教学方法突出的实践性特点要求选择与运用高校篮球教学方法一定要贯彻试验先行。在创新使用教学方法过程中，开展个别化、局部性试验是必要前提。教学方法只有经过实践证明确实有实施价值，才能被普遍推广应用。同时，教学方法总是诞生、发展于相关教育理论、教育思想的科学指导，有关高校篮球教学方法的试验必须以教学理论作为科学指导。高校篮球授课教师必须坚持不懈地深入研究教学理论与思想，以科学、正确的理论思想为指导，在教学方法的选择与应用上进行创新。

三、高校篮球教学方法的选择与依据

多种多样的教学方法有着不同的特点和不同的特定功能，当然在另一方面也存在各自不同的局限性。教学方法之间展现出了互相区别、互相影响和互相渗透补充的关系。在篮球教学实践过程中，篮球教师需要立足于客观实际，使教学方法的选择客观合理，使不同种类的教学方法能够实现多元化的和谐组合，并被创造性地应用到教学实践当中，使教学方法的作用得到充分发挥。

（一）教学方法选择的依据

篮球教学方法本质上不存在优劣之分，其区别仅仅在于，在教学活动的具体功能与作用上有所差别。教学方法的选择有优劣之分，优秀教学方法的选择依据是要求教师能够全面充分考虑各方面因素在实现教学目标上起到的不同影响，能够对教学方法实施合理化的多元性组合，坚持教学方法的科学应用原则。综合来看，篮球课教学方法的选择依据主要包括如下方面。

1. 教学目标依据

高校篮球教学方法的选择，其主要衡量标准是选择的篮球教学方法对于篮球教学目标的实现是否起到了预期的作用。概括地说，教学目标大都包含知识技能、智能情感、价值理念、身体素质等元素，在学生学习过程中，种种构成元素有着共性规律，同时不缺乏个性化发展特点。要确保高校篮球教学目标的有效实现，就需要依据目标需求，使教学方法能够与之相适应。举例来说，若教学目标设定为学生获得某知识，则更应选择讲授方法；而假如教学目标设定为学生篮球技能技巧的具备，则更应选择演示、练习的教学方法。同时，在一段教学活动中，教学目标往往是多层次、多方面的，因此教师需要适当注意，有意识地选取多种教学方法，实现多元化的组合应用。

2. 项目特点与知识形态

对于教学方法的选择来说，项目特点同知识形态有着基础性、决定性意义。各个体育运动项目有着千差万别的不同特点，这直接决定了选择及应用教学方法需要有所区别，不能"一刀切"。从知识形态角度来看，受性质、功能制约，其形态各不相同。根据来源区分，包括直接知识和间接知识；根据性质区分，包括程序性、陈述性以及策略性知识。学习陈述性知识主要需要感知理解与记忆，学习程序性知识需要在感知理解基础上灵活运用，学习策略性知识需要能够模仿、实践与反省。教师要考虑篮球运动的特点，根据每课时中的篮球教学内容选择正确的教学方法。

3.学生特点

高校篮球教学的服务对象是学生，因此，受教学生的知识能力、思维情感、生理素质以及心理素质等都对篮球教学方法的运用及选择有着最直接的影响。要想有效选择教学方法，必须将上述种种因素表现出的特点作为参考，即必须将学生的全面、综合、健康发展作为教学方法选择的关键依据。

4.篮球授课教师个人素质及性格特点

受客观因素影响，不同篮球教师在授课技术水平、理论知识掌握程度、性格特点、言语表达能力、心理素质水平、学术成绩、人生经历以及受教育层次等各方面都有着或多或少的不同。因此，不同教师在篮球教学方法的选择与应用上，也必然会从自身习惯、侧重点出发，选择在主观层面上最认可的方法，再养成具备个性特点的教学风格。而教师在形成属于自身的教学风格之后，这种风格将在很大程度上对教师教学方法的选择起到制约作用，并通过教学活动在潜移默化之中对学生的学习风格、人格特征产生深远影响。举例来说，养成了命令式风格的篮球教师更乐于应用诸如谈话式等突出指导性的相关教学方法，而养成了交互型风格的篮球教师则更乐于应用诸如讨论法等能够对学生互动产生鼓励推动作用的教学方法。

（二）篮球教学方法选择

1.采用情景式教学

情境教学法是篮球课上采用的一种比较新颖的辅助教学方法，该方法能够使教师的主导性和学生的主体性得到充分发挥，将学生的学习兴趣激发出来，使学生在对篮球基本知识、技能进行掌握的同时，取得良好的运动成绩。将情境教学法运用到篮球课上，要充分了解相关的基本理论，从学生的身心特征及个体实际情况出发，设置合理的情境，提高学生的学习兴趣。例如，学生喜欢NBA，教师在传授运球、传接球、投篮等基本技术时，可先提出相关问题，如NBA球员中谁的传球最犀利、谁的运球最华丽、谁的投篮姿势最标准、谁的投篮最准等，通过这些问题导入情境，使学生之间就这些问题展开交流，等学生说出各自的答案时，教师再问"为什么"，然后生动形象地模仿，进而对基本技术的动作结构、要领等内容进行讲解。这有助于营造活跃的课堂氛围，促进学生学习的积极性。

2.从学生实际水平出发采用分层教学法

学生的体能、意识、个性特征、技术和战术水平及学习习惯都存在一定的差异，单一的教学方法与这一客观现实不太适应，在篮球教学中，教师应在采用普通教学方法的同时进行分层教学，以不同素质学生的学习能力为依据，制订不同层次的教学目标、学习要求等，并在不同层次上提供帮助与引导，使每个学生都能有所进步，促进教学效果的提高。

3.采用比赛教学法，注重培养个性和团队协作意识

任何竞技运动最后都会回归比赛中，作为典型竞技运动项目之一的篮球运动也是如此。精彩的篮球比赛让人热血澎湃。所以在篮球教学中，教师需要在不同的教学阶段以教学需要为依据，将比赛教学法穿插引用于其中，提高学生的学习兴趣，并在实践中强化学生的篮球技能，对其心理素质和团队精神进行培养。

例如，篮球教师采用分组比赛的形式组织学生练习运球、传球、投篮。教师可划分学生小组或安排两人一组进行对抗练习，基本规则为抢到对方球，且自己不失球为胜。在投篮练习中也可要求学生在不同位置投篮，计算命中率。① 这些比赛形式都能有效激发学生的练习兴趣，并培养学生的竞争意识与团队意识。

第四节 高校篮球教学评价的创新

一、高校篮球教学评价类型

（一）以评价目的为标准分类

1.总结性评价

总结性评价，即篮球教学过程结束后以教学结果为对象开展的评价。总结性评价的主要目的在于有效评价篮球课教学的目标与内容、方式与方法等。借助总结性评价，能够对高校篮球教学方案通过实践展示出的各个细节上的具体效果作出优劣评估，并在此基础上对课程计划整体成效有所了解，

---

① 赵坤.篮球教学中教学方法的选择与优化组合[J].体育世界，2016（12）：6，144.

为科学适当的内容选择提供帮助；同时，总结性评价也是教师得知教学效率高低的直观方式，使篮球教师的教学管理有了更多参考；从高校篮球受教学生角度来看，总结性评价能够展现出高校篮球学习中学生取得的进步，从整体上对学生取得的学业成就作出价值判断，从侧面上对学生能力作出证明，使其成为学生之后就业与人生发展的有力参考。

对于高校篮球教学来说，总结性评价的意义和重点在于其鉴定分等功能的发挥，即判断被评价对象优劣的作用。与之相反，形成性评价和诊断性评价的重点在于授课教师与受教学生的长远发展以及课程体系的不断完善，对教学的改善与提高作用的发挥。当前，我国高校篮球教学实践过程应将形成性评价和诊断性评价作为教学中的主导评价，将其贯彻到教学过程的始终。授课教师需要关注对多种方法的灵活应用，多渠道收集评价资料，对资料开展全面、深入、细致、科学的分析处理，提高反馈意见对于教学的价值。举例来说，以在篮球知识学习与篮球技、战术掌握上相对落后的学生为对象开展的调查，在了解其学习、考试成绩的同时，教师需要对学生的学习态度和方法、生活环境、身体状况等多加注意，在全面了解的基础上找到学习困难的原因，并进一步寻求问题的解决方法。

2. 形成性评价

在高校篮球教学中，形成性评价又可被称为过程性评价，具有较强的阶段性，是在篮球教学过程中进行的。形成性评价的重点在及时掌握学生学习进程、关注教学过程中出现的问题的调整解决上。篮球教学形成性评价的实施，能够明确实施过程中的高校篮球教学计划的优势以及不足之处，为灵活调整教学计划提供了有力参考。通过形成性评价反复、深入的实施，教师可以获取反馈意见并反复调节教学计划，推动课程和教学计划向着更适合的方向发展完善。实施形成性评价，通过评价结果篮球教师能够对其制定的教学目标、选取实施的教学方法等各方面教学活动的优势和不足之处有更加直观的了解，使教学工作的发展更富有针对性和方向性。

3. 诊断性评价

在高校篮球教学中，诊断性评价具有预测性，其大都是学期正式开始之前作出的评价。在高校篮球教学过程中，作出诊断性评价的目的是可以确定学生学习活动的开端，确保课程计划编制、教学方案设计等教学活动同学生发展需求和学生文化背景相适应，使教学更具针对性，为因材施教打下坚实基础。诊断性评价将学生的不同发展需求作为中心，其范围包括篮球受教学生技术和战术发展水平、篮球理论知识掌握程度、篮球学习中出现的主要问题以及不足之处等。诊断的目的在于推动学生学习，其发挥作用的主要方式如下：诊断性评价能够对学生的准备程度做出判断，如对篮球受教学生文化背景、上一学习阶段积累的篮球理论知识与技能的数量和质量、心理发展程度与性格特点、身体健康状况等具体情况有所了解；为因材施教提供必要条件，通过科学判断、正确分析受教学生的知识能力、实践技能、兴趣个性、情感态度等全方位特点，将受教学生分为若干类别，针对不同学生的不同特点和发展需求制订个性化教学进程和方案；同时，诊断性评价还能够帮助教师发现学生学习困难产生的原因，使学生学习活动的纠错有科学依据。

（二）以参照系为标准进行分类

1. 自我参照评价

自我参照评价将评价者自身当作参照对象，结合自我个体差异与实际发展情况，纵横比对教学效果，发现其中的劣势和不足。自我参照评价从形式上可分为两种类型——纵向比较与横向比较。纵向比较发生在个体动态发展过程中，是对比评价对象的过去同现在，通过对比直观得出评价对象发展状态是处于进步中还是在不断退步，以及各自程度如何；横向比较即对比评价对象的各个方面，如理论知识积累、技术和战术掌握运用、智力发展程度、情感态度及价值观养成状况等，从不同侧面对评价对象整体特征及发展水平有所了解，发现其在各个方面的优势和缺陷。

自我参照评价从不同方面作出了较为全面的考虑。其关注了学生在篮球学习过程中难以避免的个性、差异性。学生起点不同、水平不同，能够以其自身成长发展作为标准开展客观性评价，在很大程度上减轻了被评价者的心理压力；同时，站在纵向与横向两个不同维度进行发展性的评价，关注被评价者自身发展具有的动态、多元特性，这样评价对象的发展就有了更加有效、针对性更强的参考信息。

2. 目标参照评价

教学目标参照评价实施的前提是理性、客观的参照标准。目标参照评价能够脱离其所处环境的普遍状况影响，使评价对象的真实水平得到最大限度的客观反映，是一种绝对性评价。

在高校篮球教学中，目标参照评价被广泛应用到各个方面。举例来说，教师在通常情况下会根据教学目标编制单元知识或技能测验，用以判断学生在预期学习目标上的实现程度。在这里学习目标就能够被视为有着"绝对性"的标尺，作为评价标准它具有一定的统一不变性，用这一标准可以统一衡量学生在某个学习阶段获得的学习结果，通过结果判断学生在知识与技能习得上是否达到了预期标准，又或者是在预期标准上的实现程度如何。

3.常模参照评价

在高校篮球教学中，常模参照评价具有相对性。常模参照评价的实施，需要在评价对象的整体集合之中选择某一个或多个有着突出代表性的评价对象，将其作为评价基准、常模参照并同其他评价对象互相比较，用这种方式明确总体、集合中评价对象的排名、地位。在通常情况下，智力测验、理论知识考试、标准化技能测验等都是相对性评价的表现形式。以智力测验为例，将从大规模测试中获取的结果当作常模（标准），在具体检测中，参与测试的每个对象得到的分数都与此常模（标准）相互比较，通过比较结果判断在由所有参与测试的人员构成的群体中，测试对象的排名或相对位置。对于高校篮球教学来说，常模参照评价将评价整体视作评价基准，这样评价对象就能够在性质相同的群体内开展动态化的比较参照，通过比较参照结果，评价对象对群体中自身所处的相对位置有了更加直观的认识，在情感层面产生竞争的精神动力，同时使其在下一阶段的努力有了明确方向。然而，受所在群体整体水平影响，评价结果很难真实客观地反映出评价对象的实际发展水平，可能存在客观标准降低，出现评价对象是"矮子里面拔将军"的现象，导致盲目乐观；也可能存在客观标准提高，评价对象所处群体出现"强中更有强中手"的现象，导致竞争压力巨大。无论哪种现象都可能给篮球教学带来消极影响，教师需要能够灵活调控。

在篮球教学过程中，上述三类评价不是对立存在的，三者之间并不相互排斥，篮球教学实践要关注对三者的结合使用。单从学生评价角度来看，篮球受教学生正处于身心飞速发展的人生阶段，普遍具有极强的可塑性，篮球授课教师要重视这一阶段的学生发展特点，用辩证和发展的观点开展教育，必须充分重视学生在个性以及共性上的全面发展。对于表现相对偏差的学生，需要针对其点滴进步持鼓励赞扬态度；对于在某一学习阶段成绩相对落后的学生，也要持鼓励态度，引导学生发掘自身长处和优势，引导学生逐步感受积累、进步，最后获得成功的喜悦。总而言之，在高校篮球教学实践过程中，教师需要在实施常模参照评价、目标参照评价的基础上，注意关注自我参照评价的开展，坚持将学生个体作为主要评价标准，坚持正面的、积极鼓励性的评价。

（三）按照参与评价的主体进行分类

1. 自我评价

自我评价，即预先设定的评价标准，按照此标准针对自身开展客观评价。例如，篮球授课教师对自身教学思想理念、内容方法、情感态度、成效成果等方面作出的评价，学生对自身学习成绩成果、情感态度、方式方法等方面作出的评价，两者都是教学评价中自我评价的切实表现。因评价者正是评价对象，这类评价又可被称为内部评价。

自我评价的实施能够帮助评价者提高学习自信心，在情感层面使其产生成功的欲望。篮球授课教师应鼓励受教学生自主开展自我评价，发现自身的差距和不足之处并进行针对性弥补。个体对自身的情况的了解较之他人更加深刻，可见，自我评价能够加强评价效度。此外，自我评价的实施有利于树立受教学生的自我评价意识，强化受教学生的自我评价能力，帮助学生进行自我教育、提高和不断完善。当然，自我评价也存在一定缺陷。没有外界参照系的支持，学生的自我评价难免会出现高估或低估的状况，导致用自我评价结果来明确取得的成绩与存在的问题这一过程产生一定误差。

2. 他人评价

他人评价由专家或同行（不包含评价对象在内）实施，是依照既定标准开展的客观评价。评价的实施者不包含评价对象自身，因此他人评价又可称为外部评价。

将他人评价和自我评价对比分析可以发现，他人评价相对来说客观性和真实度更高，可信性更加突出，他人评价的结果更有利于帮助发现成绩获得与问题存在的具体情况，同时，评价对象之间的经验总结、相互借鉴对学习更有帮助，有利于彼此促进、共同提高。然而，他人评价组织工作十分烦琐困难，所需要的时间、精力与人力更多。

在高校篮球教学评价实施过程中，在发挥自我评价的积极作用之外，必须关注教育专家、体育教师、受教学生各自的他人评价作用，将教学评价活动变得更加具体、客观，富有真实性，为受教学生的自我批评、自我发展及提高和不断完善提供更加科学有力的借鉴指导。

二、高校篮球教学评价的功能

篮球教学评价是篮球教学过程中的重要一环，篮球教学评价按照来源可以分为外部评价和内部评价两类。从某种角度上可以说，高校篮球教学评价的发展过程本质上是篮球教学评价功能的逐渐演变。

（一）记录成长

高校篮球教学评价的应用具有较强的灵活性，其关注不同种类、表现形式的评价方法与手段的应用，强调诸如篮球学生学习档案建立等评价方法，强调评价要深入到学生点滴成长过程中。通过评价，学生的成长轨迹被全面、清晰地记录下来，对于每个接受了评价的受教学生来说，教学评价在其日后的发展当中，都为其学习和生活的思考分析提供了重要的借鉴资源，是一笔无价的财富。

（二）反馈

在具有诊断作用的同时，高校篮球教学评价的反馈功能不容忽视。评价提供了课程和教学过程中的各种信息，以此为参考进行的教育教学调整活动更加符合实际，对教学方案、计划的制订以及教学材料、工具的作用的发挥都有很大帮助。

泰勒于"八年研究"实验中提出"评价的过程在本质上是确定课程和教学大纲在实际上实现教育目标的程度的过程"，在此基础上，他将评价视为课程编制的重要构成环境。评价能够直观呈现目标同计划间的差距，建立在评价基础上的教育目标、修改计划更加具有实际性和针对性，可见，评价的反馈功能是实现"借助评价改进教程"目的的必要元素。

（三）定向

教学评价与高校篮球教学目标紧密相连，教学评价结果对师生日常教学活动中的时间、精力分配有着直接影响，这就是教学评价定向功能的作用表现。举例来说，高校篮球期末考试即是对学生在理论知识、战术技能、执裁水平等各方面的掌握的评价，评价标准的中心和重点也必然成为教师的教和学生的学的中心和重点，这是当前我国篮球教学的实际状况。随着教学创新改革的深入，若对篮球教学评价体系作出调整与改进，使评价标准成为对素质教育和创新教育各种新要求的真实体现，则评价的定向功能同样能够被贯彻实施。在此评价标准引导下，教学将朝着有利于学生长远发展的方向展开，篮球授课教师的各种教学工作也将发生重点转移，更关注创新人才的培养。

（四）证明

篮球教学评价具有证明的功能。通过教学评价，篮球教学活动的创新改革是否取得了预期成效，是否给学生发展带来了积极影响就有了直接证明，凭借这一证明能够有效预测之后计划开展的教学假设、教学实验等的成功的可能性。高校篮球教学的创新改革必须是以客观、科学、有效的教学评价为基础的，缺乏教学评价提供的切实反馈，教学改革难以获得真正的进步。评价篮球授课教师的各种教学行为，能够对篮球授课教师所具备的知识体系与能力结构、学科教学科研潜力等作出一定程度的证明。客观评价篮球受教学生的学习成果、能力表现等，能够有力证明学生具备的知识理论水平、运动技术能力以及其他各方面综合素养。上述各种证明能够为用人单位的招聘录用、学生的深造学习和发展等提供最基础的参考。

高校篮球教学评价的选择功能表现十分明显。评价结果能够直接展现出评价对象的差别，能从评价结果中判断出教师的教学方式方法、学生的学习方式方法的成效优劣，对其中表现相对突出的方式方法要注重鼓励并推广应用，对其中表现相对落后的方式方法要着重修改或视情况进行淘汰。优秀的评价都有着突出的选择功能，有利于在样本群体中发现有突出优势的项目。当前，众多教育学专家、学者就"好课标准"问题进行了探讨，根据讨论结果就能够明确优秀课程标准，并能直观分辨出课程的好与坏，而在此标准上选出的优秀课程则能够为优秀教学方法的普及提供参考。

（五）激励

优秀的高校篮球教学评价及其有效实施能够帮助评价者对自身获得的学习成效、具备的能力、展现出的能力倾向有明确了解，以此指导评价者端正教学、学习态度，发展并补足评价者表现出的短板，使师生都从主观层面上产生发展动力，在动力刺激下发挥更大的学习参与积极性。此外，若评价反馈涉及了教学过程中展现出的缺陷、同相同阶层的他人之间存在的差距，必然也会使评价者产生奋起赶追的强烈内在动机，产生努力学习、工作的欲望。

（六）管理

在目标管理与质量管理的重要教学环节，高校篮球教学评价起着不可忽视的作用，其存在能够使教学管理有科学且行之有效的指标体系，使大学教学管理部门对教学情况有切实、即时的掌握，为管理部门和篮球授课教师的教学管理策略改进提供重要的参考信息。同时，高校篮球教学评价具有政策性工具的重要意义。在篮球教学评价的支持下，教学管理部门能够以更加客观的方式在教学监督与管理上实现进一步强化，确保教学活动的开展是按照国家要求进行的，保证正确教学思想、方针的落实和贯彻。站在教学管理角度来看，同以往相比，评价不再是由管理层开展的随机活动，其存在意义也不仅仅局限于外在组织、个体的教学控制手段。当前的教学评价是保障教学过程科学健康发展的必要举措，是各方面教学参与者必须承担的职责。不能否认，教学评价的实施依然具有教学控制的作用，但在当前的教学实践过程中，篮球教学评价被普遍应用于帮助教师与学生，使其能够对自身在教学活动中表现出的优缺点有所明确，教学评价的意义也更多表现在促使教学管理部门提高其决策水平上，对教学效果的改善意义深远。

三、高校篮球教学评价创新策略

对于高校篮球教学创新改革来说，评价上的创新是必不可少的内容。高校篮球教学的评价创新需要以评价的方法、标准与主体改变来共同作用实现。在高校篮球教学创新改革中，评价创新是重要动力。针对当前社会及教育发展形势，高校篮球教学评价创新就意味着要将评价目的从单纯的篮球人才选拔与教师奖惩转变到对教学质量全面提高的促进上来，将师生共同发展作为重点；意味着评价要从静态形式转变为动态过程，使教师和学生的教学主体作用能够在评价中得到发挥。这种转变的实现，需要选择并实施诸多创新策略。

（一）发展性策略

高校篮球教学评价的创新改革策略，首先要强调的就是必须坚持发展性价值取向，要坚持以人为本原则，关注师生"整体的人"的属性并站在这一角度重视教师和学生的发展，寻找教师和学生生活的世界同科学世界之间的平衡，寻求能够使学生构建主体知识的最佳方式。

1. 构建教师发展理念

以教师作为发起者的高校篮球教学，有着与其他一般任务性教学的相对不同之处，高校篮球教学是需要直接面对生命主体的活动，是需要通过生命来点燃生命的特殊活动。

这里强调要构建起篮球教师的发展理念，并不单指对教师在功利性层面、物质需求上的满足，也不仅仅意味着要使教师获得给予、付出后的情感满足。以教师发展为本，在重视上述两方面的基础上，也不能忽视为篮球教师创建个人展示空间，使篮球授课教师能够自由地、有创造性地展开教学活动，通过这一方式谋求自身的长远发展与不断完善。要认识到，在高校篮球教学评价的创新改革过程中，应坚持将篮球授课教师的专业发展与精神提升作为导向，这是将篮球教学创新改革落到实处的重中之重。站在目的角度上看，高校篮球教学的评价需要将导向转移到发展方面来，关注并使评价发挥其形成性功能。传统高校篮球教学中，评价的主要目的落在了奖惩与选拔、甄别上，将评价对象在评价中的表现作为奖惩依据，过度关注学校和班级组织目标的实现，反而忽视了个体的目标实现状况。

高校篮球教学评价的创新改革要能够对当前篮球教师的工作表现、工作状态有所关注和了解，从当前基础以及教师自身目标出发，指导教师创造更好的进修条件，进一步提高篮球授课教师的教学工作能力，使教师得到专业上的发展，借助教师的发展来推动学校的进步，使篮球教师的专业发展同学校发展两者间达成互相促进、协调进步的关系。站在篮球教师角度来看，同自身内部动机相比，外界压力对其自身的推动作用明显偏弱，内部动机对篮球教师存在程度更深的激励作用。能否在收集了充足教学反馈信息的前提下发挥篮球教师的积极能动作用，使其内部动机得到激发，将在很大程度上影响高校篮球教学水平和教学质量。

可见，大力鼓励教师以更加积极主动、客观认真的态度参与到篮球教学评价中去，获取有价值信息是十分必要的。

2.将学生发展作为评价核心

在高校篮球教学评价的整体中，学生评价是重点。在"以人为本、以学生为本"要求指导下，高校篮球教学评价必须是对学生意愿、心声的体现。在教学过程中，学生是在课程质量高低问题上最具发言权的主体，因此有必要将学生评价落实到高校篮球教学评价全过程。高校篮球教学的创新改革，加强了对学生的关注，关注学生作为独立个体的发展属性以及其体现出的各种不同特点。

高校篮球教学中学生是学习和评价的主体。任何评价，无论是教师评价还是学生自身评价，都需要以学生的全面发展作为中心。有关教学工作的开展需要从客观出发，以学生的个体差异为前提。相关评价的展开有必要从情感、认知水平、技能、理论知识等多维度来全方位进行。围绕学生评价的中心展开的高校篮球教学评价，从单一转向多元，从简单的教师评价转为教师评价、学生互评、学生评价、外界评价等多种方式评价的有机结合，将学生从评价的被动接受者转变成评价的主动参与者。同样，篮球教师的角色也发生了巨大转变，由占据着绝对权威地位的裁判转变成为与学生共同参与学习活动的合作者与教练员。

3.强调发展性评价的导向作用

对大多数学生来说，高校篮球教学评价对其学习活动能够起到巨大影响。高校篮球教学评价的创新改革关注发展观，强调要将高校篮球教学评价对象视为有着完整性、个体性，有情感、有血肉的真实的人，努力以客观、真实的评价途径推动学生更加全面、有效地实现综合发展。强调评价对因材施教实施的支持作用，从各个学生的个性化需求满足角度，对其各有特色的发展过程作出客观评价，通过评价激发其自主学习意愿，使其树立积极进取、坚持不懈的学习精神，为达到更高目标而奋进。高校篮球教学评价的创新改革，必须重视其积极反馈的功能，突出评价在帮助高校篮球教学积极发展方面的各种作用。

（二）自我接受策略

当前高校篮球教学评价创新改革的重点之一在于其对教学评价过程中学生的积极作用的关注与强调。自我接受的评价从本质上来说是评价对象在主观层面上积极构建价值的过程，换而言之，评价结果需要能够产生自我价值，而产生的价值必须来自自我选择。高校篮球教学的自我接受评价策略，根据对象的不同可被划分成学生自我评价、教师自我评价两个部分。自我接受评价策略需要强调如下方面：首先是评价的互动性。自我接受的策略要求评价对象的主动参与，即评价对象不抗拒他人、外界针对自身开展的评价，提出评价双方有必要开展互动，使评价者和评价对象能够建立起紧密联系。在高校篮球教学中，评价内容标准、既定目标、评价的落实以及评价结果的处理等都需要双方的互动合作来最终确定。其次是评价的个别性。评价的创新改革最终目的在于对教学的改善和提高，重点是帮助每个学生在学习活动上有所改进和完善、帮助每个篮球教师在教学方式方法上有所反思和发展。从这方面来看，评价必须强调个别性，以每个教学参与者为单位进行评价，只有这样才能真正从每个教师与学生的内部需求出发，提供有价值的反馈、高效性的支持。每个人都是有着特性的独立个体，只有强调评价的个别性，评价对象才能主动开展自我接受。再次是将自我接受作为衡量教学进程的标尺。高校篮球教学的推进有其自身标准，不能粗暴地以时间作为衡量标尺，应使教师与学生能够根据标准自主决定下一个阶段的教学活动是否能够正式开展。自我接受的价值在于将标准与人相适应，而非迫使师生简单适应某一固定标准。最后，自我接受必须建立在自我更新基础之上，不能一味死守既定的高校篮球教学标准而不知变通。

在教学实践过程中，根据教学的实际展开情况不断调整并适当引入新评价标准是有着很大必要性的，只有能够随时从其他主体给予的评价中分析总结出新评价结果，才能保证评价对象能够站在不同角度发现自己的优势和不足，并根据新的发展对教学策略及时进行调整。

（三）标准生成策略

评价客体具有复杂多变性，评价实施需要依照的价值标准具有系统性和多元性，可知，对于高校篮球教学来说，评价标准的重要性不言而喻，其导向性功能在教学评价创新中有着核心作用。在评价指标体系的设计实践中，必须将指标的导向作用考虑在内，使其能够在高校篮球教学的创新中发挥出应有的价值。评价的标准生成策略能够帮助评价对象对高校篮球教学的有效性、创新性有更加明确和清晰的认识，理解何种课堂才能被称为优质课堂。标准生成的策略也逐渐被越来越多的教育研究者、决策与实践者所重视。

1.综合多方面学习理论构建评价指标体系

高校篮球教学评价主体针对教学时效性的观点与认知是篮球教学评价标准的首要来源，它从各种理论前提出发提出各种学习理论并以此为基础对高校篮球教学的实效性制订相应标准。行为主义持有如下观点，学习即以强化的方式使刺激同反应相互联系到一起，教育者的任务和目标是向学习者传授客观知识，学习者的任务和目标是被动接受知识并努力完成由教育者制定的目标。上述篮球教学目标毫无疑问在教学过程中未能重视学生的理解与心理变化发展的复杂过程，因而不被普遍认可。与之相对比，认知主义对知识加工与学习理解的演变发展过程更加关注和重视，认为在学习过程中学习者之前的认知结构有着重要意义。

心理学家奥苏贝尔指出，篮球教学的目标在于指导学生开展具有实际意义和价值的学习活动。这里，学习的意义和价值不仅在于对高校篮球教学中的重要知识、技能、战术能够充分掌握，并且同时需要能够理解上述知识、技术和战术背后隐藏的实质性内容，换而言之，要对知识、技术和战术的概念事实、规则原理等有深刻理解。奥苏贝尔认为学习的接受必须关注意义性，高校篮球教学评价的指标需要关注教师是否对教学内容作出了科学合理的组织，给学生提供的材料需要是有着组织性、顺序性和结论性的，教师要能够灵活运用不同的教学策略引导学生开展有意义、有价值的学习。教育心理学家布鲁纳提倡发现式学习。发现式学习即教师并不直接向学生提供学习内容及结论等，而是为学生创建问题情境，教师担任学习促进者、引导者的角色，使学生在情境中自主发问，自主收集资料、探寻问题解决方式。建构主义作为认知主义的重要分支，关注点在学生主观认识方面，强调要构建能够刺激学生开展主动探索的问题情境。

从上述举例中可以看出，在评价侧重点方面，各评价理论持有的观点表现并不相同，然而不能否认，每种系统化的理论都有着独特的优势。我们需要站在当前时代背景下严谨思考，筛选并将多种理论基础有机整合起来，从整体角度确定评价标准，为评价创新的第一步打下坚实的理论基础。

2.使高校篮球教学目标体系评价标准得到不断完善

高校篮球教学评价有着宽广的范围，基本上这一范围可被划分为两部分：静态化篮球教学要素、多元动态化篮球教学环节。其中，前者代指教学的目的、内容与方法，后者代指以教学目的、内容及方法为中心开展的包括教师备课、师生上课、教师技术指导等在内的诸多环节。师生必须借助既定评价理念指导，从篮球教学目标的依据出发才能顺利从上述评价内容中生成评价标准。教师必须改变传统评价标准，将重点从结果性目标适当转移到过程性行为目标上来，要强调设计并不断完善过程性行为目标标准。

3. 使评价标准具有多元化、动态性和开放性

传统篮球教学评价对教师的"教"过分关注，对高校篮球教学外显因素的强调颇重，针对高校篮球教学的创新进行的尝试偏少，过度重视"教"的每个环节，针对各环节都严格制定了相应标准，导致具体的评价操作过程中主次难以区分，要点模糊不清，这对于篮球教学的创新来说并没有益处。需要认识到，高校篮球教学评价过程的改革创新和高校篮球教学相同，应该根据时代和师生发展需求转变为一个多元化、动态性的开放过程。

（1）伴随教学发展，评价标准必须适当补充及丰富。有着多元化、动态性和开放性的高校篮球教学，对篮球教学评价标准提出了多元化、动态性、开放性的要求。高校篮球教学应具有空间开放性，其中包含三方面含义：首先，高校篮球教学不能够被束缚在篮球场地内，在当前情况下，高校篮球教学有必要打破过去的狭隘性，向课外拓展，开阔学生视野，并使其接受更多形式的各种锻炼；其次，要认识到教学过程中环境并非一成不变的，室内摆设、各种器材设施也具有一定程度的动态性，应根据具体情况作出适当调整，创造有助于激发学生创新能力的教学环境，切忌一成不变；最后，教学要提供给学生充分的发展自由，使其在心理与思维上有充足的自我发展空间，只有充分放松的心态和自由张扬的态度才能使学生的思维实现独立，只有在有着充足开放度的学习情境中学生才能自主锻炼、施展所学。因此，高校篮球教学评价同样切忌僵化性，不能将教学评价束缚在传统篮球课空间内，需要从大课堂背景出发创新构建多元化的评价标准；要摆脱传统教学模式中来自教材与既定评价标准的限制，将已有评价作为基础而非终点，绝不能在评价过程中的某点上停滞不动，要根据当前发展情况适时适度地调整、补充教学评价标准，使篮球教学评价标准逐渐充实，更加具有科学性。

（2）教学评价主体要注重拓宽视野。教师、学生以及教学管理人员等来自各方面的参与者都是高校篮球教学评价的主体。身处全球化、多元文化的大环境中，若将评价标准局限在某一种角度上，在评价过程中坚持以自我为中心，拒绝考虑来自其他评价主体的多方面意见，这显而易见是同时代发展

特色相背离的，而通过这种方式得出的评价结果也无法真实、客观地表现出篮球课教学的实际情况。

（3）高校篮球教学评价要加强与课外的联系。传统的高校篮球教学评价标准重点关注教师和学生在篮球教学中的学习行为和表现，忽视了两者在篮球课堂教学之外的其他发展状况，导致部分教师于课堂内为人师表，于生活中不思进取；部分学生于学校表现优秀，于学校外表现不尽如人意。根据当前教育发展形势、人才培养目标的变化，篮球教学评价需要适当从课内延展开来，关注教师和学生的课外行为表现，将师生的日常生活、校外行为表现也归入到评价当中。

（4）对高校篮球教学评价标准权重进行调整。要使高校篮球教学评价具有多元化、动态性和开放性，不仅要对篮球教学评价标准作出创新调整，也要对各项标准的权重进行适当改变。针对在当前情况下能够帮助高校篮球教学的创新改革，对教师和学生长远发展能够起到积极效用的各种指标都有必要适当增加权重。举例来说，可以减少对知识、技能传授量的评价权重，同时相应地将教师与学生的交往度、学生学习体验、学生思想品德培养、学生个性特长发展等方面的权重适当增加，使传统高校篮球教学简单强调知识技能讲授、忽视学生情感态度、价值理念发展的不良状况得到有效改善；对及格率权重进行适当减少，对进步率等指标权重进行适当增加，使传统高校篮球教学重视考试成绩、优待成绩好的学生、忽视相对落后学生、忽视学生具体发展情况的不良状况得到有效改善；对高校篮球教学效率评价权重进行适当增加，即强调单位时间内所能够取得的教学成效，以避免盲目追求教学目标而挤占师生休息活动时间等不良学习现象的出现。

（四）信息化、服务化策略

若评价对象有充足的信息与建议支持，则其达成预期水平的难度会更小；若评价对象没有充足的信息支持或能够选择的机会过少，则其达成预期水平的难度会相对更大。对于篮球教学来说同样如此，实践表明，在学习过程中，学生若能够通过科学有效的教学评价获得充足的信息与有效的反馈，则会产生更大的热情，更易获得学习进步。同时，科学、客观、公正的教学评价是各个教学环节的有力支持。因此，对于高校篮球教学评价的创新改革提出信息化、服务化策略是十分必要的。

由于高校篮球教学评价信息提供的价值很大，简单将其作为鼓励教学抑或是评定成绩的手段是一种浪费。从教学实践来看，每次评价过程都是对评价对象潜在、隐性的引导与教育，因此高校篮球教学评价在教学活动中发挥着不可忽视的服务性作用。传统高校篮球教学评价存在诸如主体单调、指标不合理、标准模糊、对象狭隘等多方面的不足，这导致高校篮球教学评价在篮球教学过程中没能够发挥出其本身具有的积极导向作用。

篮球教学评价要对信息反馈与教学服务作用有充分的重视，要使这一方面的作用得到充分发挥，帮助教师开展自我反思及完善，为教师在后续高校篮球教学活动中的自我调整及更新发展提供支持，更要能够帮助学生更好地体验高校篮球教学、更加客观深刻地反思自身的学习行为，推动教师和学生双方的创新思维获得进步与发展。

传统教学在评价功能上有着较大局限，这主要表现在评价的主体有着单一集权性。在传统高校篮球教学过程中，评价的主体大都为诸如教务处处长、质量监控科科长等管理层、行政部门人员抑或是教研专家等，评价主体过于单一，存在很大弊端。首先，评价者在知识能力、个性爱好、经验认识、思想道德观念等各方面都必然存在主观性和局限性，这必然会使篮球教学的价值判断具有较为凸显的个人主观倾向；其次，评价仅仅由评价者单方面开展，缺少同其他诸如评价对象等参与者的深入广泛交流，忽视了执教者的自评及受教学生的主观感受，这种信息交流的单向导致评价"互补"未能实现。

为改善上述不良状况，近年来，教育界在鼓励、倡导高校篮球教学的执行者与各方面参与者，如任课教师本人、同行、受教学生等，也积极参与到高校篮球教学评价之中，构建多元化、合作性和开放化的篮球教学评价模式，旨在通过评价主体之间信息交流的提高，加强评价结果的科学性和客观性，使评价结果能够起到更强的教育教学推动作用。

（五）多元合作策略

高校篮球教学评价要求主体是处于各个不同层面的群体。多元合作策略即强调评价的多元合作性，旨在使篮球教学评价更加充分客观，能对评价对象的信息进行全面深入的了解和展示，也能综合各种视角作出全面判断，为篮球教师提供更好的教学服务。

应构建多元化合作机制。

高校篮球教学评价的多元合作策略，不能只是心血来潮，不能成为仅凭一时兴趣而被短暂热捧的评价策略。多元合作策略必须形成长期、长效的习惯，需要能够同高校篮球教学实际相互结合起来，根据具体情况制订科学方案，构建科学合理的合作评价机制。要坚持评价过程中整个体系内部的相互合作、沟通交流，使评价对象在评价活动中的主观能动性能够充分发挥出来，推动高校篮球教学向互相促进、彼此信任的良性循环模式发展。

（1）要强调主体的多元。高校篮球教学参与者需要保持积极主动、开放协作的心态，积极欢迎多元主体加入篮球教学评价过程中，通过多主体参与评价为评价过程提供客观、有保障的心理环境。

要做到构建高校篮球教学评价的多元化主体体系，就要将教育界及体育界专家、用人单位、其他教师、教学管理单位、家长及学生等都归入到评价主体体系中来，确保意见建议的来源全面充分。在高校篮球教学评价中，教研、行政部门及教育学专家对篮球教师授课活动的评价占据着主导作用，教师在对学生学习活动的评价上占据着主导作用，家长以及其他各方面社会力量同时在学生的教学评价上起着配合作用。

总而言之，要重视篮球授课教师与受教学生同时作为评价者与被评价者的属性，需要使双方积极参与到教学活动的评价过程中，保证评价结果的公正公平，确保发挥评价的作用，推动教师同学生的教学相长，最终实现高校篮球教学在整体上的持续创新与进步发展。

主体的多元是评价多元合作的必要前提，换而言之，评价行政权需要被分给其他评价参与人员，即评价的"授权"。在篮球教学过程中授权即权利授予，是一种信任的表现形式，相信教师与学生对自身的价值判断能够保证科学公正。《中华人民共和国教师法》的相关内容使教师自评具备了法律依据："考核应当客观、公正、准确、充分地听取教师本人、其他教师以及学生的意见。"教师法对篮球教师与学生的自我评价权利做出了明确规定，指出自我评价能够影响外部评价结果。

（2）要使多主体产生参与评价的热情。多主体参与教学评价，不同主体表现出的评价热情必然不会相同，与评价结果联系更加紧密的主体将表现出更强的评价热情，而评价热情的高低与评价成效呈正相关关系。高校篮球教学评价有必要充分调动评价主体的参与热情，要使各个评价主体能够切身体会到评价对自身发展的重要意义。举例来说，要鼓励学生加入高校篮球教学评价中，篮球授课教师需要摒弃高高在上的裁判式评价，在课堂内建立平等合作关系，引导学生形成与其他学生、教师相互合作的客观评价方式；篮球教师应能够充分利用其自身在教学过程中的主导与主体地位，引导学生在对篮球教师开展评价的过程中保持客观认真的态度，使教师能够及时准确地收到学生的心声，从中产生前进发展的动力，树立教书育人的使命感、责任感。

（3）构建定期或不定期相互结合的评价制度。有一部分教师、学生和家长将评价与检查等同起来，然而在实际教学中，篮球教学评价是高校篮球教学必不可少的组成内容。教学评价的目的不在于检查，而在于推动和促进学生发展。在定期评价中，各方面参与者会有更加充足的准备时间；在不定期评价中，各方面参与者会有更加自然和真实的评价情境，在情境性测评中获得更多展现机会。可以说，定期和不定期两种测评方式各有作用，两者相互之间不可被取代，高校篮球教育评价需要将这两种评价方式灵活结合起来，综合运用。

（六）"对话—交往"策略

当前社会环境下，无论是思想价值取向还是文化信息传播等都展现出了鲜明的多元化色彩，在评价领域用强制方式力争统一认识是违背客观历史发展趋势的，可见，在高校篮球教学评价中坚持"对话—交往"策略是十分重要的。"评价即对话"是多元时代背景下高校篮球教学评价发展的必然趋势。

1.需要在评价中构建多重关系

在高校篮球教学评价过程中，无论是评价者同教学参与人员、调查者同被调查对象，还是评价者同被评价对象，其相互之间的对立性矛盾都是客观存在且不可消除的。然而必须认识到，上述全部矛盾并非简单的"敌我"矛盾，他们之间不存在非此即彼的关系。在评价过程中，他们之间呈现出多对多的关系：评价主体"多"，如行政领导、教研主任、专家学者、其他教师等等；评价对象"多"，如教师、学生、篮球课质量效率等等。由此可见，高校篮球教学评价从内在构成来看呈现出多对多的关系。

2.需要构建长期的多元对话平台

高校篮球教学是具有多元化、动态性的长期活动过程，因此，篮球教学评价也不可能一次性解决全部问题。教学评价必须具有常态化，必须有多方主体的长期有效沟通和交流作为支持。怎样构建常态的交流沟通渠道是实施"对话—交往"策略的重点所在。

（1）构建多层次评价平台。在学校内部，可由篮球教研室发挥领导带头作用，定期召开例会，通过这一方式为篮球教师提供集体评课、备课机会。校方可充分利用当代信息技术，设置篮球教学论坛专区，针对篮球教学中的问题进行相互沟通。在高校篮球课堂教学环境中，教师发挥主导作用，定期以会议形式为师生之间以及学生相互之间的交流构建空间，使学生在高校篮球教学评价方面获得更多机会。另外，教师要主动设置教师信箱、留言簿等，为学生意见表达提供更多渠道。在网络虚拟环境中，要面对全体师生丰富并敞开网络资源，利用网络交流的方式实现相互学习、相互借鉴，同时充分利用网络的虚拟性，给师生构建匿名的评课空间，加大评价的自由性。

（2）鼓励并养成对话习惯。在评价过程中，"当面不说，背后乱说"的滥用、误用现象屡见不鲜。评价的主要目的在于推动评价对象的改进发展，"背后乱说"的最主要原因在于评价者和评价对象之间缺乏正面对话，造成交流不顺畅，导致误判、误导出现。因此，在高校篮球教学过程中（而非教学评价过程中）需要保持广泛的对话与交流，将其变为教学活动中的习惯，减少参与教学和教学评价活动的各方彼此之间的误解与冲突，使评价的客观性更强。

（3）建立真实、平等的对话机制。在高校篮球教学评价的创新改革中，稳定、长期的对话协作评价机制是必要条件，这种对话协作评价机制使评价者以及高校篮球教学的各方参与者都在制度层面上有了多元化的交流空间。在某些情况下，行政权力高于教学权力，在这种情况下，自上而下的评价实施使基层情况很难传递到上级决策部门，这导致在评价过程中，尽管反复强调多元性，鼓励不同参与者发出各种声音、提出各种建议，但操作实践当中依旧是某一个声音起决定性作用。可见，在评价过程中建立真实、平等的交流对话机制是十分必要的，要为多种价值主体的共同展现提供平台，消除高校篮球教学中既定评价标准的绝对权威。鼓励、引导篮球受教学生积极融入教学评价过程，给学生创建顺畅的对话平台，创建更为真实、自然的交流沟通，而建立在这种交流沟通上的评价也将更加客观而真实。

第五节　高校篮球教学课程实施的创新

一、高校篮球教学课程实施的影响因素

（一）领导与组织

当前，国内对课程设计的实施有着主要责任的是各级教育行政部门以及学校领导、有关课程负责人，其主要担负组织领导、安排检测等职责。国内教育课程改革大都采取由上而下的模式，因而领导与组织因素对课程实施有着直接影响。在受各种规章制度直接影响的同时，课程实施同样离不开各层级负责人以及课程实施具体执行者的影响。举例来说，隶属于学校管理层的校长、教务层级的教务处长、科室层级的教研室主任，乃至一线授课教师等，各层级、各方面的教育工作者在教育实施过程中的参与、投入、支持等都对教学实施成果乃至成功与否有着直接作用。其中，教师扮演的角色尤为重要，倘若教师不认同课程设计，则可能直接导致课程实施成效下降甚至失败。在篮球教学的创新改革过程中，由于教师的主观倾向而导致失败的案例并非不存在。举例来说，部分院校鼓励教师在篮球教学过程中积极使用新的教学方法，受传统教学影响较深的部分教师抱有不同态度，他们认为传统教学方法更加有效，且并不认可新教学方法的推行，认为推行新教学方法仅仅是为了"追求潮流"的"噱头"，因此拒绝配合。由此可见，在课程实施过程中一线授课教师起着关键作用，持有主观偏见的教师可能阻碍课程设计实施的成功，影响教学目标的实现。

（二）沟通与协作

影响篮球教学课程实施的沟通与协作因素，包含多层含义，可指代篮球课程的设计编制者同篮球授课教师的沟通与协作，也指代篮球授课教师相互的沟通、交流与协作。教学实践表明，要使课程实施获得成功，课程编制者和实施者相互之间的顺畅沟通与交流是十分必要的。在沟通交流作用下，参与课程设计能够对课程标准作出更加充分的解释，使课程实施者明确课程标准深处隐藏着的思想价值取向，根据课程实施者的反馈提出有利于教学实施

的切实建议，同时能够通过其他院校的课程实施方式、发展情况提供参考信息。借助沟通协作，篮球授课教师相互之间能够深入了解彼此的教学实施的具体方法以及所取得的成效，相互学习、取长补短，以群策群力的方式为篮球课程实施的成功提供更多保障。

（三）课程计划本身特性

课程的实施是通过将新的课程设计融入实践中，从而实现的一种对原课程的变革，这也是固有的课程特性。具体来看，课程计划本身包括三方面特性。

1.需求性

需求性代指课程的实施者（或者说是使用者）在新课上的需求强弱程度，需求性也可被看成是对变革的迫切感。需求性程度越强烈，实施者或使用者在实施过程中可能注入的时间和精力也就越多。

2.可传播性

可传播性代指课程在各院校推进的难度高低，其涉及方面多种多样，包括是否有清晰明确的课程目标，在组织与选择课程内容时是否科学合理，课程是否符合院校实际教学情况，课程实用性强弱以及设计复杂程度高低等。在高校篮球教学课程实践中，我们能够明显观察到这种情况。举例来说，部分院校的自编篮球教材设计科学合理，同时做到了从时代发展和学生需求出发的创新改革，但在内容体系上显得过于复杂，经课程实施验证，大部分一线篮球授课教师并不能充分发挥出这一教材应有的效用，由此导致了教材的可传播性被极大程度地降低，使得这一教材未能在其他地区得到广泛普及应用。

3.相对优越性与可操作性

相对优越性与可操作性是指相比原有的课程设计来说，新的课程设计需要体现出其独特优势，应能够有利于实践，在推行实施的过程中能够展现出自身的优越性以及可操作性。

（四）教师专业化发展

实践表明，在教学课程的实施过程中，最直接的参与者是教师，篮球教学的创新改革与发展是否能够有效转变为现实，同一线授课教师的专业素养、职业态度、调整能力等各方面息息相关。众多事实表明，部分设计的实施未能取得预期目标，问题并不是出在设计本身，而是在于授课教师。由此可见，篮球教学的课程实施深深依赖着教师专业化发展。在篮球教学的课程实施中，面对部分创新型的技能、教学方法、教学策略，有必要对教师开展针对性培训。对相对缺乏教学经验的年轻教师来说更是如此，用培训的方式不断发展教师的专业化水平，是使篮球教学课程实施获得成功的有效保证。

二、高校篮球课程的课堂教学

（一）影响课堂教学的主要因素

1. 教师因素

在教学活动中教师是主体之一，对课堂教学效果的取得起着关键性的影响作用。对于篮球的课堂教学来说，教师自身的专业素质、个人修养，以及其在课前所做的教学准备、教态、理论课授课方式方法、实践练习课示范讲解方式方法等，对学生的学习状态都有着大而直接的影响，并间接影响着课堂的教学效果。举例来说，在课堂教学中部分篮球教师不注重外在表现，对自身仪容仪表、神色表情、态度情绪等较为随意，则可能导致学生在主观层面降低教师地位，尤其有可能使教师的影响力、领导力、作用力减弱。与之相反，优秀的教态则能够使学生产生亲切心理，提高教师的课堂领导能力，并在此基础上提高课堂教学效果。

2. 学生因素

教学活动的另外一个主体是学生，全部教学活动的中心与目的都在于使学生能够获得知识、技能并能够实现在各方面的综合发展。教学实践表明，学生在学习目标方面的明确和理解、在学习动力与学习兴趣上的充足程度、在适合自身学习方法方面的探索与掌握，以及在篮球学习方面的基础、问题意识、创新意识、探索意识、自主学习意识和能力等都会直接影响课堂教学效果。

3. 教材因素

在课堂教学中，教材占据着不可或缺的地位，对课堂教学的各级目标起着承载作用，是教学过程中师生教学活动的最普遍和最重要的媒介。

4.外部条件因素

篮球教学是无法离开某环境而独立存在的，通常情况下这种环境就是我们所代指的篮球教学外部条件。篮球教学外部条件包括篮球器材、场馆设施、课堂教学氛围以及校园篮球文化等多方面。篮球课程教学任务实施的顺利与否，同以上所述的各方面条件密切相关。只有具备了稳定的外部条件，篮球教学实施的秩序才能确保正常。从当前形势来看，我国篮球教学的外部条件得到了整体提升。在教育改革不断深化的推动作用下，各个院校的教学硬件投入得到了较大提高，很大一部分院校都拥有了自己的篮球馆，并且其篮球场地为标准化塑胶场地，可以说教学硬件水平总体上的提升幅度是十分明显的。外部条件的明显改善使篮球教学效果得到了很大的提升。但也不能否认，各高校的软性条件，诸如篮球文化、校园文化等，特别是课堂教学文化方面，有待进一步提高。环境对人的影响悄无声息却深厚久远，从教育教学方面看，校园内看不见的软文化在学生成长过程中起到的作用同样不容小觑，因此，对篮球课堂教学的软性条件的提升问题必须予以充分重视。

（二）篮球课堂教学方法

教学方法是将教师和学生、学生和教材、教材和教师等各种关系连接到一起的纽带，各种元素以及相互关系共同构成了复杂的教学过程。教师在教学方法上的掌握和对教学方法的应用会对教学成效与教学质量产生直接影响。众所周知，大学体育篮球教学以实践课为主，在实际教学过程中，对身体示范、练习等有着突出要求，也正是由于这一原因，在大学体育篮球教学中，教学方法的重要性不言而喻。由于教学的特殊性，篮球教学方法也常常被称为篮球专项教学方法。篮球教学方法具体含义如下：教师以知识传授和实践指导作为基础，为引导学生对篮球运动的基本知识、技术以及技能得到一定程度的掌握，在篮球意识方面得到进一步提升而选取并使用的教学方法与教学手段。篮球教学方法对全面综合提高受教学生的篮球专项能力有着不可替代的重要意义。

传统的篮球教学方法大致包括讲解法、练习法、示范法、演示法、游戏法、比赛法、错误纠正法等。近年来，篮球教学方法逐渐受到了越来越多的重视，众多新的教学方法被不断创造并引入课堂教学中普及开展起来，如"分层法""情境法""导学法""启发式方法""合作法""领会法""案例法"

等都是新的教学方法。进入 21 世纪后，人们对篮球教学环节的认识有了进一步的深化拓展，并在认识的深化拓展基础上创造了诸如"反馈教学""互助式团体教学""小群体教学""自主、合作与探究教学""图解教学"等更加新颖的方法。上述种种新出现的教学方法使篮球教学质量的提高、篮球课堂教学质量的发展有了更多的理论参考，为篮球教学研究的开展构建了积极的氛围。部分教学方法由一线授课教师从自身篮球教学实践经验出发提炼、概括、总结而成，具有较高的实用价值；部分教学方法来自诸如教育学、管理学等其他学科，是经过实验研究引申到篮球教学当中的，体现了专家、学者在篮球课堂教学质量提升问题上的关注与积极探索，使我国高校篮球教学方法体系得到了极大的丰富拓展。尤其需要强调的是，篮球教学方法不仅仅代指教师教的方法，学生学的方法、教师与学生的行为活动顺序都是其重要组成内容。学生学的方法在技能、知识的习得和内化方面有着重要作用。然而，在实际的篮球教学过程中，学生学的方法往往无意之中被忽视了。当前，国内大多数体育院校中，有关篮球课程的教学创新改革都将关注点放在了教师的施教活动上，对学生的学习方法关注并不多。当前我国广大一线教师已经认识到了学生学习方法的重要性，并提高了对课堂教学中学生学习方法问题的关注程度，篮球课堂教学方法应用正在向着更加科学、合理、高效的方向发展。

三、高校篮球教学课程实施的创新建议

（一）加强相关规章制度的建设

关注篮球教学课程实施的规章制度建设问题就是关注篮球教学课程实施的领导与组织问题，这一问题在我国高等教育的改革方面尤为重要。从课程实施角度来看，需要站在领导与组织高度，对课程实施的促进制订系列化、有帮助性的各种规章制度，并在教学实践过程中严格遵守这些规章制度，同时要结合教学实践反馈意见随时对其进行不断调整。要使制度范围内的各级管理负责人员与课程执行者切实参与到教学课程的实施过程中，从学校领导层级的校长到教务管理层级的教务处长，再到科室层级的篮球教研室主任与广大基层一线授课教师等都要包含在内，使各个层级的教育教学人员能够上下一致、团结一心、共同奋斗，最大限度地削弱课程目标实施过程中的各种

障碍，在教学实践过程中保持相互间的及时交流与沟通，通过这种协作共进的方式保证教学质量，并使课程实施效果能够被不断优化。

（二）加强师资队伍专业建设

在各种教学活动中教师的作用无可取代，教师对于教学课程实施，是否能够取得成功起着关键性的作用。教育领域内常常有某学科因优秀教师代表或优秀教师队伍而获得巨大成功的事件发生。社会发展对教师职业提出了更多要求，为满足人才培养需要，当前社会环境下教师及教师队伍必须不断提高自身的专业化水准，以期能够使市场和人才发展需求得到最大限度的满足。学校要关注篮球教师队伍的专业化问题，通过制订和落实各种激励性举措、提供各种条件、平台为教师的自我发展创造机会。具体来说，一线篮球授课教师必须基本上具备如下素质条件：要有崇高的敬业精神、全面系统且过硬的篮球知识、掌握良好的教学方式和教学手段、强有力的教材解读能力、良好的沟通能力等。学校要针对上述方面提供必要支持，确保篮球教学的课程实施能够有充分的师资力量支持。

（三）教学方法手段整合创新

良好的方法是成功的必要条件。要在学习和借鉴专家前辈研究成果的基础上勇于实践、大胆创新，从教学方法着手，将高校篮球教学的创新实践落实到具体细节上。教学方法同教学手段的整合创新需要突出实用性、效果性，从课内教学任务完成度、学生学习成效取得、教师满意度等多方面对教学方法的恰当性进行综合衡量和最终确认。从篮球教学课程的本质与特征来看，在当前被教师普遍使用的传统教学方法，如讲解、示范、纠错、竞赛等，仍旧能够取得良好的教学效果。但在继承沿用基础上，在确保能够完成教学目标的前提下，广大一线授课教师应该发挥主观能动性，积极探索篮球教学方法的创新与整合。从某方面可以说，在高校篮球的教学创新改革事业中，对落后教学方法的整合创新工作，是篮球教育工作者必须肩负的责任，也是刻不容缓的重要工作。

（四）篮球课堂教学规范化、精细化

篮球课程的实施主要是通过篮球课程教学实现的，篮球课程教学同时是学生进行篮球知识学习、接受篮球技能训练和各种综合能力培养的最主要环境。从上文分析中我们可以认识到，当前我国高校篮球课程的教学有着多方面的问题需要解决。从本质上看，篮球的课程教学是一个多元化的动态体系，其构成要素包括教师、学生、教材以及教学方法等，由此可见，对篮球课程教学问题的解决可以通过引入管理学相关知识理论入手，使篮球课程教学向规范化和精细化转变。

在这其中，规范化包括多方面含义。首先，在课堂教学过程中要保证教师教学活动的规范化，换而言之，从准备教学文件、教师仪表语言、课程设置的结构、教学日常规范等教师教学活动的各个环节、各个方面，都要最大限度地实现规范化。教师要自觉遵守教学规范，按照既定模式开展教学活动，或以公认规范模式为模板。其次，学生学习活动同样要规范化，这就是说，学生的出勤情况（请假、见习手续等都包括在内）、篮球学习活动范围、使用场地设施的安全意识、问题提出与回答模式、借还及收放器材等等与篮球学习相关的各种活动必须实现规范化。最后，篮球教学相关的场地器材要规范化，要严格按照最新篮球规则，在其要求下进行规范。课程教学的精细化意味着在课堂教学过程中要关注时间成本的问题，不断提高教学效率。在当前各院校篮球教学学时有限的情况下，促进篮球课堂教学的精细化转变对篮球教学的创新改革来说尤为重要。

课堂的精细化转变要求利用时间效率作为标准对各教学环节进行衡量，不断追求最短的教学时间以及效果最大化的教学和训练，换而言之就是使课堂效率不断提高。教师在利用课堂时间的过程中，应计划好时间，以分钟或秒钟为单位开展教学计算，科学、精准地安排课上各次技术练习、每组练习。举例来说，要组织两人全场的往返传接球上篮练习，需要站在整体角度，考虑全班人数、小组人数、每组练习所需时间、练习总花费时间等各个具体细节，在综合考虑的基础上整体安排课程进度。精细化、科学化、合理化的篮球课堂安排能够使学生拥有更多的自主时间和自主探索学习空间，使学生的积极性得到进一步激发，并获得更好的课堂教学效果，最终实现篮球课程教学质量的提高。

第六节　高校篮球网络教学创新

在高校篮球的创新改革过程中，多媒体演示等先进技术得到了一定程度的运用，但是受客观条件的限制和束缚，篮球课堂教学并没有实现质的改变，高校体育篮球技术传授的主要模式仍然是教师通过课堂教学开展示范和讲解，学生在球场上开展练习训练。这种传统型的教学组织形式不能充分尊重学生在篮球教学中的主体地位，并不利于学生的自主学习，对其知识的自主构建有着一定的制约作用。网络教学是依托于网络信息技术的新型教学模式，其凭借在教学系统上的完整性与动态性成为教育教学改革的关注重点。

一、网络资源教学的优势

随着网络信息技术的飞速发展与相关技术的不断成熟，高校篮球的网络教学有了坚实的基础条件，在互联网优势作用下，学生在学习上的自主灵活性能够得到更大程度的发挥，学生在篮球教学过程中的主导作用也能够得到更强有力的展现。网络资源平台的构建能够为学生提供自由选择学习内容的机会，能够帮助其开展探究式学习。在提供人机交互渠道的同时，网络资源平台的构建使教师与学生之间、学生相互之间有了更多的交流机会。以动态网络作为载体，教学主体之间相互的信息交流能够随时更新补充并不断完善，真正实现教学资源的实时共享。此外，网络资源平台也使课件的互相调用成为可能，并且网络能够为篮球教学提供海量信息资源，为师生教学活动提供信息支持。各高校应通过前期扎实的基础性工作实现丰富的数字化资源内容的积淀，收集众多网络课件模板，积累丰富的数据资源平台构建经验，使篮球教学的网络数字化资源建设开发有更多的基础和保障。当然，资源平台建设对教学的实施来说也存在不可忽视的劣势：尽管有海量数字化资源为教学活动的开展提供了信息基础，但信息量的激增也使学生在学习过程中较难集中精力，给学生自主学习能力的发挥带来了一定程度的困难。网络学习使课堂教学的面对面授课效果不再存在，使传统课堂中教师具备的主导作用得不到有效的发挥，在这种情况下，教师很难及时、准确、直观地了解到学生的学习效果，也无法营造课堂教学的良好氛围。

二、篮球运动数字化资源体系分析

现代篮球运动从时间和空间上已经远远超出了竞技篮球的范围，开始向互联网以及社会纵深发展。篮球运动数字化资源体系主要分为知识层面的教育体系、技能层面的教学体系、参与层面的互动体系、欣赏层面的演示体系、数据层面的挖掘体系、共建层面的发展体系等六大体系。上述六大体系也将篮球运动从竞技篮球引入到了数字化、数据化、欣赏化、理论化、技能化、互动化等立体化的发展轨道，进一步丰富了篮球运动内涵，为篮球网络教学数字化资源建设与应用奠定了专项理论基础。试以下面四大体系为例进行分析。

（一）知识层面的教育体系

知识层面的教育体系主要从篮球项目的起源、项目发展以及项目发展趋势三个方面进行构建。篮球起源中主要分为世界篮球和中国篮球两类，以起源、传播、传入、旧中国篮球、新中国篮球来表述；项目发展主要是竞赛组织和大型赛事两个方面；发展趋势主要是从项目特征和态势动向两个方面进行知识展示。

（二）技术层面的教学体系

对技能层面的数字化资源构建要从篮球运动必须掌握的基本技能着手进行分类，具体来说可分为基本功、进攻、防守和攻守转换、身体以及心理素质训练六个部分。要从篮球运动的特点和具有重要价值的技术动作着手开展详细分析，使篮球运动的教学训练体系能够被完善构建起来，将技术、战术、身体和心理等多方面的技能训练知识综合到一起，形成完善的储备库。技能层面的教学体系结合篮球项目特征，从基础技术、基本技术、基础配合、基本战术、专项体能训练、专项心理训练等六个方面进行分类归纳，各个类别有所联系。

（三）参与层面的互动体系

数据层面的挖掘体系主要依托数据挖掘理论，将篮球赛事数据、团队数据、个人数据、商业数据进行归类整合，构建篮球相关数据仓库，随时提取隐含在其中的有效信息和知识数据。赛事数据主要是篮球竞赛相关的比赛时间、地点、队伍数量等基础赛事数据；团队数据主要是球队在竞赛中的基本情况数据，如全队得失分、全队攻防等相关数据；个人数据主要是投篮、篮板球、助攻、失误、抢断以及个人生理数据；商业数据主要是有关赞助、收视率以及竞赛相关服务产品的数据。数据的积累能够为篮球赛事、球队发展、球员发展等提供科学有效的数据支撑。数据层面的挖掘体系主要是从学术和数据分析的角度对篮球的相关知识进行研究，提供相关的技术分析、数据分析、战术分析、案例分析资源，利用资源优势搭建篮球学术分析的资源平台。

（四）共建层面的发展体系

共建层面的发展体系主要依托信息化技术的发展，采用数字化资源理念，将篮球的文字、视频、音频、数据以及教学、教法资源等进行归纳统计，形成数据化资料库，丰富篮球教学素材。通过平台建设，数字化资源被呈现在互联网平台上，资源得到了进一步整合，并被提供给更多有需要的人，这同时为篮球网络教学提供了可能，为篮球运动的进一步普及发展提供了保障。互联网数字化资源是由网民共同建设完成的，通过平台的搭建和网民的分享互动，形成了一个大的篮球社区，每个人都可以将有益的篮球相关知识进行分享和上传，共建篮球数字化资源平台。共建层面的发展体系主要是有效整合与篮球有关的文字、图片、视频、数据、教法、学法等各种资源，在平台上进行展示，为对篮球有学习兴趣的爱好者及学生提供更为丰富的知识。

三、网络教学数字化资源平台的设计原则

（一）坚持科学性原则

坚持科学性原则意味着篮球网络教学数字化资源平台呈现给使用者的全部教学信息必须是正确科学的，必须是对教学内容的客观真实反映。坚持科学性原则体现在大学体育篮球网络教学数字化资源平台的设计方面主要有如

下要求：必须在现代化教育理念指导下开展；展示给使用者的篮球数字化资源体系必须有严谨的科学性作为保证，切忌与体育教学基本规律相违背；筛选并上传的学习资源材料不仅要做到内容准确，同时必须保证动作标准、示范规范且训练方法、手段合理；能够对篮球基础知识、篮球教学和训练方法的基本规律作出客观且正确的反映。

（二）坚持教育性原则

对教育性原则的坚持意味着要贯彻现代化教育理论，将中心和重点放在学习者的传授知识、能力发展以及兴趣培养上，强调篮球的教学和训练内容，确保篮球教学和训练的方式方法的可行性，科学组织并制订教学内容，确保教学内容同使用者的理解认知水平相契合。从使用者的客观需求出发确定教学过程，要保证教学开展同使用者认知规律相符合。以追求最佳教学效果为出发点，对大学体育篮球网络教学数字化资源平台进行不断优化改进。

（三）坚持整体性原则

系统是由若干要素有机组成的整体，整体发挥出的功能要远远超出各部分功能的简单相加，不同要素之间联系越紧密、相互作用越强，系统整体上展现出的效果也就越好。大学体育篮球的网络教学数字化资源平台是在现代化教育理论指导下构建起来的，要具备科学合理的设计结构，严谨的整体性构思，要保证内容层次有序分明，页面布局直观合理。其能够为教材内容上各要素之间的紧密联系奠定基础，使各要素之间的相互作用能够得到强化，最大限度地保证整体的教学成效，为学生的思维运作提供科学合理的情境条件，帮助学生在篮球学习中构建正确认识。

（四）坚持艺术性原则

对艺术性原则的坚持意味着高校篮球网络教学数字化资源平台的设计要能够把网络结构的艺术化展示方式充分表现出来。在平台建设中，应将认知行为心理学理论作为理论基础，将其他多种学科原理作为理论指导，确保平台中有关教学等内容的呈现能够从各个方面都体现出艺术性，要强化其直观生动性、艺术吸引力，要确保其色彩鲜活丰富、图像清晰、形象生动有趣以及表达方式声形兼备。平台应以学习兴趣激发和学习积极性调动的方式推动学习者迅速进入学习状态，确保教育教学质量不断提高。

（五）坚持交互性原则

篮球网络教学数字化资源平台的设计要重点关注交互性，尤其是在关注以平台信息反馈、学习交流等方式实现传统化人机交互的同时，更要关注借助平台实现的包括篮球授课教师以及受教学生之间、受教学生相互之间在内的各种人际交互。大学体育篮球网络教学数字化资源平台的设计要确保教学活动的各方面参与者能够及时、方便、有效地开展双向交流与沟通。一方面要确保教师能够依靠资源平台建立与学生沟通的渠道，向其介绍、讲授篮球知识、技术和战术等内容；另一方面也要确保受教学生在借助资源平台习得知识的同时能够与他人分享学习感受与体验等，构建起实时性、多渠道的交互。

（六）坚持界面直观友好原则

大学体育篮球网络教学数字化资源平台的设计，要从使用者的视觉生理特点和心理需求出发，确保界面的清晰和美观程度，确保操作的便捷性及存储、浏览、安装等功能的快捷实现，确保提示内容信息的详尽与准确。

（七）坚持培养创新能力原则

信息获取以及知识创新可以说是当前素质教育所关注的核心能力。篮球网络教学数字化资源平台的设计同样要对此进行重点关注，要灵活使用多种教学方法、教学手段，对篮球受教学生的认知主体特征进行深入分析与准确掌握，并在此基础上引导学生在网络学习过程中开展自主性的问题探索与思考解决，切忌将篮球网络学习变为网上的被动知识接受学习，要使网络教育教学方式能够在学生创新能力、信息获得素养等方面的培养和强化上发挥应有作用。

（八）坚持协作性原则

对协作性原则的坚持是通过认识与合作精神培养等多方面体现出来的。

篮球网络教学数字化资源平台使协作的学习方式具备了充足的教学资源环境，有了过硬的技术平台支撑。可见，坚持协作性原则意味着篮球网络教学数字化资源平台需要最大限度地发挥网络技术优势、人机交互优势，关注在人机交互协作功能方面的深入开发，构建知识学习、互动分享的虚拟空间并根据实际教学情况进行完善，使大学体育篮球的教学具备协作共享知识平台。

（九）坚持教学设计原则

对教学设计原则的坚持意味着篮球网络教学数字化资源平台的设计要在现代化教学理念指导下开展，突出在现代化教学技术方面的应用；要能够对教学设计进行综合把握，对受教学生的学习状况、个性特征等深入分析，对教学目的和目标、教学任务、教学内容框架等有准确掌握；在知识展示、表现形式上的设计与开发必须同受教学生的心理认知特点相符合，要站在开发设计的立场上不断促进知识自主构建的学习策略的实现。

四、篮球网络教学建设方向

（一）数字化资源平台

篮球网络教学数字化资源平台是以现代教育学理论为指导，以信息化技术为手段，以互联网平台为支撑，采用Web2.0信息技术进行后台的数据库搭建及管理，将有关文字、图片、视频、数据等丰富的篮球相关教学信息资源进行数字化归纳，并对平台内容进行系统设计添加，将篮球技术和战术相关数字资源库、篮球网络课件、教学课件以及数据分析平台等资源进行整合，完整地呈现立体化、数字化的多感官、多信息结合的全方位篮球教学训练信息资源平台。形成集教学、认知、交互、娱乐于一体的多元化篮球资源数据中心。其特点是依托互联网信息技术，结合篮球教学训练自身特点进行设计开发。体育教学的目的是培养学生对体育运动项目的认知规律，强化学生的认知思维，提高学生的操作技能。该资源平台包括了篮球资讯、篮球信息动态、篮球教学教法、选课系统、篮球音视频资源、趣味知识管理、篮球相关理论文章等知识。该资源平台将精选内容进行加工并上传，制定了个人球队管理、日常事务管理以及信息资源等栏目内容。该平台的建设能够有效地改善当前篮球信息资源的分散局面，将涉及篮球的数据资源进行有效整合，让不同人群能够在此平台上获取自己想要的资源。

（二）数字化资源微信平台

篮球网络教学数字化资源微信平台是一种新兴的知识传播和社会交际工具。微信平台的使用扩大了篮球知识的推广范围，建立了更为便捷的手机客户端系统平台，以简洁的界面和功能化的模块，让用户直接获取需要的资源，并可以随时随地进行学习和欣赏。微信平台兼顾专业用户和业余爱好者，既能够满足专业运动员、教练员日常竞赛和训练的科学化管理工作，也能够满足业余爱好者日常浏览信息、互动交流的需要。微信平台的开发可以扩大用户的范围，在内容方面也可以根据需要随时进行更新和交互，为广大篮球爱好者提供了更为丰富的资讯和具有交互功能的互动渠道。篮球网络教学数字化资源微信平台设计的教练员服务功能能够为球队、运动员的管理提供一个清晰的数据库展示平台，并针对训练计划等日常管理进行了合理的设计，为篮球教练员和教师等人群提供了一个很好的个人资源管理平台。微信平台的视频资源库和教练员日常管理平台是用户最为满意的栏目，其使用用户能够便捷地学习知识和管理球队以及个人事务。

参考文献

[1] 张伟，肖丰.高校篮球运动教学理论与方法研究 [M].北京：新华出版社，2019.

[2] 朱亚男.高校篮球运动教学与训练研究 [M].北京：九州出版社，2017.

[3] 张海利，张海军.现代高校篮球教学理论与方法研究 [M].北京：新华出版社，2015.

[4] 仇慧.高校篮球教程 [M].哈尔滨：哈尔滨工业大学出版社，2006.

[5] 任金锁，李昂.高校篮球运动教学与训练研究 [M].长春：吉林大学出版社，2012.

[6] 李亮.高校篮球教学研究 [M].沈阳：万卷出版公司，2020.

[7] 李永进.高校篮球教学改革探析 [M].青岛：中国海洋大学出版社，2019.

[8] 陈晔.高校篮球教学新思路研究及应用 [M].吉林：吉林出版集团股份有限公司，2020.

[9] 刘起龙.高校篮球训练浅析 [J].灌篮，2020（2）：39-40.

[10] 刘亚利.高校篮球教学现状与发展对策研究 [J].读书文摘（中）2020（5）：189.

[11] 孙轶.探析高校篮球教学改革与发展 [J].当代体育科技，2020，10（18）：3，5.

[12] 刘玉龙.高校篮球课程的创新模式探析 [J].集宁师范学院学报，2020，42（3）：51-53.

[13] 董吉发.高校篮球教学的影响因素分析 [J].当代体育科技，2020，10（5）：23-24.

[14] 陈彦伯. 高校篮球训练与管理研究 [J]. 考试与评价，2018（7）：148–150.

[15] 徐策. 浅析高校篮球训练结合拓展训练 [J]. 好日子，2019（11）：227.

[16] 窦紫. 高校篮球教学中的问题与对策研究 [J]. 当代体育科技，2019，9（31）：147，149.

[17] 李贺林. 高校篮球教学及训练新方法研究 [J]. 卷宗，2019（22）：301.

[18] 曹维. 刍议高校篮球教学 [J]. 数码设计（下），2019（9）：263.

[19] 崔洋龙. 论高校篮球教学的现状及改革 [J]. 体育风尚，2019（5）：119–120.

[20] 刘玉龙. 高校篮球专项核心力量训练探析 [J]. 当代体育科技，2019，9（18）：27.

[21] 张勇. 高校篮球快攻训练的若干思考 [J]. 体育风尚，2019（9）：46.

[22] 徐德辉. 高校篮球教学分层教学的运用与研究 [J]. 科技资讯，2019，17（21）：134，136.

[23] 崔洋龙. 高校篮球专项核心力量训练探析 [J]. 教育科学（全文版），2019（1）：215–216.

[24] 王利玲. 浅析我国高校篮球发展的路径研究 [J]. 魅力中国，2019（8）：272–273.

[25] 史小红. 高校篮球教学改革的创新方法探析 [J]. 读天下，2019（27）：130.

[26] 刘楠. 高校篮球"互联网+"教学改革创新思路 [J]. 拳击与格斗，2019（16）：27–28.

[27] 苏群珍，徐雄. 高校篮球教学与训练的新方法的研究 [J]. 中外交流，2019，（36）：25–26.

[28] 周秉政. 高校篮球教学与训练的新方法研究 [J]. 当代体育科技，2019，9（5）：40–41.

[29] 国洪雨，张爽. 新形势下高校篮球教育改革分析 [J]. 当代体育科技，2019，9（20）：7–8.

[30] 罗明. 高校篮球运动员运动素质研究 [J]. 活力，2019（24）：132.

[31] 张慧升. 高校篮球教学与训练的新方法研究 [J]. 当代体育科技，2019，9（1）：33，35.

[32] 侯斌. 高校篮球教学与训练的新方法研究 [J]. 当代体育科技，2019，9（21）：

44，46.

[33] 樊文杰．影响高校篮球运动发展的分析 [J]. 汽车世界·车辆工程技术，2019（23）：158.

[34] 李玲军．高校篮球教学改革影响因素及发展前景分析 [J]. 体育风尚，2019（8）：135.

[35] 范迪峰．高校篮球教学与训练方法的创新研究 [J]. 中国多媒体与网络教学学报（电子版），2019（35）：40-41.

[36] 宋晓云，刘彦．高校篮球教学改革与发展研究 [J]. 才智，2019（25）：74.

[37] 程明霞．试论高校篮球高水平运动队的选材与培养 [J]. 当代体育科技，2019，9（20）：162-163.

[38] 刘亚利．浅析高校篮球文化发展 [J]. 读书文摘（中），2020（5）：80.

[39] 王彬．探讨高校篮球文化建设 [J]. 魅力中国，2020（13）：234-235.

[40] 卞文昆．高校篮球中篮球游戏的应用浅谈 [J]. 魅力中国，2018（31）：181.

[41] 杨天宇．高校篮球教学改革的设想与思路探讨 [J]. 丝路视野，2018（17）：141.

[42] 何永志，李强．高校篮球教学与训练的新方法探究 [J]. 农家参谋，2018(16)：179-180.

[43] 郭建威．高校篮球运动员损伤的分析与预防 [J]. 当代旅游（下旬刊），2018（6）：212.

[44] 李晓鹏．浅析高校篮球教学与训练的新方法 [J]. 体育世界（学术版），2018（3）：24.

[45] 张洋．高校篮球教学与训练的新方法探讨 [J]. 学园，2018（17）：81-82.

[46] 杨少洁．高校篮球课程教学的改革探析 [J]. 才智，2018（13）：11-12.

[47] 周腾．高校篮球教学与训练的新方法研究 [J]. 现代职业教育，2018（15）：31.

[48] 黄帅．浅议高校篮球的防守教学改革 [J]. 文体用品与科技，2018（5）：142.

[49] 江华．高校篮球教学体能训练研究 [J]. 田径，2018（1）：39-40.

[50] 赵天赐．高校篮球训练问题与对策研究 [J]. 当代体育科技，2018，8（10）：27，29.

[51] 唐艳婕，贺任刚．影响高校篮球运动发展因素的分析 [J]. 当代体育科技，2018，8（30）：131-132.

[52] 梁国栋.高校篮球教学改革思路探析[J].体育时空，2018（23）：177.

[53] 熊锋.关于高校篮球教学训练创新的研究[J].体育时空，2018（18）：60.

[54] 蒿彬.高校篮球专项核心力量训练问题[J].当代体育科技，2018,8（17）：42，44.

[55] 刘云龙，王浩.探析高校篮球专项核心力量训练[J].当代体育科技，2018,8（35）：36，38.

[56] 袁林.高校篮球教学模式的优化与创新研究[J].明日风尚，2018（22）：149.

[57] 周梦莎.高校篮球教学存在的问题与改革分析[J].课程教育研究,2018（17）：232-233.

[58] 黄远旺，王小明，李海客.高校篮球体能训练策略探究[J].广西教育，2018（31）：159-160.

[59] 冯广辕.高校篮球教学改革与发展思路研究[J].运动，2018（19）：92-93.

[60] 刘若福.普通高校篮球教学改革的设想与思路[J].湖北函授大学学报，2018,31（9）：144-145.

[61] 董东风.高校篮球赛制研究[J].湖南邮电职业技术学院学报，2018,17（2）：22-25.

[62] 刘杰.试论高校篮球教学及其训练[J].文体用品与科技，2018（5）：203.

[63] 纪德林.高校篮球运动发展中的困境及突围[J].当代体育科技，2018,8（34）：125-126.

[64] 陈日升.高校篮球教学与训练的新方法探析[J].科技资讯，2018,16（18）：231-232.

[65] 邱晓强.体育人才培养方式及创新路径——以高校篮球为例[J].文体用品与科技，2020（21）：185-186.

[66] 袁振勇.基于新形势下的高校篮球教学改革的思路探究[J].冰雪体育创新研究，2020（7）：45-46.

[67] 郑丹.核心力量训练在高校篮球训练中的作用[J].体育风尚，2020（11）：54-55.

[68] 丁玉旭.高校篮球教学改革思考与创新路径探索[J].作家天地，2020（19）：64-65.

[69] 陈桥.高校篮球体能训练中的技巧与方法研究[J].课程教育研究（学法教法研究），2020（6）：127.

[70] 宋林炎.大学篮球文化对高校篮球教学改革的影响[J].拳击与格斗，2020（8）：28.

[71] 曹邦荣.大学篮球文化对高校篮球教学改革的影响[J].休闲，2020（1）：133.

[72] 孙瀚琪，郑旸.高校篮球训练中经常出现的若干问题及对策研究[J].体育风尚，2020（1）：35.

[73] 薛涛，薛天瑞.以学生为中心高校篮球教学创新改革研究[J].教育现代化，2020（47）：62-65.

[74] 范怀轲.高校篮球教学中实施素质教育的探讨[J].当代体育科技，2020，10（16）：52-53.

[75] 雍驰骋.浅析高校篮球教学改革[J].当代体育科技.2016，6（35）：42-43.

[76] 张军民.基于新形势的高校篮球教学改革的思路探索[J].文体用品与科技，2020（7）：112-113.

[77] 李康."互联网＋"时代高校篮球教学问题与改革路径分析[J].文体用品与科技，2020（4）：106-107.

[78] 沈永慈.实战训练在高校篮球训练中的价值[J].文体用品与科技，2020，16（16）：93-94.

[79] 刘洋.新时代高校篮球课堂有效性提高策略[J].文体用品与科技，2020（10）：98-99.

[80] 杨明.高校篮球教学中学生体能训练的重要性研究[J].当代体育科技，2020，10（7）：173-174.

[81] 汪小云.休闲体育视角下高校篮球的教学改革[J].拳击与格斗，2020（16）：23.

[82] 龚云鹏.核心力量训练在高校篮球训练中的实践研究[J].当代体育科技，2019，9（25）：56，58.

[83] 袁存阳.探究新形势下高校篮球教育改革[J].文体用品与科技，2020（7）：162-163.

[84]　姜文生.浅析高校篮球教学中分层教学的实践运用[J].当代体育科技，2020，10（5）：131，133.

[85]　谢志勇.以市场为导向的高校篮球专业人才培养策略[J].拳击与格斗，2020（4）：119，121.

[86]　张志飞.高校篮球分层教学与训练模式的构建研究[J].东西南北，2020（6）：189.

[87]　李金鹏，赵健.对高校篮球选项课教学方法的优化探析[J].当代体育科技，2020，10（1）：147，149.

[88]　陈正江.对高校篮球教学几个重要问题的思考[J].魅力中国，2020（20）：352-353.

[89]　金彬彬，陈清.高校篮球运动员专项体能特征分析研究[J].体育科技文献通报，2020，28（4）：171，175.

[90]　麦军.高校篮球教学改革影响因素及发展趋势探索[J].魅力中国，2020（27）：216-217.

[91]　王敬红.互联网+背景下高校篮球教学改革创新思路[J].当代体育科技，2020，10（9）：4，6.

[92]　王敬红，王镤.关于对高校篮球训练创新模式的研究[J].智库时代，2020（7）：265-266.

[93]　邓伟.高校篮球技术教学中过程性评价的应用探索[J].当代体育科技，2020，10（3）：61-62.

[94]　刘畅.高校篮球训练中体能训练现状和对策[J].女报（家庭素质教育），2020（8）：159，161.

[95]　王凤岭.高校篮球教学训练中战术意识的培养策略[J].文体用品与科技，2020（4）：213-214.

[96]　梁昊，张伟.高校篮球教学中大学生投篮技术问题探究[J].锦绣（上旬刊），2020（1）：160.

[97]　陈海平.高校篮球教学问题探讨[J].速读（中旬），2019（7）：160-161.

[98]　石凯.高校篮球教学的提高策略[J].灌篮，2019（12）：37.

[99]　徐华.刍议高校篮球文化的作用[J].休闲，2019（1）：149.

[100]　洪潮.高校篮球教学与训练的新方法研究[J].当代体育科技，2017,7（16）：

47–48.

[101]　马婉春.在高校篮球教学中个性化教学的运用探究[J].灌篮，2019（14）：8，41.

[102]　任贵武.高校篮球教学与训练的新方法研究[J].经营管理者（上旬刊），2017（6）：362.

[103]　张博.哈尔滨高校篮球课堂教学问题研究[J].体育世界（学术版），2017（6）：169，141.

[104]　梁展华.分析高校篮球课程教学改革思考[J].时代教育，2017（9）：187.

[105]　郑敏，张亚吉.浅论提高高校篮球教学的有效方法[J].文体用品与科技，2017，2（2）：85–86.

[106]　康鹏飞.高校篮球教学初探[J].学周刊，2017，9（9）：8–9.

[107]　张恺.高校篮球人才培养选拔体制研究[J].当代教育实践与教学研究（电子刊），2017（6）：858–859.

[108]　刘辉.提高高校篮球教学质量策略探究[J].新西部（中旬刊），2017（3）：139，146.

[109]　昝智超，张震.高校篮球教学与训练的新方法研究[J].环球市场，2017（36）：191.

[110]　贾大鹏，罗云鹏.新形势下高校篮球教学改革的思路分析[J].科教导刊（电子版）（中旬刊），2019（12）：244.

[111]　任欣.高校篮球教学与训练的新方法研究[J].湖北体育科技，2017，36（4）：372–373.

[112]　张彦崇，魏汉仟，王国庆.高校篮球教学新探[J].神州，2017（31）：101.

[113]　郑寿伟.探析高校篮球教学与训练的新方法[J].体育风尚，2017（10）：42–43.

[114]　许钊，张丽丽.浅析高校篮球教学与训练的创新方法[J].当代体育科技，2017，7（2）：39，41.

[115]　赵士翔.高校篮球教学与训练的新思路[J].科学大众（科学教育），2017（9）：163，39.

[116]　苗亚果.高校篮球教学与训练的新方法探讨[J].体育时空，2017（12）：139.

[117] 严雪姣.新课标下高校篮球教学的有效方法[J].课程教育研究,2017(36): 211-212.

[118] 胡静.互联网+时代高校篮球教学改革的创新策略[J].灌篮,2019(19): 18.

[119] 江政韩.新形势下高校篮球网络教学的方法探讨[J].运动,2019(3):74- 75.

[120] 魏元元.如何加强高校篮球后卫人才的培养[J].鸭绿江(下半月版), 2017(1):198.

[121] 贺桂萍,程云.基于篮球文化的高校篮球教学改革分析[J].当代体育科技, 2019,9(27):93-94.

[122] 张江霞.简述高校篮球体育教学中篮球游戏的应用[J].当代体育科技, 2019,9(6):119-120.

[123] 林聪光.高校篮球教学训练中的篮球意识培养研究[J].当代体育科技, 2019,9(5):46-47.

[124] 王永义.高校篮球教学中学生篮球意识培养的思考[J].汽车世界,2019 (22):269.

[125] 黄厚亿,谭文辉."体验式学习"方法在高校篮球教学的实验与探索[J]. 新教育时代电子杂志(学生版),2019(44):221.

[126] 樊文杰.多元化教学模式在高校篮球教学中的研究[J].汽车世界,2019 (16):225.

[127] 赵佳音.分析高校篮球教学改革影响因素及发展趋势[J].教育现代化, 2019(64):77-78.

[128] 王贺.论高校篮球专项选修课的课堂教学问题与对策[J].教育现代化, 2019(3):120-122.

[129] 张婷婷.高校篮球教学改革影响因素探究与发展趋势探讨[J].当代体育科 技,2019,9(16):136-137.